21 世纪高职高专规划教材 ◆ 物流管理系列

物流学概论

（第二版）

WULIUXUE GAILUN

主　编　刘　磊

副主编　曾红武　麦敢连　许四化

参　编　纪晓伟　秦　烨　雷荣飞

中国人民大学出版社

·北京·

前 言

本书第一版自 2012 年 9 月出版以来，已先后重印多次。在此，首先感谢广大读者给予的肯定与好评，同时感谢那些为本书的再版建言献策的朋友们。

我们在第一版的使用过程中，认真地审视该书内容，及时发现其中存在的问题和不足；同时，我们也通过各种渠道，广泛收集本书使用者的改进意见或建议。在此基础上，形成了我们第二版的稿件，它是集体智慧的结晶，我们倍感珍惜。

党的二十大报告提出："加快构建新发展格局，着力推动高质量发展""建设现代化产业体系。坚持把发展经济的着力点放在实体经济上，推进新型工业化，加快建设制造强国、质量强国、航天强国、交通强国、网络强国、数字中国"。

本书首先介绍现代物流基础知识和物流的基本功能，通过对物流各项功能的探讨，引出物流模式，随后对物流管理进行详尽的论述，强调物流信息技术和信息管理的重要性，并延伸到物流供应链管理。本书以任务教学的形式进行编写，既要求学生学习基本理论知识，又使其掌握实际的工作过程。

本次改版主要遵循以下几个原则：

（1）未对教材结构做大的调整，以方便教学；

（2）根据现代企业供应链管理的实际情况，引入最新案例及案例分析；

（3）注意吸收国内外相同教材的最新研究成果。

本书作为概论性教材，可广泛应用于物流管理和其他相关专业。

本书第一版由广东职业技术学院刘磊担任主编，许四化担任副主编。具体分工为：刘磊编写项目 5、9、10，许四化编写项目 3、7、8，内蒙古农业大学职业技术学院秦烨编写项目 1、2，襄阳汽车职业技术学院雷荣飞编写项目 6，郑州商业技师学院纪晓伟编写项目 4，全书由刘磊统稿。

第二版是在对第一版进行修改、更新数据和内容、完善的基础上编写而成的，本次编辑修改由广东职业技术学院曾红武、佛山市博学求索科技有限公司麦敢连共同负责。

书中参考或引用了许多专家学者的资料，在此对他们表示衷心的感谢。佛山市安星阳管理咨询服务有限公司创始人杨文明（注册会计师、律师）对全书的编写提供了宝贵的意见和部分案例，在此也一并表示感谢。

本书配有电子课件和习题答案，可登录中国人民大学出版社网站下载。老师们在使用过程中有任何意见和建议，请发送至邮箱 lioulei@163.com。由于时间仓促和水平所限，书中难免有错漏之处，敬请读者批评指正。

编者

目　录

项目1

物流基础

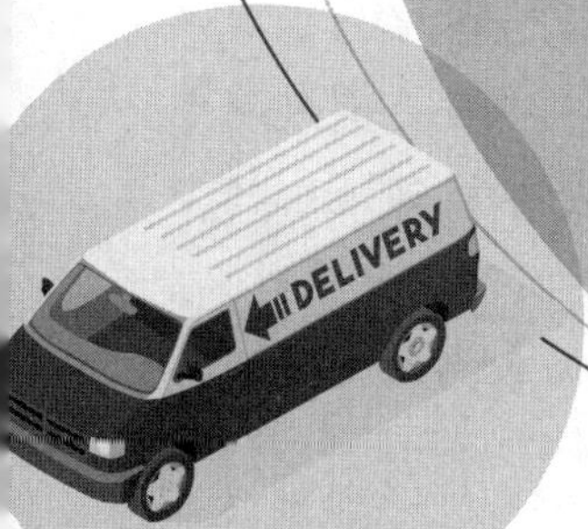

学习导航

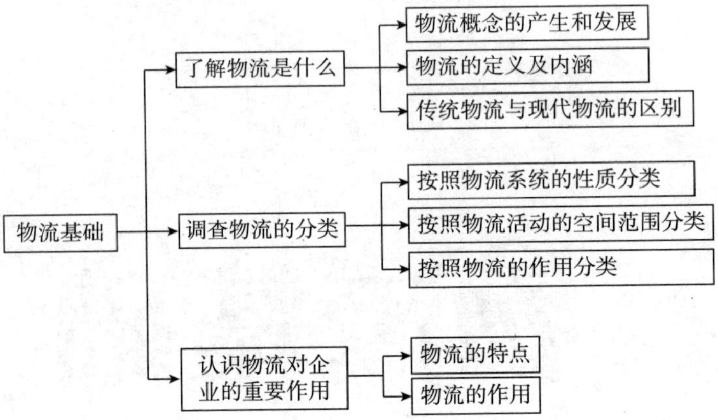

项目简介

近年来，人们走在城市街头，经常可以看到车身上标有“某某物流”字样的货车呼啸而过，还可以看到挂有“某某物流公司”的标牌日渐增多，物流似乎一夜之间风靡了大江南北，物流专业也成了考生报考的热门专业。小王在填报志愿时毫不犹豫地选择了物流专业，也总是很自豪地说自己学的是物流专业，可是当身边的朋友问他物流是什么，物流公司和快递公司有什么区别时，他却答不上来，所以他下决心要彻底搞清楚物流真正的含义。

1.1 任务：了解物流是什么

在最初选择专业时，小王和身边的人一直都认为物流就是货物的运输，这种理解是否正确呢？为了彻底搞清楚什么是物流，小王决定借助图书资料和网络资源，可是面对铺天盖地的信息他却不知道该从哪儿下手。

请你为他提供一些参考图书和网站以帮助他来学习物流的概念，帮他搞清楚物流究竟是不是运输。

相关知识

1.1.1　物流概念的产生和发展

物流的概念是随着交易对象和环境变化而发展的，从 20 世纪初美国提出物流的概念至今，对物流活动和物流管理的认识经历了以下几个阶段。

1. 第一阶段：物流概念的孕育

从 20 世纪初到 20 世纪 50 年代，物流概念处于孕育与产生阶段。对物流理论的认识开始于 1901 年，约翰·格鲁维尔在美国政府报告《农产品流通产业委员会报告》中第一次论述了对农产品流通产生影响的各种因素和费用，揭开了人们对物流活动认识的序幕。

此后，1905 年，美国陆军少校琼西·贝克在其所著的《军队和军用品运输》一书中提出物流（logistics）的概念。他从军事后勤的角度称 logistics 是“与军备的移动与供应有关的战争科学之一”。1915 年，美国市场学者阿奇肖在《市场流通中的若干问题》一书中提出物流（physical distribution）的概念。他指出，在市场分销中，存在两类活动：一类是创造需求，也就是通过广告、促销、市场分析、销售网络等手段，让更多的人来购买企业的产品；一类是物资实体分配，也就是怎样更省钱、更及时地将客户订购的产品送到客户手中。他认为这两类活动是不同的，但是在市场分销中是相互平衡、相互依赖的，并提到“物资经过时间或空间的转移，会产生附加价值”。

在军事后勤领域，第二次世界大战期间，美国军事兵站后勤活动的开展，以及英国在战争中对军需物资调运的实践都大大充实和发展了军事后勤学的理论、方法和技术，因此支持了 logistics 的发展。美国在第二次世界大战时采用的后勤管理（logistics management）一词后被引入商业部门，被人称为商业后勤（business logistics），定义为“包括原材料的流通、产品分配、运输、购买与库存控制、储存、用户服务等业务活动”，其领域包括原材料物流、生产物流和销售物流。1927 年，拉尔夫在《流通时代》一书中，用 logistics 来界定物流，为物流的概念化奠定了基础。

在市场营销领域，在阿奇肖之后，物流的概念相继得到其他一些营销专家的响应和发展。1915 年，威尔德指出市场营销产生三种效用，即所有权效用、空间效用和时间效用，同时还提出了流通渠道的概念，这在物流学理论上又进了一步。1929 年，著名营销专家弗莱德·克拉克在他所著的《市场营销的原则》一书中，将市场营销定义为商品所有权转移所发生的各种活动以及包含物流在内的各种活动，从而将物流进一步纳入市场营销的研究范围之中，将流通机能划分为“交换机能”“物流机能”“辅助机能”三部分，将物流活动上升到理论高度加以研究和分析。1933 年，行业团体美国市场营销协会最早给物流下的定义是，“物流是销售活动中所伴随的物质资料从产地到消费地的种种企业活动，包括服务过程”。

上述两个不同意义的概念之所以都存续下来，是因为它们在各自的专业领域中独立运用，互不冲突，没有一个统一的物流学派来进行统一规范，也不需要得到社会公众的广泛认可，社会上绝大多数人基本上还没有物流和物流业的概念。

2. 第二阶段：物流概念的进一步发展

从 20 世纪 50 年代中期开始到 80 年代中期，physical distribution 的概念继续在美国得到发展和完善，并从美国走向世界，形成了比较统一的物流概念，也成为世界公认的物流概念。1956 年，霍华德、詹姆斯和杰克三人撰写了《物流中航空货运的作用》一书，第一次在物流管理中导入整体成本的分析概念，深化了物流活动分析的内容。1961 年，爱德华、唐纳德和弗兰克撰写了《物流管理》，这是世界上第一本介绍物流管理的教科书。1963 年成立的美国物流管理协会，将各方面的物流专家集中起来，提供教育、培训活动，这一组织成为世界上第一个物流专业人员的组织。该协会此时对物流管理的定义是：物流管理是为了计划、执行和控制原材料、在制品库存及制成品从起源地到消费地的有效率的流动而进行的两种或多种活动的集成。

1964 年，日本也开始使用物流这一概念。在使用物流这个术语以前，日本把与商品实体有关的各项业务统称为“流通技术”。1956 年 10 月下旬到 11 月末，日本生产性本部派出“流通技术专门考察团”，由早稻田大学教授宇野正雄等一行 12 人去美国各地进行了考察，首次接触了物流这个新事物，弄清楚了日本以往叫做“流通技术”的内容。1965 年，日本在政府文件中正式采用“物的流通”这个术语，简称为“物流”。到了 20 世纪 70 年代，日本已经成为世界上物流最发达的国家之一。1981 年，日本综合研究所编著的《物流手册》对“物流”的表述是：“物质资料从供给者向需要者的物理性移动，是创造时间性、场所性价值的经济活动。从物流的范畴来看，包括包装、装卸、保管、库存管理、流通加工、运输、配送等诸种活动”。同样，这样的物流概念也逐步流行到了西欧、北美和其他区域许多国家。20 世纪 80 年代初，随着“市场营销理论”从欧美引入，我国逐渐接受了“分销物流”的概念，同时，我国从日本直接引入“物流”这一概念。后来，基本上全世界各个国家都接受了“physical distribution”这样的物流概念。

当人们正在专注地研究分销领域中的物流问题、发展各种专业理论和技术的时候，企业内部物流理论也悄悄地发展起来。1965 年美国约瑟提出独立需求物资和相关需求的概念，并指出订货点法的物资资源配置技术只适用于独立需求物资，而企业内部物流的生产过程相互之间的需求则是一种相关需求。随着物料需求计划、配送需求计划、看板制以及准时生产等先进管理方法的开发和在物流管理中的运用，人们逐步认识到，仅仅使用分销物流（physical distribution）的概念不太合适了，需要从流通生产的全过程来把握物流管理，物流也被提高到战略的高度，得到企业高层管理人员的充分重视。特别是到 20 世纪 80 年代中期，随着物流活动进一步集成化、一体化、信息化、网络化，人们改换物流概念的想法就更加强烈了。物流概念的发展进入了现代物流阶段。

3. 第三阶段：现代物流学的形成

20 世纪 80 年代中期以来，世界各国的物流概念都相应作了改变，放弃使用 physical distribution，转而使用 logistics。但是这个 logistics 不同于军事后勤学上的 logistics，新时期的 logistics 概念是在各个专业物流全面高度发展的基础上，基于企业供、产、销等全范围、全方位的物流问题。因此这个阶段的 logistics，不能译为后勤学，更不能译为军事后勤学，而应译为现代物流学。它是一种适应新时期所有企业（包括军队、学校、事业单位）的集成化、信息化、一体化的物流学概念。

Logistics 与 physical distribution 的不同在于，logistics 已突破了商品流通的范围，把物流活动扩大到生产领域。物流已不仅仅从产品出厂开始，而是包括从原材料采购、加工生产到产品销售、售后服务，直到废旧物品回收等整个物理性的流通过程。1985 年，美国物流管理协会的名字由 National Council of Physical Distribution Management（NCPDM）改为 The Council of Logistics Management（CLM）。将 physical distribution 改为 logistics，其理由就是 physical distribution 的领域较狭窄，logistics 的概念则较为宽广、连贯、整体。1992 年，美国物流管理协会将物流定义为：物流是对产品、服务以及相关信息从供应地到消费地的有效率、有效益的流动和储存而进行的计划、实施和控制，以满足客户需求为目的过程。这实际上在保留生产物流概念的同时，又加入了服务物流，拓展了物流的内涵。1998 年，美国物流管理协会又重新修订了物流的概念：物流是供应链流程的一部分，是为了满足客户需求而对商品、服务及相关信息从原产地到消费地的有效率、有效益的正向和反向流动及储存进行的计划、实施与控制过程。该定义反映了随着供应链管理思想的出现，美国物流界对物流的认识更加深入，强调“物流是供应链的一部分”，并从“反向物流”角度进一步拓展了物流的内涵与外延。2000 年，美国物流管理协会为了响应信息技术，特别是互联网技术发展对企业物流管理的影响，把 2000 年年会的主题定位为“电子商务条件下的物流”。美国物流管理协会把 2001 年年会的主题确定为“在多变经济环境中的协作关系”，因为协作物流，包括同业竞争对手之间的物流协作已经在实践中出现。

面对物流的发展，为了提高物流效率，日本、加拿大、欧盟国家也纷纷采用新的物流概念。日本物流系统协会专务理事稻束原树 1997 年在《这就是“Logistics”》一文中对 logistics 下的定义是：logistics 是对于原材料、半成品和成品的有效率的流动进行规划、实施和管理的思路，它同时协调供应、生产和销售各个部门的个别利益，最终达到满足顾客的要求。

4. 第四阶段：供应链管理时代

供应链管理的成功有赖于互联网技术的进步和发展。物流和资金流、信息流都是供应链的组成部分，而在供应链整合过程中，物流部分经常处于主导作用，人们进一步认识到物流的作用在新经济环境中还会继续发展扩大，因而把物流和供应链整合到一起，可以使得物流研究的外延和内涵都发生质的飞跃。物流系统的范围，不再仅仅是覆盖一个企业的供应、生产和销售全过程，而且还要包括该企业供应链的上、下游企业。

1998 年，为了反映物流内涵的变化，美国物流管理协会又一次修改了 logistics 的定义："logistics 是供应链流程的一部分，是为了满足客户需求而对商品、服务及相关信息从原产地到消费地的高效率、高效益的正向和反向流动及储存进行的计划、实施与控制过程。"

1992 年，一直追踪物流科学发展变化的加拿大物流行业组织管理协会，把该协会从 1967 年起使用的名称 PD 改为 logistics，2000 年又进一步改为"加拿大供应链与物流管理协会"；美国物流管理协会也改名为美国供应链管理协会。

人们对物流的认识是随着社会经济的发展而不断深入的。人们用不同的眼光、站在不同的角度来认识物流、解释物流，使物流的概念出现了多元化趋势。

20 世纪 60 年代的物流硬技术曾经使物流的发展产生过一次大的飞跃。现已出现和使用的大型专用船舶、集装箱、自动化仓库、以互联网为代表的高速度的通信网络以及其他先进的物流设备，在未来将会大幅度增加，其水平和功能也将会进一步提高。

未来的物流或许会使今日的物流概念得到全面的革新，物流概念所涉及的范围将会在现有的基础上扩展。从社会经济的生产、分配和消费等环节中的物质运动到生产环节内部的原材料、半成品、产成品的位移，从实体移动的技术手段到组织运动的方法都将会发生质的飞跃。物流的内涵与外延都将随着社会经济的进步而发展。

1.1.2 物流的定义及内涵

《中华人民共和国国家标准物流术语》（GB/T 18354—2006）（以下简称《物流术语》）对物流的定义为："物品从供应地向接收地的实体流动过程。根据实际需要，将运输、储存、装卸、搬运、包装、流通加工、配送、回收、信息处理等基本功能实施有机结合。"物流概念的标准化有利于人们正确地理解物流，对我国的物流实践也有重要的指导意义。

理解物流概念，应当注意以下几点。

1. 物流是物品物质实体的流动

物流的对象只能是可以移动的物品，即动产，而不可能是不动产。而商流的对象则包括动产和不动产。

2. 物流是物品由供应地向接收地的定向流动

物流不仅是物品物质实体的流动，而且只能是由供应地向接收地的定向流动。例如，汽车零部件由生产地（供应地）向汽车制造厂、修理厂和汽车配件商（接收地）流动，最终向顾客（最终消费者）流动，而绝不可能倒过来流动。即使是废弃物和退货的流动，也是由废弃物的提供者、退货的顾客（在这里他们是物品的提供者）向接收废弃物或退货的地方流动。换言之，物流的方向性是非常明显的，只能是由提供地向接收地流动。

3. 物流是若干活动的有机结合

物流包括包装、装卸、搬运、运输、仓储、保管、流通加工和物流信息处理等基本活动，并且是这些活动的有机构成，物流绝不是单纯的运输活动，也不是装卸、搬运、包装等活动的简单组合，而是这些活动的有机构成。对此，我们可以用一个典型的例子来说明。

汽车是由大大小小的各种各样的零部件组成的，但是，我们并不能把生产汽车零部件的厂商，如轮胎厂等说成是汽车厂；而汽车厂可能什么零部件都不生产，但却是汽车厂，因为它生产汽车。

4. 物流具有普遍性

物流具有普遍性，是指物流存在于各种产品（包括服务）从生产到消费的全过程，或者说存在于社会经济生活的方方面面。

5. 物流能够创造物品的多种效用

物流包括空间位置的移动、时间位置的移动以及形状性质的变动，因而通过物流活动，可以创造物品的空间效用、时间效用和形状性质的效用。

1.1.3 传统物流与现代物流的区别

从物流的定义可以看出，物流活动是自古就有的，只不过随着管理技术和方法的进步，现代物流在目标、方法和手段等方面出现了一些新的特点，物流才逐渐成为人们研究和讨论的热点。虽然《物流术语》对物流的概念有严格的定义，但国内的理论和实务界对物流内涵与外延的认识还存在诸多分歧。一方面，“现代物流”的称谓为人们所熟知；另一方面，很多人却不承认传统的运输、仓储等活动为物流活动，给它们冠以“准物流”或“类物流”的称谓。

那么，与“现代物流”所对应的“传统物流”是什么？超出“类物流”之上的“物流”与“现代物流”又有什么区别？显然，根据以上理解是难以回答这些问题的。因此，遵从国家标准的定义，从广义上理解物流，认为“现代物流”代表了物流的含义，与“现代物流”所对应的“传统物流”就是对传统运输、仓储等所谓“类物流”活动的一种统一认识，相当于physical distribution，“传统物流”与“类物流”之间并无本质区别，而“物流”则是对所有这些概念的总称。

当然，由于我国的“物流”称谓最早来源于physical distribution，之后又将其等同于

logistics，所以，在现实中，人们通常所说的“物流”含义应该更接近于这里所说的“现代物流”。传统物流与现代物流之间的区别可以从表 1–1 看出。

表 1–1　传统物流与现代物流的区别

内容	传统物流	现代物流
物流服务的特点	各种物流功能相对独立 无物流中心 不能控制整个物流链 限于地区物流服务 短期合约	广泛的物流服务项目 第三方物流被广泛采用 采用物流中心 供应链的全面管理 提供国际物流服务 与全球性客户的长期合作
物流服务管理	价格竞争 提供标准服务	以降低总物流成本为目标 增值物流服务 为顾客提供“量身定做”的特殊服务
物流信息技术	无外部整合系统 有限或无 EDI 联系 无卫星定位系统	实时信息系统 与顾客、海关等的 EDI 联系 卫星跟踪系统 存货管理系统
物流管理	有限或无现代管理	全球质量管理 时间管理 业务过程管理
服务观念	被动服务 消极服务	主动服务 从客户需求出发 以创造客户满意度为宗旨

相关链接

物流认识的误区

物流的概念自 20 世纪 80 年代传入我国以来，经过政府有关部门、研究机构及广大企业的大力宣传和倡导，已逐渐走出象牙塔，成为大众的热门话题。但由于对物流的研究探索时间还不长，物流的实际运作机构也处于发展初期，因此当前对“物流”的认识不免存在一些误区，归纳如下：

物流就是物资流通。由于我国物流的概念最初是由物资部门从日本引入的，人们自然以为物流就是物资流通的简称。现在，这种误解虽然在业内人士中已基本消除，但在业外人士及企业中仍广泛存在。这使得物流观念的传播较为缓慢，也使物流企业开展业务较为困难。

物流就是储存和运输。由于储存与运输是物流系统的两大支柱，物流学教科书中，储存和运输占了相对大的篇幅，故有人以为物流就是储存和运输。其实，任何物流功能要素（包装、搬运、储存、运输、配送、流通加工、物流信息服务）都不是物流，要将它们进行整合，成为有机整体，才是物流。现代物流技术中的集装箱不是物流，散装水泥也不是物流，只有将产品包装、储存、运输等融为一体时，才表现出物流的特征。

物流就是我们已经在干的事。不少接触了一些物流知识但理解不深的人，常以为物流就是我们已经在干的那些事，如运输、保管、流通加工等，物流不过是个新的名词。所以，他们心安理得地将自己的仓库改名为物流中心或配送中心，将贸易公司或运输公司改名为物流公司。这是一种非常有害的将物流庸俗化的倾向。其实物流本身是个不断发展的概念，今天我们干的事，明天也许就被淘汰了，所以要用发展的眼光认识物流。

发展物流必须大投入。有些人认为要搞物流必须有大资金投入，而我国物流相关企业的资本实力不够雄厚，融资能力差，故无钱搞物流。我国确实存在物流基础设施投入不足，交通运输、流通等行业技术水平实力差等问题，但这并不意味着一定要等到有大资金投入了才能发展物流。我国也同时存在现有物流设施利用不足的问题。因此，相关产业的企业应首先立足于现有设施，通过技术改造提高技术水平。更重要的是，应牢固树立依靠科学管理创效益的思想。同时，在学习借鉴国外先进的物流方式和经验的基础上，积极探索有中国特色的物流服务方式，利用优质服务和业务创新求得生存和发展。

资料来源：姜宏玮. 浅析 SC 视角下物流内涵的认识误区. 现代营销（下旬刊），2017（6）.

1.2 任务：调查物流的分类

小王了解到物流是一个综合的系统，在整个物流系统中有很多的分类，不同类别的物流公司，管理手法又不相同，如自建物流和外包物流在经营过程中就有很大的区别。

请问：物流有哪些类别？自建物流和外包物流有什么区别？

相关知识

在社会领域中，物流活动是普遍存在的，但是在不同的领域和活动中，物流的表现形态、基本结构、技术特征和运作方式等有诸多差异。构建有效的物流系统，加强物流管理，必须首先研究物流的构成，通过科学的分类和研究，探讨物流的共同特点和差异。按照物流系统的性质、物流活动的空间范围及物流的作用，可以从不同的角度对物流进行分类。

1.2.1 按照物流系统的性质分类

按照物流系统的性质，物流可以分为社会物流、行业物流、企业物流等，如图 1–1 所示。

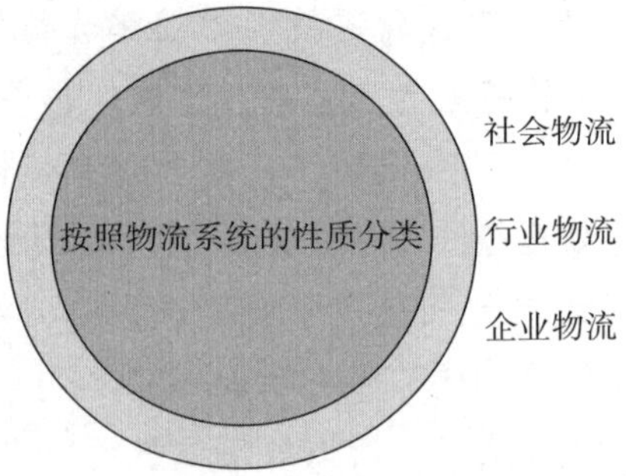

图 1-1 按照物流系统的性质分类

1. 社会物流

社会物流一般是指流通领域发生的物流，是全社会物流的整体，所以有人也称之为大物流或宏观物流。社会物流的一个标志是：它是伴随商业活动发生的，也就是说与物流过程和所有权的更迭相关。

就物流学的整体而言，可以认为其研究对象主要是社会物流。社会物流的流通网络是国民经济的命脉，流通网络分布是否合理、渠道是否畅通都是至关重要的，必须对其进行科学管理和有效控制，采用先进的技术手段，保证高效能、低成本运行，这样才可以带来巨大的经济效益和社会效益。

2. 行业物流

同一行业中的企业虽然在市场上是竞争对手，但是在物流领域中却常常可以互相协作，共同促进行业物流系统的合理化，行业物流系统化的结果是使参与的所有企业都得到相应的利益。

例如，日本的建筑机械行业物流合理化的具体内容就包括：各种运输工具的有效利用；建设共同的零部件仓库，实行共同集中配送；建立新旧车辆、设备及零部件的共同流通中心和技术中心，共同培训设备操作和维修人员；统一机械设计标准和规格等。在大量消费品方面，还倡导采用统一的发票、统一的商品规格、统一的法规政策、统一的托盘规格、统一的陈列柜与包装模数等。

3. 企业物流

企业是以营利为目的，通过为顾客提供产品或服务来满足其需求，最终收回投资并赚取利润的一种经济组织。市场上区别于企业的其他经济主体还有政府、家庭、个人或社团等。按照性质的不同，企业还可以细分为制造性企业（生产性企业）与流通性企业两大类。制造性企业的主要任务是：购进原材料，经过若干道工序的加工，形成特定产品，再通过销售渠道销售出去，收回投入并赚取相应的利润。流通企业的主要任务则是要根据客户的要求和供应商的条件，有针对性地组织商流和物流，并赚取相应的利润。

一般来说，在一个企业的范围内，由于生产经营活动的需要而发生的物流称为企业物流。企业物流必须通过管理层、控制层和作业层三个层次的协调配合，才能有效地实现其总体功能。

（1）管理层。管理层的主要任务是对整个物流系统进行统一的计划、实施和控制。其主要工作内容包括物流系统的战略规划、物流系统的总体控制和绩效评价，这些工作应坚持的最基本原则就是要有利于反馈机制和激励机制的形成。

（2）控制层。控制层的主要任务是控制物料流动的过程。其主要工作内容包括订货处理与顾客服务、库存计划与控制、生产计划与控制、用料管理和采购等。

（3）作业层。作业层的主要任务是实现物料的时间效用和空间效用。其主要工作内容包括发货与进货运输、装卸搬运、包装、保管和流通加工等。

由此可见，企业物流几乎渗透到了制造企业的所有生产和管理活动中，对企业活动的效率和效益都会产生极为重要的影响。

1.2.2 按照物流活动的空间范围分类

按照物流活动的空间范围，可以将物流划分为地区物流、国内物流和国际物流等，如图 1–2 所示。

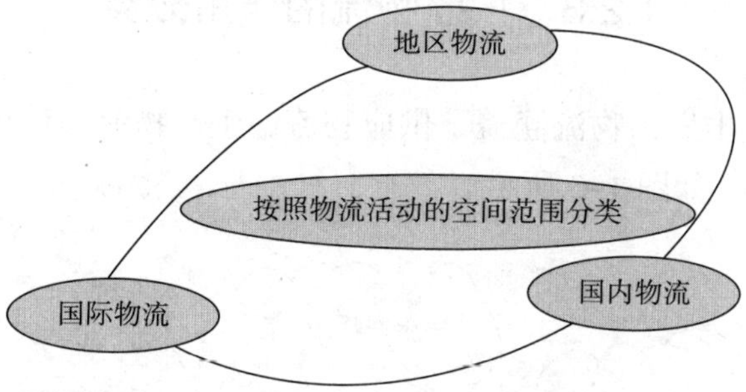

图 1–2 按照物流活动的空间范围分类

1. 地区物流

地区有不同的划分原则，比如，按省区来划分，可划分为北京、陕西、河北等 30 多个省、直辖市和自治区等；按地理位置划分，可划分为长江三角洲地区、河套地区、环渤海地区、珠江三角洲地区等。

地区物流系统对于提高该地区企业物流活动的效率，以及保障当地居民的生活福利环境，具有不可或缺的作用。研究地区物流应根据地区的特点，从本地区的利益出发组织好物流活动。例如，某城市建设一个大型物流中心，显然对提高当地物流效率、降低物流成本、稳定物价有积极作用，但是也会引起由于供应点集中、货车来往频繁而产生废气、噪声、交通事故等问题。因此物流中心的建设不单是物流问题，还要从城市建设规划、地区开发计划等方面统一考虑，妥善安排。

2. 国内物流

国家或相当于国家的实体，是指拥有自己的领土、领海和领空的政治、经济实体。它所制定的各项计划、法令、政策都是为其自身的整体利益服务的。物流作为国民经济的一个重要方面，也应该纳入国家的总体规划。

我国的物流业是社会主义现代化事业的重要组成部分，全国物流系统的发展必须从全局着眼，对于因为部门分割、地区分割所造成的物流障碍应该予以清除。在物流系统的建设投资方面也要从全局考虑，使一些大型物流项目能够尽早建成，为经济建设服务。

3. 国际物流

当前世界的发展主流是国家与国家之间的经济交流越来越频繁，如果一个国家不投身于国际经济大协作的交流之中，那么本国的经济技术也得不到良好的发展。工业生产和服务也走向了社会化和国际化，出现了许多跨国公司，一个企业的经济活动范畴可以遍及各大洲。国家之间、洲之间的原材料与产品的流通越来越发达。因此，国际物流的研究已成为物流研究的一个重要分支。

1.2.3 按照物流的作用分类

从物流作用的角度出发，物流涵盖了供应物流、生产物流、销售物流、回收物流和废弃物物流等不同的范畴，如图 1–3 所示。

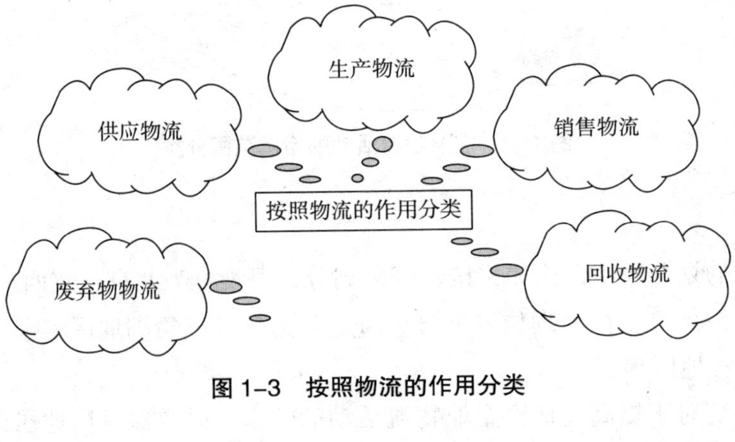

图 1–3 按照物流的作用分类

1. 供应物流

供应物流就是生产企业、流通企业或消费者购入原材料、零部件或商品的物流过程，也就是物资的生产者、持有者到使用者之间的物流。对于制造企业而言，是指因生产活动所需要的原材料、燃料、半成品等物资的采购、供应等活动所产生的物流；对于流通企业而言，是指交易活动中从买方角度出发的交易行为中所发生的物流。

2. 生产物流

企业生产过程中发生的涉及原材料、在制品、半成品、产成品等的物流活动称为生产物流。生产物流和生产企业的生产流程一般是同步的，如果生产物流中断，生产过程也将随之停顿。生产物流的均衡稳定可以保证在制品的顺畅流转，缩短生产周期。而生产物流的合理管理和控制可以压缩在制品的库存，使设备负荷均衡化。

3. 销售物流

企业在出售商品的过程中所发生的物流活动称为销售物流，它是指物资的生产者或持有者与用户或消费者之间的物流。销售物流是从卖方角度出发的交易行为中的物流。通过销售物流，企业可以进行资金的有效回收并组织再生产活动，销售物流的效果直接关系到企业的存在价值能否被社会承认。由于销售物流的成本在产品及商品的最终价格中占有相当大的比例，因此，对销售物流的合理化管理将有效控制企业在销售环节的物流成本，增强企业在激烈的市场竞争中的竞争能力。

4. 回收物流

回收物流是指不合格产品的返修、退货以及周转使用的包装容器从需求方返回供给方所形成的物品实体流动。例如，作为包装容器的纸箱、塑料筐、酒瓶等是可以回收并加以再利用的；还有可用杂物的回收分类和再加工，如旧报纸、图书可以通过回收、分类，再制成纸浆加以利用；金属废弃物回收重新熔炼成有用的原材料。因为回收物流的品种繁多，流通渠道也不规则，且多有变化，回收物流的管理和控制的难度一般较大。

5. 废弃物物流

废弃物物流是将经济活动中失去原有使用价值的物品，根据实际需要进行收集、分类、加工、包装、搬运、储存等，并分送到专门处理场所的物流活动。如开采矿山时产生的土石，炼钢生产中产生的钢渣、工业废水，以及其他一些无机物垃圾等已没有再利用的价值，如果处理不当，会造成环境污染，而不进行处理则会占用生产用地甚至妨碍企业生产。虽然废弃物物流本身没有太大的经济效益，但是具有不可忽视的巨大的社会效益。所以，为了更好地保障生产和生活的正常秩序，必须重视废弃物物流，重视对废弃物物流的研究和合理化管理。

1.3 任务：认识物流对企业的重要作用

经过进一步的调查和学习，小王认识到了物流的重要性，他还了解到现在很多企业在通过各种方式努力加强自身的物流能力。

请问：企业为什么如此重视物流环节？物流对企业有什么作用？

相关知识

1.3.1 物流的特点

1. 物流是创造价值的活动

物流本身不创造物品的使用价值，但可以创造附加价值。现代物流是通过创造物流的时间效应和空间效应来创造价值的。物流是物质资料（包括原材料）的移动，是从供应者到使用者的采购、运输、包装、保管、搬运、流通加工、配送以及信息传递的过程。任何产品生产出来以后，都必须经过装卸搬运、包装、运输、保管等环节才能进入消费领域，实现最终的消费，物流是一个不可跨越的过程。一方面伴随着这个过程的发生，必然要耗用一定的人力、物力和财力，即要支付所必需的费用；另一方面在流通过程中能把生产领域中创造的使用价值转化成现实的应用价值，没有这种转化，物品的使用价值就不能最终实现。

2. 物流活动涉及的范围广泛

物流活动强调系统性和协调性，所涉及的范围十分广泛。物流活动的组成部分包括运输、储存、装卸、包装、流通加工、配送和信息传递等，关联到多个领域和产业。如在物流基础设施方面，包括高速公路和普通公路、铁路、港口、码头、仓库、集装箱货场、配送中心、机场、车站建设等；在企业类别上，有运输、仓储、包装、装卸搬运、信息等企业；在运输环节，有公路、铁路、航空、内河、近海、远洋、管道运输等；物流涉及的政府管理机构有国家发展和改革委员会、交通运输部、商务部、中国民用航空局、工业和信息化部、海关总署等。

3. 物流活动具有服务性

物流活动通过运输、储存、装卸、搬运、包装、流通加工、配送和信息传递等，创造物品的时间效应和空间效应，从而创造价值，但这种效应的实现有赖于物流本身能否及时、准确、保质、保量、安全、可靠地满足消费者和用户对物质资料的需要。例如，流通过程的物流服务于生产消费和生活消费，生产过程的物流服务于生产过程的需要。物流活动的目的就是要满足生产和生活的需要，为促进生产和提高人们生活水平服务。因此，世界贸易组织（WTO）把物流运输活动归属于服务贸易。

4. 物流基础设施建设投资大、公益性强，要求有前瞻性

物流基础设施如公路、铁路、港口、码头、机场，属于公共设施，通常由国家统一规划并投资建设，建好后大家共同受益。由于这些大型基础设施投资大，回收期长，只有国家才具备组织和建设的能力，一般的企业是无能为力的。另外，物流基础设施建设要求有前瞻性，公路、铁路、港口、物流园区等物流基础设施建设必须提前规划设计，否则后患无穷。

5. 物流的整体性、综合性要求高

物流是一个复杂而巨大的系统工程，要求整体布局，全面设计，避免或减少重复建设和人为浪费。物流系统中的运输、包装、保管、装卸、流通加工、配送等多个环节，必须相互衔接、配合与协调，保证其整合性和一致性。例如，就运输来说，铁路、公路、水运、航空、管道运输及地区之间和各运输部门之间需要协调；公路、铁路、港口码头、仓库的建设涉及总体布局、城市规划、统筹安排，除了各运输部门外，还需要国土资源部门、建设部门以及环保部门的支持和理解。由此可见，物流要求整体性和综合性，强调整体效益。

1.3.2 物流的作用

物流成为一个独立的经济过程，是社会发展的必然结果，它与经济社会发展的关系极为密切。同时物流自身的发展水平也取决于整个社会经济的发展程度。社会经济发展离不开物流，市场经济越发达，物流越重要。物流主要具有以下八个重要作用。

1. 联系国民经济各个产业，创造利润

物流产业是国民经济的基础产业，它将社会生产各个部门联结为一个有机整体。任何一个国家的经济，都是由众多的产业、部门和企业组成的，这些机构互相依赖又相互竞争，形成错综复杂的关系。物流就是维系这些关系的纽带，物流像链条一样把众多不同类型的企业、复杂多变的产业部门、成千上万种产品联结起来，成为一个有序运行的国民经济整体。现代物流作为一种先进的组织方式和管理技术，被广泛认为是企业除降低物资消耗、提高劳动生产率以外的重要利润源泉，因而人们把现代物流称作“第三方利润源泉”。合理的物流可以减少物资在流通环节中的损耗，使有限的资源发挥更大的作用；合理的物流消除迂回式、单向性等不合理运输，节约运力和费用；合理的物流可以减少库存，加速周转，更充分地发挥储存的效用。所以说物流是排在资源领域和人力领域之后的第三方利润源泉。

2. 优化资源配置和生产力布局，促进经济结构调整

目前，我国地区产业结构雷同，重复建设严重，东部、西部、中部产业相近系数高达95%。资源配置和生产力布局不合理，厂商生产和销售成本高，消费者购买价格高，对生产者和消费者都不利。各地区应利用资源优势从事生产和经营，形成地区间合理分工和产业特色，通过物流优化资源配置和生产力布局，调整经济结构，促进生产力的发展，更好地满足消费者的需求。

3. 促进对国民经济生产规模的发展和产业结构的调整

市场经济的运行客观上要求流通规模必须与生产发展的规模相适应。而流通规模的大小很大程度上取决于物流效能的大小。例如，在铁路运输、水路运输和公路运输有了一定发展的前提下，煤炭、水泥等运量大、体积大的产品才有可能成为大量生产、大量消费的产品，生产规模才有可能扩大；同时，物流技术的发展，能够改变产品和消费条件，为经济的发展创造重要的前提。例如，一些鲜活、易腐的农产品，在没有冷冻、储存、保管、运输、包装等物流技术作保证时，只能保存较短的时间，但当包装技术、冷冻技术、储存技术、运输技术发展到一定程度时，这类商品就能保存比较长的时间，进入更为广阔的市场和消费领域。此外，随着物流技术的迅速发展，物资流转速度将大大加快，从而能够加速整个社会经济的发展。物流既是保证社会再生产不断进行的必要前提，又是实现商品流通的物质基础。物流活动承担着国民经济发展的物质资源配置工作，是使物质材料能够顺利进入生产企业以及企业生产的产品能够源源不断流到市场和消费者的重要保证。物流对国民经济生产规模的发展和产业机构的调整有重要促进作用。

4. 为企业生产连续进行提供保证

现代化生产的重要特征之一是连续性。一个企业的生产要连续进行，一方面必须根据生产需要，按质、按量、按时，均衡不断地供给原材料、燃料和工具、设备等，同时在生产过程中，各种物质资料也要在各个生产场所和工序之间互相传递，使它们经过一步接一步的连续加工，成为价值更高、使用价值更大的产品；另一方面，又必须及时将产品销售出去。在现代企业生产经营中，物流贯穿于从生产计划到把产成品送达顾客手中的整个过程之中，企业生产经营管理活动无一不伴随着物流的运行。

5. 为企业的经营决策提供重要信息依据

商品经济越发达，信息的作用就越大。近些年来，物流信息在整个经济信息系统中占有越来越重要的地位，许多生产企业都建立了设备先进的物流信息中心，以便及时掌握企业内部和外部的物流信息，作为企业生产经营决策的重要依据。例如，利用计算机网络，将超市、配送中心和生产企业相连，及时地进行信息传递和分析，通过配送中心的高效率作业及时进行配送，并将信息反馈给供货商和生产企业，可以形成一个快速反应的高效率商品流通网络，为企业管理决策提供重要依据。

6. 实现和增加商品价值

任何产品从生产出来到最终消费，都要经过一段时间和距离，都需要经过采购、运输、保管、包装、装卸、搬运等多环节、多次数的物流活动。无论是生产资料商品还是生活资料商品，在进入生产性消费和生活性消费之前，其价值和使用价值始终是潜在的，为了能把这种潜在变为现实，物资必须借助其实物运动即物流来实现。在这个过程中，产品可能会受潮、水浸、生锈、破损、腐烂、丢失等。物流的使命就是防止上述现象的发生，保证产品从生产者到消费者转移过程中的质量和数量完好，顺利完成商品使用价值的转移和实现商品的附加价值。

7. 保证商流顺畅

在商品流通过程中，物流是实现商流的基础，没有物流就无法实现商品的流通过程。物流能力的大小直接影响着商品流通的规模和速度，也影响着商品流通的广度和深度。在商品流通过程中，一方面要发生商品所有权的转移，实现商品的价值流（即商流）；另一方面，还要完成商品从生产地到消费地的空间转移和事件转移，实现商品的实体流动（即物流），以便实现商品的使用价值。商流引起物流，物流为商流服务。没有物流过程，商流就不能最后完成，商品的价值和使用价值就不能真正实现。

8. 增强企业竞争力，提高服务水平

在新经济时代，企业之间的竞争越来越激烈。在同样的经济环境下，制造企业（如家电生产企业）相互之间的竞争主要表现在价格、质量、功能、款式、售后服务等方面。在科技不断进步的当今时代，像彩电、空调、冰箱等这类家电产品在质量、功能、款式及售后服务方面，各个企业已经没有太大差别，于是价格竞争成为近几年家电行业企业竞争的主要手段。但价格竞争的后盾是企业总成本的降低，即功能、款式及售后服务以外的成本降价，也就是我们所说的降低物流成本。国外的制造业很早就认识到了物流是企业竞争力的法宝，搞好物流可以实现零库存、零流动资金占用，是提高用户服务能力、构筑企业供应链、增加企业核心竞争力的重要途径。在经济国家化、信息全球化和资本全球化的21世纪，企业只有建立现代物流，才能在激烈的竞争中求得生存和发展。

随着世界经济一体化和科学技术的飞速发展，物流产业作为国民经济中一个新兴产业，正在迅速发展，现代物流成为21世纪最大的朝阳产业之一。

课后练习

一、判断题

1. 美国是最早研究物流的国家。因此，我国是从美国引进“物流”一词的。(　　)

2. Logistics 与 physical distribution 的不同在于 logistics 已突破了商品流通的范围，把物流活动扩大到生产领域。(　　)

3. 物流包括包装、装卸、搬运、运输、仓储、保管、流通加工和物流信息处理等基本活动。(　　)

4. 企业物流包括生产物流和流通物流。(　　)

5. 从物流的定义可以看出，物流活动是最近才出现的。(　　)

二、单项选择题

1. 物流可以创造物品的（　　）、时间效用和形态效用。

A. 规模效益　　B. 使用价值　　C. 价值　　D. 空间效用

2.（　　）属于宏观物流。

A. 社会物流　　B. 企业物流　　C. 行业物流　　D. 供应物流

3. 从（　　）角度出发，物流涵盖了供应物流、生产物流、销售物流、回收物流和废弃物物流等不同的范畴。

A. 物流系统的性质　　B. 物流活动的空间范围

C. 物流的作用　　D. 物流运输方式

4. 以下属于物流的对象的是（　　）。

A. 建筑物　　B. 未砍伐的森林　　C. 矿山　　D. 煤炭

5. 通过多种运输方式将农产品从产地运往销地是哪种物流效用的反映？（　　）

A. 形式效用　　B. 空间效用　　C. 时间效用　　D. 占有效用

三、多项选择题

1. 物流按物流活动的空间范围分为（　　）。

A. 行业物流　　B. 地区物流　　C. 国际物流　　D. 国内物流

2. 物流创造的基本效用包括（　　）。

A. 经济效用　　B. 时间效用　　C. 空间效用　　D. 形质效用

3. 物流的特点包括（　　）。

A. 物流是创造价值的活动　　B. 物流活动具有服务性

C. 物流活动涉及的范围广泛　　D. 物流的整体性、综合性要求高

4. 现代物流的基本构成有（　　）。

A. 装卸搬运、包装　　B. 流通加工、信息处理

C. 储存、交接验收　　D. 运输、储存、配送

5. 物流对企业的作用包括（　　）。

A. 物流是企业生产连续进行的前提条件

B. 物流信息是企业经营决策的重要依据

C. 物流能增强企业竞争力

D. 物流有助于企业提高服务水平

四、简答题

1. 结合实际谈谈你对物流概念的理解。

2. 简述现代物流与传统物流的差异。

3. 物流的分类方法有哪些？如何分类？

实践与实训

推荐：体会物流过程的小游戏——物流大亨

物流大亨是风靡全球的网络小游戏，通过鼠标控制物品的流向，将货物运送往正确的地方。送货地点正确，得分；送货地点错误，不得分。图 1–4 为该游戏的截图。

图 1–4　游戏截图

攻略说明：

你要控制太多的货物，有的运往码头，有的运往机场，而你的合理协调是这些运输正确的保证，使用鼠标控制物品的流向，做一个合格的运输大亨，以免越到后面越手忙脚乱。

物流大亨小游戏单机版下载：

可免费在线游戏，也可在百度上搜索“物流大亨”，找到单机版物流大亨小游戏下载页面，完成单机物流大亨小游戏下载。

项目2

现代物流管理

学习导航

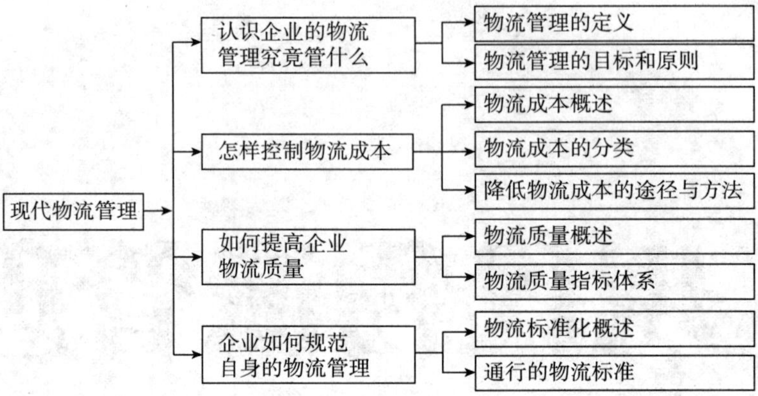

项目简介

选择了物流专业的小王上了大学之后发现有很多的业余时间可以支配，为了减轻家里的负担，也为了能对所学的专业知识进行实践，他找了一份在饮料企业中协助送货的兼职。在工作中，由于企业的物流管理水平不太高，他遇到了各种各样的问题。

2.1 任务：认识企业的物流管理究竟管什么

上班第一天，小王跟着公司的刘师傅给一家便利店送货，结果遇到了让他非常棘手的事情。以下是他和零售店店主之间的对话。

小王：“张老板，我来给您送货。”

零售店店主：“你们公司送货怎么这么慢呢？我订的货应该在昨天就送到，可现在你才来！你看，我的客户都跑掉了！”

小王：“对不起，我们公司那边有点问题。”

零售店店主：“怎么你们送来的货与我的订单内容不一样啊？”

小王：“是吗？”

零售店店主："这个产品不对，我要的是150毫升的饮料，你送的是500毫升的；这个产品也不对，我要30瓶，你们只拿了20瓶！真是乱七八糟的！像你们这样送货，客户全得跑光。产品不对、时间也不对！我要退货，我不会再和你们打交道了！"

请问：饮料企业经营中存在什么问题？你认为应该怎样解决以上问题？

相关知识

2.1.1　物流管理的定义

1. 物流管理的概念及发展

《物流术语》对物流管理的定义是："为了以合适的物流成本达到用户满意的服务水平，对正向及反向的物流活动过程及相关信息进行的计划、组织、协调与控制。"如图2-1所示。

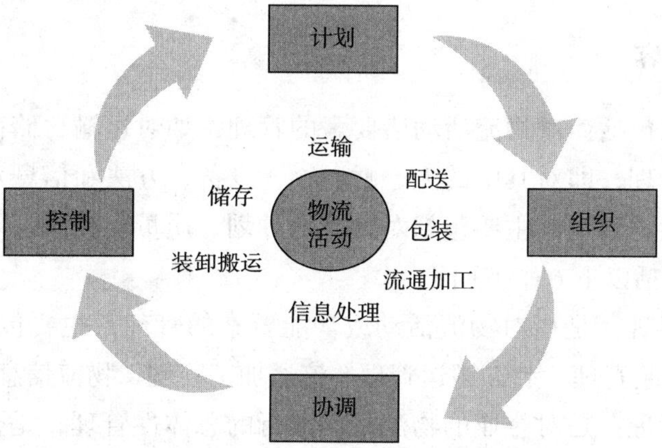

图2-1　物流管理

现代物流管理的目标就是要在尽可能低的总成本条件下实现既定的客户服务水平，即寻求服务优势和成本优势的一种平衡，并由此创造企业在竞争中的战略优势。简单地说，根据这个目标，物流管理要解决的基本问题，就是把合适的产品以合适的数量和合适的价格在合适的时间和合适的地点提供给客户。

从发达国家物流管理发展的历史来看，物流管理经历了以下五个阶段。

（1）物流功能个别管理阶段。在这个阶段，真正意义上的物流管理意识还没有出现，降低成本不是以降低物流总成本为目标，而是分别停留在降低运输成本或保管成本等个别环节上。降低运输成本也局限于要求降低运价或者寻找价格低的运输者上。企业对物流的认识程度还很低。

（2）物流功能系统化管理阶段。该阶段的主要特征表现为：通过物流管理部门的设立，其管理对象已不仅是现场的作业活动，而是站在企业整体的立场上整合，各种物流合理化对策开始出现并付诸实施。

（3）物流管理领域扩大阶段。进入物流管理领域扩大阶段，物流管理部门可以出于物流合理化的目的向生产和销售部门提出自己的建议。但是，这种建议在具体实施上有一定限度，特别是在销售竞争非常激烈的情况下，物流服务一旦被当做竞争手段，仅仅以物流合理化的观点来要求销售部门提供协助往往不被对方所接受。因为，这时候考虑问题的先后次序首先是销售，然后才是物流。

（4）企业内物流一体化管理阶段。企业内物流一体化管理是根据商品的市场销售动向决定商品的生产和采购，从而保证生产、采购和销售的一致性。企业内物流一体化管理之所以受到关注，是因为市场的不透明化。

（5）供应链管理阶段。供应链管理是一个将交易关联的企业整合进来的系统，即将供应商、制造商、批发商、零售商和顾客等所有供应链上的关联企业和消费者作为一个整体看待的系统结构。基于供应链的物流管理为产品的实物空间位移提供了时间和服务质量的保证，从而使物流管理进入了更为高级的阶段。

2. 物流管理的内容

物流管理的对象包括：对物流活动诸要素的管理，如对运输、储存等环节的管理；对物流系统诸要素的管理，即对其中的人、财、物、设备、方法和信息六大要素的管理；对物流活动中具体职能的管理，主要包括对物流的计划、质量、技术、效率等职能管理。物流管理的基本内容包括以下 6 个方面：

（1）物流作业管理：是指对物流活动或功能要素的管理，主要包括运输与配送管理、仓储与物料管理、包装管理、装卸搬运管理、流通加工管理、物流信息管理等。

（2）物流战略管理：是对企业的物流活动实行的总体性管理，是企业制定、实施、控制和评价物流战略的一系列管理决策与行动，其核心问题是使企业的物流活动与环境相适应，以实现物流的长期、可持续发展。

（3）物流成本管理：是指有关物流成本方面的一切管理工作的总称，即对物流成本所进行的计划、组织、指挥、监督和控制。物流成本管理的主要内容包括物流成本核算、物流成本预测、物流成本计划、物流成本决策、物流成本分析等。

（4）物流服务管理：是指物流企业或企业的物流部门从处理客户订货开始，直至商品送交客户的过程中，为满足客户的要求，有效地完成商品供应、减轻客户的物流作业负荷所进行的全部活动。

（5）物流组织管理：是指专门从事物流经营和管理活动的组织机构，既包括企业内部的物流管理和运作部门、企业间的物流联盟组织，也包括从事物流及其中介服务的部门、企业以及政府物流管理机构。

（6）供应链管理：是用系统的观点通过对供应链中的物流、信息流和资金流进行设计、规划、控制与优化，以寻求建立供、产、销企业以及客户间的战略合作伙伴关系，最大限度地减少内耗与浪费，实现供应链整体效率的最优化并保证供应链成员取得相应的绩效和利益，来满足顾客需求的整个管理过程。

2.1.2 物流管理的目标和原则

1. 物流管理的目标

良好的物流管理可以提高企业竞争力，挖掘企业潜力，降低总的经营成本，同时也可以提高客户满意程度，扩大销售，提高市场占有率，最终都将给企业带来利润的增加，成为企业重要的竞争优势。物流管理最基本的目标就是以最低的成本向用户提供满意的物流服务。物流管理的具体目标包括：快速反应、最小变异、最低库存、整合运输、确保产品质量以及生命周期支持等。

（1）快速反应。快速反应是指物流企业面对多品种、小批量的买方市场，不是储备了“产品”，而是准备了各种“要素”，在用户提出要求时，能以最快速度抽取“要素”，及时“组装”，提供所需服务或产品。快速反应关系到企业能否及时满足客户的服务需求的能力。信息技术的提高为企业创造了在最短的时间内完成物流作业并尽快交付的条件。

（2）最小变异。最小变异就是尽可能控制任何会破坏物流系统表现的、意想不到的事件。这些事件包括客户未按期收到货物、制造中发生意想不到的损坏、货物交付到不正确的地点等。传统解决变异的方法是建立安全储备库存或使用高成本的溢价运输。在充分发挥信息作用的前提下，采取积极的物流控制手段可以把这些风险降到最低，从而提高物流的生产率。

（3）最低库存。保持最低库存的目标是把库存减少到与顾客服务目标相一致的最低水平，以实现最低的物流总成本。“零库存”是企业物流的理想目标，物流设计必须把资金占用和库存周转速度当成重点来控制和管理。

（4）整合运输。运输成本是最重要的物流成本之一。一般来说，运输规模越大、需要运输的距离越长，每单位的运输成本就越低。这就需要有创新的规划，把小批量的装运聚集成集中的、具有较大批量的整合运输。

（5）确保产品质量。由于物流作业必须在任何时间、跨越广阔的地域来进行，而绝大多数物流作业是在监督者的视野之外进行的，这就特别要求在物流过程中保护好产品，确保产品质量。由于不正确的装运或运输中的损坏导致重做客户订货所花的费用，远比第一次就正确地履行所花的费用多。因此，物流是促进全面质量管理不断改善的主要组成部分。

（6）生命周期支持。某些对产品生命周期有严格需求的行业，回收已流向客户的超期存货将构成物流作业成本的重要部分。如果不仔细审视逆向的物流需求，就无法制定良好的物流策略。因而，产品生命周期支持也是设计的重要目标之一。

2. 物流管理的原则

近年来，很多先进的信息技术的出现，极大地推动了物流行业的巨变。我们不能再以传统的观念来认识信息时代的物流，物流也不再是物流功能的简单组合运作，它现在已是一个“网”的概念。提高连通物流节点的效率，提高系统的管理效率已成为整个物流产业面临的关键问题。

物流管理的具体原则有合理化原则、通用性原则、服务性原则等，其最根本的指导原则是保证物流合理化的实现。

（1）合理化原则。就是对物流设备配置和物流活动组织进行调整改进，实现物流系统整体优化的过程。它具体表现在兼顾成本与服务上，即以尽可能低的物流成本，获得可以接受的物流服务或以可以接受的物流成本达到尽可能高的服务水平。

（2）通用性原则。专业物流企业为用户提供个性化服务必然发生高昂的费用，但是，如果能采用通用化的物流设施与设备，提高设施设备的利用率，就能降低物流成本。如集装箱、托盘等集装工具的标准化，规定最小的集装单元的尺寸是600mm×400mm等。

（3）服务性原则。具体表现为7R原则，即适合的质量（right quality）、合适的数量（right quantity）、合适的时间（right time）、合适的地点（right place）、优良的影响（right impression）、适当的价格（right price）和适合的商品（right commodity）。

物流活动各种成本之间经常存在此消彼长的关系，物流合理化的一个基本的思想就是“均衡”，从物流总成本的角度权衡得失。不求极限，但求均衡，均衡造就合理。

相关链接

中小企业如何进行物流管理

物流管理是一门很重要的学问，好的物流管理不仅能够增加销售的机会，而且能够降低销售的成本。物流管理是一个复杂的过程，包括供应、保管、运输、发送等活动的管理。

如何做好物流管理并不是一两句话能够说清楚的，但简要地说，必须树立以客户为中心的服务战略，建立有效的组织机构，有效控制成本。

1.以客户为中心

物流活动的目的在于向客户提供及时而又准确的产品递送服务，是一个广泛满足客户的时间效用和空间效用需求的过程。如果客户的期望得不到充分满足，物流工作也就失去了意义。

（1）基本服务能力。基本服务能力是指物流服务的基本水准，也是客户服务的最基本的内容，包括可获得性、作业绩效和可靠性。

可获得性。客户随时的需要都可以得到满足，这就意味着经销商需要有一定的库存，而且是安全的库存，如果管理适当，就不会造成库存积压或者存货短缺。可获得性的考核指标是缺货频率、供应比率和订货完成率。

作业绩效。从事物流管理的企业从客户订货到交付使用的全部运作过程的效率称为作业绩效，一般通过速度、一致性、灵活性、故障恢复能力等来衡量。

可靠性。物流企业在物流活动中，需要完整地履行承诺。物流企业最基本的质量问题是如何实现已经计划好的存货的可获得性和物流作业完成能力。

（2）供应链的增值服务。商业社会的物流需求极为旺盛，因此逐步形成了专业的物流公司，它们的出现形成了生产、配送、采购等不同业务企业之间的合作，形成了供应链。供应链的存在产生了很高的效率和效益，因而成为可增值的服务。

2. 建立有效的组织机构

企业规模不同，物流系统中的组织机构也就不同，比如，大型企业会出现许多专门管理某一个环节的部门，各个部门之间还会有一个统一协调的机构。但是在很小的经销商处，一个员工可能就完成了从订单管理直到送货上门的所有工作。

所以，建立有效的组织机构需要企业的经营者根据自身情况衡量，关键是能够保证客户对物流的基本需求。

3. 有效控制成本

物流成本包括包装、装卸、运输、存储、加工、配送、物流信息管理等各个环节的人力、物力、财力支出。由于实际物流情况的复杂性和多变性，降低物流成本的方法也是多种多样，以下是一些基本方法。

（1）加快物流速度。全部的物流成本可以分为两类：一类是可变成本；另一类是固定成本。物流量的大小所产生的存储、运输等方面的成本是变化的，但是所占物流成本的百分比是基本固定的，而工资、折旧费、管理费用这些成本是固定的，因此加快物流速度、扩大物流量的方法，使得固定成本在物流成本中的比例能够大幅度下降，从而达到降低成本的目的。

（2）减少物资周转环节。物资在流通中就会产生成本，如果流通效率很高，产生的成本自然下降；反之，物资流通的时间很长，成本肯定居高不下。因此，经销商需要考虑怎样将周转的速度尽量加快，周转的周期尽量缩短，从而使物流成本最小化。

（3）建立先进的信息处理系统。物流信息的高效率，可以有效地保证物流系统的高效运转，能使物流企业及早地安排所有的环节，不但有利于提供最好的客户服务，还能够有效地加快物流和资金流的周转。

（4）加强物流管理和成本核算。物流管理水平的高低是影响物流成本的最直接因素。虽然管理本身并不直接产生效益，但它却能够通过其他具体的物流执行部门对物流成本产生影响。因此，加强物流管理、实现物流运作的现代化，是降低物流成本的最直接有效的方法。值得说明的是，降低成本的目的不是降低服务水平，如果降低成本导致服务水平的下降，那是得不偿失的。

资料来源：刘滢．中小企业物流管理的现状及思考．中国商论，2017.

2.2 任务：怎样控制物流成本

经过上一次尴尬的退货事件，小王和同事们加强了对客户需求信息的记录和管理，他和刘师傅也尽可能按客户的要求按时准确地将货物送到客户手中，有时即使只有几件货物都得专程送一趟。一个月下来，他们发现送货的费用明显增加了，对此，经理非常不满意。

请你帮小王想出一些能够既让客户满意又让经理高兴的办法。

相关知识

2.2.1 物流成本概述

1. 物流成本的概念及构成

《物流术语》对物流成本的定义是："物流活动中所消耗的物化劳动和活劳动的货币表现。"物流成本的主要组成部分如图 2–2 所示。

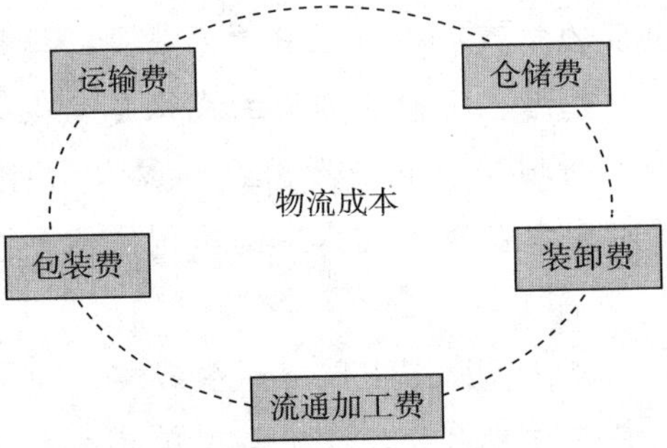

图 2–2 物流成本的主要组成部分

物流成本涵盖生产、流通、消费全过程的物品实体与价值变化而发生的全部费用。它包括从生产企业内部原材料的采购、供应开始，经过生产制造中的半成品、产成品的仓储、搬运、装卸、包装、运输以及在消费领域发生的验收、分类、仓储、保管、配送、废品回收等过程发生的所有成本。具体来讲，物流成本由以下几部分构成：

（1）物流活动中的物资消耗，如电力、燃料、包装耗材、固定资产的损耗等。

（2）物资在物流活动中发生的合理损耗。

（3）企业为了开展物流活动的人力成本。

（4）物流活动中发生的其他费用，如与物流活动有关的办公、差旅支出等。

（5）用于保证物流系统运作顺畅的资金成本，如银行贷款利息等。

（6）研究设计、重建与优化物流过程的费用。

2. 物流成本管理及意义

（1）物流成本管理的含义。

物流成本管理是指对物流相关费用进行的计划、协调与控制。物流成本管理是通过成本去管理物流，即管理的对象是物流而不是成本，可以说是以成本为手段的物流管理方法。

（2）物流成本管理的意义。

①从宏观角度分析。在企业经营活动中，物流是渗透到各项经营活动之中的活动。物流成本就是用金额评价物流活动的实际情况。现代物流成本是指从原材料供应开始一直到将商品送达消费者手上所发生的全部物流费用。由于物流成本没有被列入企业的财务会计制度，制造企业习惯将物流费用计入产品成本，商业企业则把物流费用与商品流通费用混在一起。因此，无论是制造企业还是商业企业，不仅难以按照物流成本的内涵完整地计算出物流成本，而且连已经被生产领域或流通领域分割开来的物流成本，也不能单独真实地计算并反映出来。

无论是企业物流还是物流企业，如何对自身物流资源进行优化配置，如何实施管理和决策，以期用最小的成本带来最大的效益，都是它们所面临的最重要问题之一。

②从微观角度分析。企业经营的一个重要目标是以最小的投入换取最大的收益，而实现这一目标的最好途径是成本管理。物流成本的控制是对成本限额进行预算，将实际成本与目标成本限额加以比较，纠正存在的差异，提高物流活动的经济效益。

单项物流活动成本降低有可能导致其他部分成本增加，处理不当，甚至有可能导致总成本的上升。物流总成本分析是进行一体化物流管理的关键，运用总成本分析法可以有效管理成本，实现真正意义上的降低成本。

物流总成本是企业管理物流运作的主要指标，但物流总成本本身并不能反映企业的物流运作好坏。通过物流总成本的统计分析，企业可以从全局的角度了解自身的物流运作现状，明确目前的瓶颈问题以及突破口，提出解决的方法，以提高企业整体的运作绩效。

2.2.2 物流成本的分类

1. 按经济内容分类

企业的生产经营过程，也是物化劳动（劳动对象和劳动手段）和活劳动的耗费过程，因而生产经营过程中发生的成本，按其经济内容分类，可划归为劳动对象方面的成本、劳动手段方面的成本和活劳动方面的成本三大类，具体如下：

（1）固定资产的费用。包括使用中的固定资产应计提的折旧和固定资产大修理费用。

（2）材料费。包括一切材料、包装物、修理用备件和低值易耗品的费用等。

（3）燃料动力费。包括各种固体、液体、气体燃料的费用，水费，电费等。

（4）工资。包括从事与物流活动相关工作的职工工资和企业根据规定按工资总额的一定比例计提的职工福利费、职工教育经费、工会经费等。

（5）利息支出。企业应计入财务费用的借入款项的利息支出减利息收入后的净额。

（6）税金。应计入企业管理费用的各种税金，如房产税、车船使用税、土地使用税等。

（7）其他支出。不属于以上各要素的费用支出，如差旅费、租赁费、外部加工费以及保险费等。

此种分类方式的作用在于，可以反映企业一定时期内在生产经营中发生的费用及其数额，据以分析企业各个时期各种费用的构成和水平，还可以反映物质消耗和非物质消耗的结构和水平，有助于统计工业净产值和国民收入；反映了企业生产经营中材料和燃料动力以及职工工资的实际支出，可以为企业核定储备资金定额、考核储备资金的周转速度，以及编制材料采购资金计划和劳动工资计划提供资料。

但是，这种分类不能说明各项成本的用途，因而不便于分析各种成本的支出是否节约、合理。

2. 按流通环节分类

物流成本按流通环节可分为六个方面：

（1）运输成本。主要包括：人工费用，如工资、福利费、奖金、津贴和补贴等；营运费用，如营运车辆的燃料费、轮胎费、折旧费、维修费、租赁费、车辆牌照检查费、车辆清理费、养路费、过路过桥费、保险费、公路运输管理费等；其他费用，如差旅费、事故损失、相关税金等。

（2）流通加工成本。主要包括：流通加工设备费用、流通加工材料费用、流通加工劳务费用以及流通加工的其他费用。除上述费用外，在流通加工中耗用的电力、燃料、油料以及车间经费等费用，也应计入流通加工费用之中。

（3）配送成本。配送成本是企业的配送中心在进行分货、配货、送货过程中所发生的各项费用的总和，其成本费用主要包括配送运输费用、分拣费用、配装费用。

（4）包装成本。主要包括：包装材料费用、包装机械费用、包装技术费用、包装辅助费用、包装的人工费用。

（5）装卸与搬运成本。主要包括：人工费用、固定资产折旧费、维修费、能源消耗费、材料费、装卸搬运合理损耗费用，以及其他诸如办公费、差旅费、保险费、相关税金等费用。

（6）仓储成本。主要包括：仓储持有成本、订货或生产准备成本、缺货成本和在途库存持有成本。

物流成本按流通环节的分类，反映了企业不同职能的费用耗费，也叫成本按职能的分类。这种分类有利于成本的计划、控制和考核，便于对费用实行分部门管理和进行监督。

3. 按成本与业务量的关系分类

成本按其与业务量之间的依存关系，即成本习性（也称成本性态），可以分为固定成本与变动成本两大类。

（1）固定成本。固定成本是指其总额在一定时期和一定业务量范围内，不受业务量增减变动影响而保持不变的成本。例如，按直线法计算的固定资产折旧、管理人员的工资、机器设备的租金等。固定成本总额只是在一定时期和一定业务量范围内才是固定的。如果业务量超过了相关范围，固定成本也会发生变动。也就是说，固定成本必须和一定时期、一定业务量相联系。

固定成本就其总额而言是固定的。由于固定成本总额在一定时期和一定业务量范围内保持不变，那么随着业务量在一定范围内的增加或减少，单位业务量所分摊的固定成本就会相应地减少或增加，即从单位固定成本看，它与业务量的增减呈反比例变动。

（2）变动成本。变动成本是指其总额随着业务量的变动而呈正比例变动的成本。例如，直接材料、直接人工、包装材料等都属于变动成本。变动成本在相关范围之内，其总额与业务量之间保持着完全的线性关系，在相关范围之外，它们之间的关系可能是非线性的。变动成本就其总额而言是变动的。若从单位业务量的变动成本看，它又是固定的，即它不受业务量增减变动的影响。研究成本与业务量之间的依存性，考察不同类型成本与业务量之间的特定数量关系，把握业务量变动对各类成本变动的影响，有利于进行本量利分析和短期决策，加强成本控制和科学地进行成本分析，可以简化成本的计算，对于正确地进行经营决策、挖掘内部潜力、提高企业经济效益有着重要的意义。

4. 按物流成本计入营业成本的方式分类

物流成本按其计入成本对象的方式分为直接成本和间接成本。

（1）直接成本。直接成本指与某一特定的成本对象存在直接关系，即存在明显的因果关系或受益关系，它是为某一特定的成本对象所消耗的，故可直接计入该成本对象的成本。如大部分的直接材料和直接人工成本属于直接成本。

（2）间接成本。间接成本是指与某一特定成本对象没有直接联系，或者与成本对象相关联，但不能用一种经济合理的方式追溯到成本对象的成本，它为几种成本对象所共同消耗，不能直接计入某一特定成本对象，如厂房的折旧等。又如，总经理的工资很难分辨出每种成本对象应分担的数额，不能合理地追溯到成本对象；润滑油的成本可以通过单独计量追溯到个别成本对象，但是单独计量的成本较高，而其本身数额不大，更准确地分配实际意义不大，不如将其列入间接成本，统一进行分配更经济。间接成本应当先按地点或用途进行归集，然后按照适当合理的标准进行分配，计入各种成本对象。小部分的直接材料、直接人工成本、制造费用和期间费用通常属于间接成本。

这种分类的目的是经济合理地把成本归属于不同的成本对象。一项成本可能是直接成本，也可能是间接成本，要根据成本对象的选择而定。

5. 按其转化为费用的不同方式分类

按照现行财务会计制度规定，生产经营成本按其可盘存性质可划分为产品成本与期间成本。

（1）产品成本。产品成本是指可计入存货价值的成本，包括按特定目的分配给一项产品的成本总和。在实务中，产品成本包括以下四个成本项目：一是直接材料，指直接用于产品生产、构成产品实体的原料及主要材料、外购半成品、有助于产品形成的辅助材料以及其他直接材料；二是直接人工，指参加产品生产的工人工资以及按生产工人工资总额和规定的比例计算提取的职工福利费；三是燃料和动力，指直接用于产品生产的外购和自制的燃料及动力费；四是制造费用，指为生产产品和提供劳务所发生的各项间接费用。

为了使生产成本项目能够反映企业生产的特点，满足成本管理的要求，允许企业根据自己的特点和管理要求，对以上项目作适当的增减调整。如果直接用于产品生产的外购半成品成本比重较大，可以将外购半成品单独列为一个成本项目；外部加工费比较多的产品，可以将外部加工费单独列为一个成本项目；如果产品成本中燃料和动力费所占比重很小，也可以将其并入制造费用成本项目中。

（2）期间成本。期间成本指不计入产品成本的生产经营成本，包括除产品成本以外的一切生产经营成本。期间成本在发生当期立即转为费用，是“不可储存的成本”，正因为期间成本的这一特性，因此也被称为“期间费用”。按照我国企业会计制度的规定，企业的期间成本包括销售费用、管理费用和财务费用。

销售费用是指企业在销售商品过程中发生的费用，商品流通企业在购买商品过程中所发生的进货费用也包括在内。管理费用是指企业组织和管理企业生产经营所发生的费用。财务费用是指企业为筹集生产经营所需资金等而发生的费用。

划分产品成本和期间成本，是为了贯彻配比原则。产品成本和期间成本的划分是相对的，所有生产经营成本，如果不列入产品成本，就必须列入期间成本。计入产品的成本范围越大，期间成本的范围就越小，反之亦然。

2.2.3 降低物流成本的途径与方法

1. 降低物流成本的基本途径

（1）通过有效率的配送。企业通过有效率的配送，减少运输次数，提高装载率及合理安排配车计划，选择最佳的运送手段，从而降低配送成本。

（2）将物流外包给第三方物流公司。企业把物流外包给专业化的第三方物流公司，可以缩短商品在途时间，减少商品周转过程的费用和损失。有条件的企业可以采用第三方物流公司直供上线，实现零库存，降低成本。

（3）借助现代化的信息管理系统。在传统的手工管理模式下，企业的成本控制受诸多因素的影响，往往不易也不可能实现各个环节的最优控制。企业采用信息系统一方面可使各种物流作业或业务处理能准确、迅速地进行；另一方面通过信息系统的数据汇总，进行预测分析，可控制物流成本发生的可能性。

（4）加强企业职工的成本管理意识。把降低成本的工作从物流管理部门扩展到企业的各个部门，并在产品开发、生产、销售全生命周期中，进行物流成本管理，使企业员工具有长期发展的战略性成本意识。

（5）对商品流通的全过程实现供应链管理。掌握物流成本管理方法，使由生产企业、第三方物流企业、销售企业、消费者组成的供应链整体化和系统化，实现物流一体化，使整个供应链利益最大化，从而有效降低企业物流成本。

2. 物流成本管理的具体方法

虽然可计量的物流成本如冰山一角，难以全面地用具体的数值来表述，但仍可以运用一些方法来进行分析，即定量地描述物流成本及其变化，从而对物流成本进行管理。

（1）比较分析法。

①横向比较：把企业的供应物流、生产物流、销售物流、退货物流和废弃物物流（有时包括流通加工和配送）等各部分物流费分别计算出来，然后进行横向比较，看哪部分发生的物流费用最多。如果是供应物流费用最多或者异常多，则再详细查明原因，堵住漏洞，改进管理方法，以降低物流成本。

②纵向比较：把企业历年的各项物流费用与当年的物流费用加以比较，如果增加了，再分析一下为什么增加，在哪个地方增加了，增加的原因是什么，假若增加的是无效物流费，则立即改正。

③计划与实际比较：把企业当年实际开支的物流费用与原来编制的物流预算进行比较，如果超支了，分析一下超支的原因，在什么地方超支，这样便能掌握企业物流管理中的问题和薄弱环节。

（2）综合评价法。

对各环节的物流成本进行综合评价。如采用集装箱运输，一可以简化包装，节约包装费；二可以防雨、防晒，保证运输途中物品质量；三可以起仓库作用，防盗、防火。但是，如果由于包装简化而降低了包装强度，货物在仓库保管时则不能往高堆码，浪费库房空间，降低仓库保管能力。由于简化包装，可能还影响货物的装卸搬运效率等。那么，利用集装箱运输是好还是坏呢？这就要用物流成本计算这一统一的尺度来综合评价，分别算出上述各环节物流活动的费用，经过全面分析后得出结论。这就是物流成本管理，即通过物流成本的综合效益研究分析，发现问题，解决问题，从而加强物流管理。

（3）排除法。

在物流成本管理中有一种方法叫活动标准管理。其中一种做法就是把物流相关的活动划分为两类：一类是有附加价值的活动，如出入库、包装、装卸等与货主直接相关的活动；另一类是非附加价值的活动，如开会、改变工序、维修机械设备等与货主没有直接关系的活动。其实，在商品流通过程中，如果能采用直达送货的话，则不必设立仓库或配送中心，实现零库存，等于避免了物流中的非附加价值活动。如果将上述非附加价值的活动加以排除或尽量减少，就能节约物流费用，达到物流管理的目的。

（4）责任划分法。

在生产企业里，物流的责任究竟在哪个部门？是物流部门还是销售部门？客观地讲，物流本身的责任在物流部门，但责任的源头却是销售部门或生产部门。以销售物流为例，一般情况下，由销售部门制订销售物流计划，包括订货后几天之内送货，接受订货的最小批量是多少等。假若该企业过于强调销售的重要性，则可能决定当天订货，次日送达。这样的话订货批量大时，物流部门的送货成本少，订货批量小时，送货成本就增大，甚至过分频繁、过少数量送货造成的物流费用增加，大大超过了扩大销售产生的价值，这种浪费和损失，应由销售部门负责。分清类似的责任有利于控制物流总成本，防止销售部门随意改变配送计划，堵住无意义、不产生任何附加价值的物流活动。

相关链接

物流成本的冰山现象和效益背反

物流成本的隐蔽性，也被称作物流冰山现象，如图 2-3 所示。我们知道，冰山露出茫茫海面的只不过是它庞大身躯的一小部分，更大部分隐藏在海面之下。而物流成本也具有相似的特征，在企业中，传统会计所计算的外付运费和外付储存费不过是冰山一角，绝大多数的物流活动发生的费用，是混杂在其他费用之中的，如不把这些费用计算清楚，很难看到物流费用的全貌。航行在市场之流上的企业巨轮如果看不到海面下物流成本的庞大身躯，那么最终会遭到与“泰坦尼克号”同样的厄运。而一旦物流所发挥的巨大作用被企业开发出来，它给企业所带来的丰厚利润也是有目共睹的。

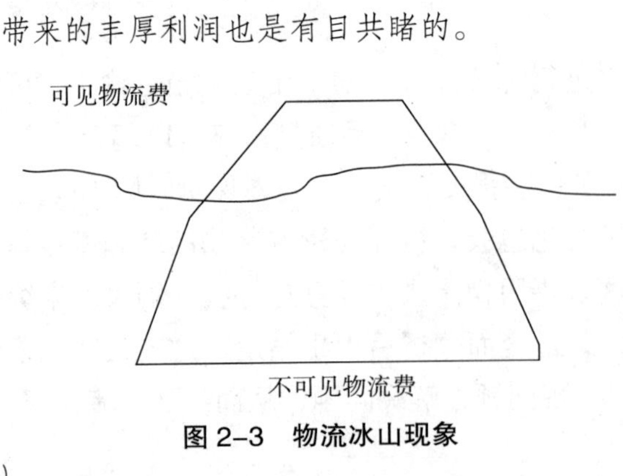

图 2-3　物流冰山现象

在实际工作中，我们常常会遇到这样的情况：在产品运输过程中，假定其他成本因素不变，如果我们选择快捷的航空运输，货物一旦生产出来，即可运走，这样，仓储费用就降低了；如果我们选择大批量的火车运输，产品生产出来，还需要储存到一定的量才能发运，那么仓储费用就增加了。如图 2-4 所示，这就是运输与库存的背反。

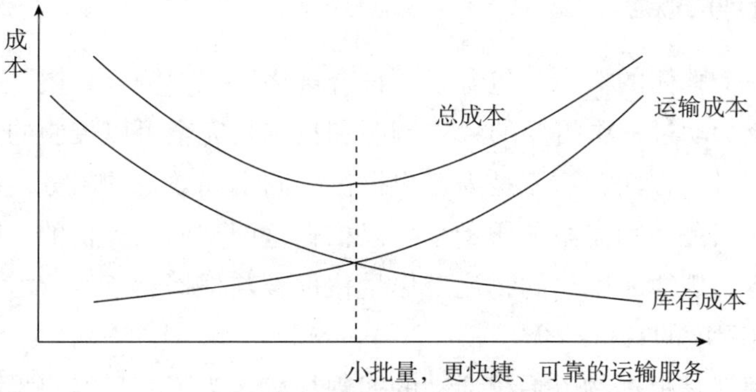

图 2-4　物流成本效益背反

效益背反指的是物流的若干功能要素之间存在着损益的矛盾，即某一个功能要素的优化和利益发生的同时，必然会存在另一个或另几个功能要素的利益损失，反之也如此，这是一种此消彼长、此盈彼亏的现象，虽然在许多领域中这种现象都是存在的，但物流领域中，这个问题似乎尤其严重。效益背反说有许多有力的实证予以支持。

物流管理是要降低物流总成本。如运输成本与库存成本的权衡；采购批量与存货成本的权衡；减少承运人的数量与分散货运风险的权衡；实行集中存货管理与货运成本和脱销成本的权衡；增值服务成本与客户服务水平的权衡；物流自营与物流外包以及保持企业对物流运作控制权的权衡；信息共享与保持企业核心竞争力的权衡等。在客户服务水平确定以后，物流企业的管理运作就会围绕如何降低客户的物流总成本这个中心来展开。

资料来源：彭宝玲 . 生产企业物流成本的优化策略探讨 . 市场论坛，2017.

2.3　任务：如何提高企业物流质量

由于缺乏先进的物流管理技术和信息系统，同时为了节约物流成本，小王建议经理采用第三方物流企业为其配送货物。可是在选择第三方物流企业时，公司没有经过严格的资质审查，而是选择了报价较低的一个小公司为其配送货物，结果公司接到的客户投诉反而更多了，这些投诉大多是关于物品破损、丢失和延误的。

面对这种情形，小王该怎样建议经理提高企业的物流质量呢？

相关知识

2.3.1 物流质量概述

1. 物流质量管理的概念

物流质量是一个整体的概念，包含了“符合规格”和“符合期望”两类典型的质量内涵。一方面，物流活动过程中需要的各类资源和技术是完全可以控制的，很容易确定质量规格和操作标准；另一方面，物流是为客户提供时间空间效益的服务，需要根据客户的不同需要提供不同的服务。物流服务质量是可以根据这两方面来评价的，因此，企业物流质量就是根据物流运动规律所确定的物流工作量化标准与根据物流经营需要而评估的物流服务的顾客期望满足程度的有机结合。

物流质量管理就是根据物流系统活动的客观规律，为了满足客户需要，通过制定科学合理的基本标准，运用适当的方法实施计划、组织、协调和控制的活动。

物流质量管理必须包含两方面的内容：一方面是满足生产者的要求，必须保证生产者的产品保质保量地转移给客户；另一方面是满足客户的要求，按照客户的要求将其所需要的商品送至客户手中。

2. 物流质量管理的内容

（1）商品的质量保证。物流的对象是具有一定质量的实体，具有合乎要求的等级、尺寸、规格、性质、外观。这些质量是在生产过程中形成的，物流过程在于转移和保护这些质量，最后实现对用户的质量保证。在当代流行的质量保证体系中，对用户的质量保证不可能完全依赖于生产，同时也依赖于流通。产品出厂时要进行质量检验，保证其符合生产的质量要求；通过流通到达消费者手中，即物流活动面向最终用户提供服务，承担保护商品质量的任务，用户根据自己的要求对其性能、外观等进行检验并签收，因此物流中的质量管理对客户满意度有重要的影响。

（2）商品的质量改善。物流过程不单是消极地保护质量及转移质量，现代物流由于采用流通加工、包装等手段，还可以改善和提高商品的质量，因此，物流过程在一定意义上也是商品质量的形成过程。在物流过程中通过组合、分割、贴标签等作业可满足用户的需求，大大提升产品的价值。

（3）物流服务质量。物流活动具有极强的服务性质，属于第三产业范围，其性质主要在于服务。所以，整个物流质量的目标就是提高其服务质量。服务质量因不同用户而要求各异，这就需要掌握和了解用户要求，如商品质量的保持程度、流通加工对商品质量的提高程度、批量及数量的满足程度、间隔期及交货期的保证程度、配送和运输方式的满足程度、成本水平及物流费用的满足程度、相关服务（如情报提供、索赔及纠纷处理）的满足程度。另外，现代物流的质量是发展变化的，在社会发展中依据客户的需要提出的绿色物流、柔性物流、精益化物流等新的服务概念，形成新的物流质量。同时，为了适应经济全球化发展，需要引进国际物流服务标准，不断提高物流服务质量，积极开展国际化物流活动。一般来讲，物流服务普遍体现在满足用户要求方面，各用户的要求不同，实现这一要求的难度是很大的，这就需要企业有很强的适应性及柔性，这又要求企业有强大的硬件系统和有效的管理系统作为支撑。当然，对服务的满足不能是消极被动的，因为有时候用户提出的某些服务要求，由于交替损益的作用，会增大成本或出现别的问题，这对用户实际是有害的，盲目地满足用户的这种要求不是高服务质量的表现。物流承担的责任是积极地、能动地推进服务质量。物流服务质量的具体衡量指标主要是时间、成本、数量和质量。

（4）物流工作质量。物流工作质量包括物流各环节、各工种、各岗位具体工作的质量。为实现总的服务质量，要确定具体的工作要求，以质量指标形式确定下来的工作要求则为工作质量目标。这是将物流服务总的目标质量分解成各个工作岗位可以具体实现的质量。

物流工作质量和物流服务质量是两个有关联但又不同的概念。物流服务质量水平取决于各个工作质量的总和。所以，在一定程度上讲，物流工作质量是物流服务质量的保证和基础，重点抓好物流工作质量，物流服务质量也就有了一定的保证。

物流工作质量是具体表现和反映在各环节、各工序的质量，由于物流系统的庞杂，工作质量内容也十分庞杂。例如，仅以仓储工作的物流工作质量为例，就可以归纳为以下许多内容：商品损坏、变质、挥发等影响商品质量因素的控制及管理；商品丢失、错发、报损等影响商品数量的控制及管理；商品维护、保养；商品入库、储库检查及验收；商品入库、出库计划管理，计划完成季兑现的控制；商品标签、标示、货位、账目管理，建立正常的规章制度；库存量的控制；质量成本的管理及控制；库房工作制度、温湿度控制制度；工作标准化管理；各工序设备正常运转的管理；设备完好程度的管理；上、下道工序（货主、用户）服务。只有做好各环节、各工序的工作，才能保证仓储作业的质量，满足客户的要求，体现物流活动较高水平的服务质量。

（5）物流工程质量。物流质量不但取决于工作质量，而且还取决于工程质量。在物流过程中，将对产品质量发生影响的各因素（人的因素、设备因素、工艺方法因素、计量与测试因素、环境因素等）统称为“工程”。可以看到，提高工程质量是进行物流质量管理的基础工作，能提高工程质量，就能实现“预防为主”的质量管理。

2.3.2　物流质量指标体系

1. 物流质量指标的类别

衡量物流质量的主要指标，应根据物流服务的最终目标确定。围绕这些指标，在工作环节中，针对各项工程又可以制定一系列的实现“分目标”的质量指标，这就形成了物流质量指标体系。一般而言，物流质量指标体系应包括以下几类指标：

（1）衡量数量正确性的指标。数量正确性指物流过程中物流业务的实际数量与要求数量的符合程度，常见指标有仓储物品盈亏率、采购计划完成率、供应计划完成率等。

（2）衡量质量正确性的指标。质量正确性指物流过程中物品流动的实际质量与要求质量的符合程度，常见指标有仓储物品完好率、进货质量合格率等。

（3）衡量时间正确性的指标。时间正确性指物流过程中物品流动的实际时间与要求时间的符合程度，常见指标有采购周期、供货周期、及时进货率、及时供货率、发货故障平均处理时间等。

（4）衡量地点正确性的指标。地点正确性指物流过程中物品流向的实际地点与要求的地点的符合程度，常见指标有错误送货率等。

（5）衡量工作完善性的指标。工作完善性指物流过程中物流业务工作的完善程度，常见的指标有对用户问询的响应率、用户特殊送货要求的满足率、售后服务的完善性等。

（6）衡量工作安全性的指标。工作的安全性指物流过程中人员和商品的安全程度，常见指标有事故等级、事故次数等。

2. 常用的物流指标

（1）物流服务水平指标。

①服务水平指标（F）：

F= 满足要求次数 / 用户要求次数

②满足程度指标（M）：

M= 满足要求数量 / 用户要求数量

③交货水平指标（J）：

J = 按交货期交货次数 / 总交货次数

④交货期质量指标（$J_{天}$）。以实际交货与规定交货相差日（时）数表示，正号为提前交货，负号为延迟交货。

$J_{天}$ = 规定交货期 − 实际交货期

⑤商品完好率指标（W）：

W=（交货时完好商品量 / 物流商品总量）×100%

⑥物流吨费用指标（C）：

C= 物流费用 / 物流总量（元 / 吨）

（2）仓库质量指标。

①仓库吞吐能力实现率（T）：

T= 期内实际吞吐量 / 仓库设计吞吐量 ×100%

②商品收发正确率（S）：

S =（某批吞吐量 − 出现差错量）/ 同批吞吐量 ×100%

③商品完好率（$W_{库}$）：

$W_{库}$ =（某批商品库存量 − 出现缺损商品量）/ 某批商品库存量 ×100%

④库存商品缺损率（$Q_{库}$）：

$Q_{库}$ = 某批商品缺损量 / 该批商品总量 ×100%

⑤仓库面积利用率（$M_{总}$）：

$M_{总}$ =（库房、货棚、货场占地面积之和 / 仓库总面积）×100%

⑥仓库利用率（R）：

R = 储存商品实际数量或容积 / 设计库存数量或容积 ×100%

⑦设备完好率（$W_{设}$）：

$W_{设}$ = 设备完好总数 / 同期设备总数 ×100%

⑧设备利用率（L）：

L= 全部设备实际工作时数 / 设备工作总能量 ×100%

⑨仓储吨成本（C）：

C= 仓储费用 / 库存量（元 / 吨）

（3）运输作业质量指标。

①正点运输率（Z）：

Z= 正点运输次数 / 运输总次数 ×100%

②满载率（M）：

M= 车辆实际装载量 / 车辆装载能力 ×100%

③运力利用率（Y）：

Y= 实际运输能力（吨 × 千米）/ 往返运输总能力数（吨 × 千米）×100%

相关链接

物流质量和成本决定企业成败

家具企业因为产品特性，大件居多，从生产到销售过程均需经受巨大的物流考验，它们的辐射能力始终受到某种约束。但也有不少诸如联邦家具、顾家、曲美家具、掌上明珠等企业在全国建立了许多制造和分销中心，商业辐射范围正不断扩大。物流已经成为家具企业竞争中一个最重要的成败关键点。但是，物流服务质量和成本遭遇瓶颈，短期内难以打破。

东莞长安镇某家具总经理陈某介绍说，东莞长安镇的货运公司缺少直达班次及固定班次，需要装箱量达到一定数量才可发货。可接单的物流公司虽然不少，但规模小的公司居多，物流服务和效率都不如人意，物流公司管理比较混乱。一些公司答应接单，但货物运送过程却难以把控，常常发生延误、损坏家具等情况，这些都令企业十分头痛。

陈某举例，假如哈尔滨有客户下订单，但数量并不多，在这种情况下，快递公司货量不足无法发车，如果少量发货，平均物流成本和物流时间又大大增加；如果把大量的货物运往那边，却不能保证有相应销量，库存又成为新的负担。目前，东莞发往东北的 40 尺货柜，需要大约 3 万元的汽运成本，且需凑够一定数量，才能发货。陈某表示，一货柜的中档家具总额若是 20 万元，运费收取 3 万元，那么物流成本便占整体成本的 10% 以上，物流成本已让企业不堪重负。

物流质量和成本已经极大地制约了企业的发展。

资料来源：戴亮．家具业物流面临考验，自建物流网或是更好出路．http://info.jj.hc360.com/2013/06/090950605758.shtml.

2.4 任务：企业如何规范自身的物流管理

在饮料企业兼职的这段时间，小王越来越意识到物流管理对企业的重要性，通过对企业运营过程中具体问题的分析，他发现企业在物流管理方面缺乏一套规范完善的方法和制度。即使是通过选择第三方物流企业提供物流服务，公司也没有标准化的规范和要求。

请问：目前有没有通用的物流标准来规范企业的物流管理？

相关知识

2.4.1 物流标准化概述

1. 物流标准化的含义

物流标准化是把物流系统作为考虑对象，对物流的七大功能即运输、储存、装卸、搬运、包装、加工及信息处理进行相关制度的制定、实施，统一标准的过程。

简单地说，物流标准化在物流大系统下，分为技术标准和工作标准。技术标准用来规定系统内部设备设施等各种专用工具的应用；工作标准用来规定系统内各分领域如包装、运输、仓储、装卸等方面的工作。各分领域之间的技术与工作标准的配合性指按配合性要求，统一整个物流系统的标准，研究物流系统与其他相关系统的配合性，进而达到物流大系统的标准统一。

2. 物流标准化的特性

（1）复杂性。与一般的标准化系统不一样，物流标准化涉及的面更为广泛，并且其对象更加繁多，包括机电、工具、建筑等许多种类，显然这些标准处于物流大系统下，但由于缺乏共性，从而造成物流系统内的标准数目多，内容复杂，给各种标准的统一和配合带来较大困难。

（2）协调适应性。由于物流管理的理论诞生较晚，组成物流大系统的各个分系统在没有归入物流系统之前就有了自己的标准，并经多年实践巩固，如果要改变，需要面对较大困难，那么，在推行物流标准化时，需要在各个系统的基础上进行协调、适应，并统一建立新的物流系统。

（3）“三性”（科学性、民主性和经济性）。任何标准的建立都要求科学性、民主性和经济性，物流领域也不例外。物流标准化的科学性，主要是反映现代科技综合成果，要求与物流的现代化相适应，能与物流大系统相适应。物流标准化的民主性，是指物流标准的制定要采取协商的办法，广泛考虑各种现实条件，广泛听取相关部门的意见，使标准易于贯彻实施。物流标准化的经济性，是标准化的主要目的之一，也是决定物流标准生存的关键，由于物流活动中增值部分不多，增值幅度也不大，但又必须消耗大量的资源，所以如果不注重标准的经济性，片面强调科学现代化，过分顺从物流现状及习惯，就会引起物流成本的增加，标准自然会失去生命力。

（4）国际性。由于全球经济一体化的加速，国际贸易大幅增长，而贸易的完成需要物流来支撑，因此，各个国家都很重视本国物流与国际物流标准的一致，否则，就会加大国际贸易的难度。

（5）安全性。在物流行业中，安全性是非常值得关注的，如运输中的交通事故、货物的倒塌、物流机械的故障等，对人身和货物安全都有很大的影响，所以，我们在制定标准时，一定要注意安全性标准的制定。

3. 物流标准化的意义

（1）有利于物流水平的提高。物流水平的提高需要物流管理特别是大系统物流管理各内部环节有机联系，保证统一性。例如，我国的商品编码尚未健全，各个领域、各个地方制定了自己的物资编码，导致商品信息无法顺畅传递，阻碍了物流水平的提升。

（2）有利于降低物流成本。这可以体现在物流设备上，如运输车辆、集装容器实现标准化后，实现了物流各个环节的联系，可以实现“门到门”的服务，也可以实现联运，如我国铁路与公路的集装箱实现统一标准后，消除“倒箱”这个环节，降低了成本。

（3）有利于实现现代物流系统化管理。随着物流技术的进步和市场竞争的需要，现代物流越来越强调对物流过程的系统化管理，以通过物流系统的优化降低物流成本。现代物流的系统化管理体现在以下两个方面：一是对企业经营活动的商流、资金流、物流、信息流统一进行系统化管理，即物流的系统化不仅仅是对物流本身的管理，而是以企业经营管理为中心追求企业价值最大化的综合一体化管理；二是对社会物流资源的系统化管理。随着供应链管理模式的产生，物流的管理范围由企业内部向企业外部延伸扩展，将不同企业

（包括生产企业、商业企业、物流企业）中的物流资源进行系统化管理，这是跨企业的社会物流资源的系统化管理，也是物流服务的社会化。要实现物流的系统化管理，保证物流系统的统一协调以及系统内各环节的有机联系，需要采取很多种方法和手段，物流标准化是实现现代物流系统化管理的很重要的手段。

2.4.2 通行的物流标准

1. 物流标准化的内容

（1）物流模数标准。

①物流基础模数尺寸标准，是指标准化的共同单位尺寸，系统各标准尺寸的最小公约尺寸。各个具体的尺寸标准都必须以基础模数尺寸为依据，选取其倍数为规定的尺寸标准，这样就大大减少了尺寸的复杂性。

②物流建筑基础模数尺寸标准，是指物流系统中各种建筑物所使用的基础模数，是设计建筑物的长宽高尺寸、门窗尺寸，以及建筑物的间距、跨度和进深尺寸的依据。

③集装基础模数尺寸标准，是指最小的集装尺寸，它是在物流基础模数尺寸的基础上按倍数推导出来的各种集装设备的基础尺寸，把它作为集装设备尺寸的基础，在实际应用中，集装尺寸须与各环节物流设施相配合，所以，通常以集装尺寸为核心进行设计，它决定和影响其他物流环节的标准化。

（2）物流计量计算标准。

①物流专业计量单位标准，是建立在国家公布的统一计量标准之外的，具有独特性、专业性，有利于物流作业的定量，如托盘、集装箱、木箱等。

②物流核算统计的标准，是对物流系统的各种信息数据掌握，是对物流系统统一管理的主要前提，如各分系统的核算项目、核算方法、核算的计量单位等。

（3）物流专业名词、标识标准。

①物流专业名词标准，是指对物流专业名词的统一化，即对专业名词定义的统一解释、统一编码，以免因理解不同而造成工作上的混乱。

②物流标志、图示与识别标准，是指在物流过程中，可以显示物品不同的状态的图示，如中转、暂存、运输等，包括可以直观分辨的图示，较为复杂的需要识别机器的条形码等，也有显示货物特性的标识，如危险品、易碎品等。

（4）物流分系统技术标准。

①运输车船标准，主要是针对各种运输工具，如货车、火车、挂车、集装箱车、货船的车厢、载重能力、船舱尺寸、运输环境条件等方面的标准。

②内部作业车辆标准，是指物流设施内部使用的各种小型车辆，如大型仓库内的叉车、台车、堆垛机的尺寸、运行方式、作业范围、作业重量、作业速度等方面的标准。

③仓库技术标准，主要指仓库的尺寸、建筑面积、过道比例、单位储存能力、温湿度、照明等技术标准。

④包装技术标准，主要指对各种包装物如托盘、集装箱等的包装尺寸、包装材料、包装强度标准、包装荷重等技术标准。

（5）物流工作标准。

物流工作标准指对工作内容、方法、程序及质量要求等制定的统一要求及规范化规定，主要内容有：各岗位的职责、权利与义务；各项任务的流程、方法及相关岗位之间的配合程序；岗位交接程序；工作人员的考核和奖惩办法；物流设施设备的检查和使用规范；异常情况的紧急机制等。

2. 物流标准化的方法

（1）确定物流的基础模数尺寸。物流标准化的基础是物流基础模数尺寸。基础模数尺寸一旦确定，物流系统中的设备制造和设施建设、物流系统中各环节的配合与协调以及物流系统与其他系统的配合就有了依据。目前国际标准化组织（ISO）已基本认定600mm × 400mm 为物流系统中的基础模数尺寸。

（2）确定物流模数。物流模数即集装基础模数尺寸，集装基础模数尺寸是物流标准化的基点，它影响着与其有关的其他环节的标准化。

集装基础模数尺寸可以从 600mm × 400mm 按倍数推导，也可以在满足 600 mm × 400 mm 的前提下，从卡车或大型集装箱的分割系列推导出来。目前，集装基础模数尺寸以 1 200mm × 1 000mm 规格为主，也有 1 200 mm × 800 mm 及 1 200mm × 1 100mm 等规格。

（3）以分割及组合的方式确定系列尺寸。物流模数是物流系统各环节标准化的核心，是形成系列的基础，物流某一环节的标准系列的确定过程是依据物流模数确定有关系列的大小及尺寸，再从中选择全部或部分作为定型的生产制造尺寸。

课后练习

一、判断题

1. 物流管理的对象包括：对物流活动诸要素的管理，如对运输、储存等环节的管理；对物流系统诸要素的管理，即对其中的人、财、物、设备、方法和信息等六大要素的管理。（　）

2. 物流合理化，就是对物流设备配置和物流活动组织进行调整改进，实现物流系统整体优化的过程。（　　）

3. 企业物流质量就是根据物流运动规律所确定的物流工作量化标准与根据物流经营需

要而评估的物流服务的顾客期望满足程度的有机结合。（　　）

4. 物流成本管理是通过成本去管理物流，即管理的对象是成本而不是物流，物流成本管理可以说是以成本为手段的物流管理方法。（　　）

5. 物流模数即集装基础模数尺寸，集装基础模数尺寸是物流标准化的基点，它影响着与其有关的其他环节的标准化。（　　）

二、单项选择题

1.（　　）是企业物流的理想目标。

A. 最低库存　　B. 安全库存　　C. 零库存　　D. 最优库存

2. 物流管理最基本的目标就是以最低的成本向用户提供满意的（　　）。

A. 信息　　B. 服务　　C. 产品　　D. 运输

3. 物流活动中所消耗的物化劳动和活劳动的货币表现称为（　　）。

A. 物流收益　　B. 物流价值　　C. 物流成本　　D. 物流价格

4.（　　）是企业管理物流运作的主要指标，但其本身并不能反映企业的物流运作好坏。

A. 配送成本　　B. 物流总成本　　C. 运输成本　　D. 包装成本

5. 国际标准化组织已基本认定（　　）为物流系统基础模数尺寸。

A.500mm × 500mm　　B.800mm × 600mm

C.600mm × 400mm　　D.1 000mm × 400mm

三、多项选择题

1. 配送成本是企业的配送中心在进行分货、配货、送货过程中所发生的各项费用的总和，其成本费用主要包括（　　）。

A. 流通加工材料费　　B. 配送运输费用

C. 分拣费用　　D. 配装费用

2. 物流服务质量的具体衡量指标，主要是（　　）。

A. 时间　　B. 成本　　C. 数量　　D. 质量

3. 物流质量指标体系中衡量数量的正确性的指标有（　　）。

A. 仓储物品盈亏率　　B. 仓储计划完好率

C. 采购计划完成率　　D. 供应计划完成率

4. 以下属于物流标准化的特性的是（　　）。

A. 复杂性　　B. 协调适应性　　C. 国际性　　D. 安全性

5. 物流模数标准包括（　　）。

A. 物流基础模数尺寸标准　　B. 物流建筑基础模数尺寸标准

C. 物流核算统计的标准　　D. 集装模数尺寸标准

四、简答题

1. 企业实施物流管理是为了实现哪些目标？

2. 企业的物流成本有哪些？如何降低企业的物流成本？

3. 你认为物流标准化对物流管理有哪些影响？

实践与实训

集装箱是一种能反复使用的便于快速装卸的标准化货柜，系列 1 各种型号集装箱宽度均为 2 438mm（8ft），公称长度见表 2–1。说说最常见的有哪几种，为什么物流标准化非常重要。

表 2–1 **集装箱规格表**

集装箱型号	公称长度	
	m	ft
1EEE	13.716*	45
1EE		
1AAA	12*	40*
1AA		
1A		
1AX		
1BBB	9	30
1BB		
1B		
1BX		
1CC	6	20
1C		
1CX		
1D	3	10
1DX		

* 某些国家对车辆和货物的总长度有限制。
1AAA 和 1BBB 型箱的设计高度为 2 896mm（9ft 6in）。
1AA、1BB 和 1CC 型箱的设计高度均为 2 591mm（8ft 6in）。
1A、1B、1C 和 1D 型箱的设计高度均为 2 438mm（8ft）。
1AX、1BX、1CX 和 1DX 型箱的设计高度均小于 2 438mm（8ft）。
注：上面规定中所用的字母“X”除了指集装箱的高度尺寸在 0~2 438mm（8ft）外，无其他特殊含义。

项目3

现代物流的功能

学习导航

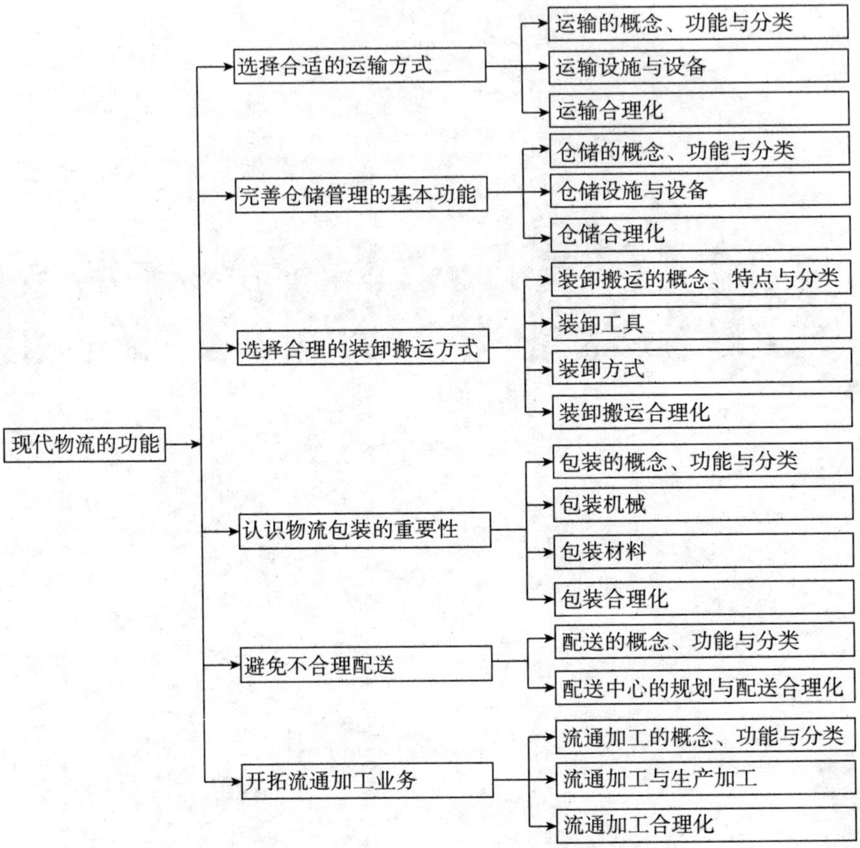

项目简介

××联合物流有限公司是在原铁道部和各铁路局、分局的大力支持下，在原铁道部多种经营发展中心的帮助和指导下，以全路各铁路局、分局货运代理企业为主，由36家路内股东和2家路外股东共同出资组建的有限责任公司，股东单位涉及全路的14个铁路局。从2001年11月正式开始营业。

公司业务经营领域涉及国际国内货运、进出口、仓储运输、物流综合服务以及公共营销等，经营网络遍布全国。

在国内总体物流市场潜力巨大、物流行业飞速发展的形势下，×× 联合物流有限公司依托铁路资源优势和雄厚的资金实力，通过经营管理“六个统一”（统一品牌标识、统一报价体系、统一服务规范、统一作业标准、统一结算办法、统一企业形象），借助现代物流管理体制和信息技术，提高企业综合效益，计划将 ×× 联合物流有限公司建成国内物流企业的航空母舰。

3.1 任务：选择合适的运输方式

铁路运输一直是 ×× 联合物流有限公司的资源优势和基础业务，近几年来，国家对基础建设的投入不断加大，比如高速公路的里程快速增长，高铁的不断完善，各大航空公司的竞争，这些都导致铁路运输优势不断减少，部分客户由铁路运输转为使用公路运输。

为什么客户会弃铁路选公路呢？总经理王先生陷入了思考。

相关知识

在物流相关组成活动中，运输是物流的主要组成部分，是实现物品空间效用的主要手段，只要运输配以装卸、搬运和配送等活动，就能圆满地完成物品空间状态的改变，并实现其价值。

3.1.1 运输的概念、功能与分类

1. 运输的概念

运输简单理解就是通过载运工具（汽车、火车、飞机、轮船等）将物品进行位移的过程。《物流术语》将运输定义为：“用运输设备将物品从一个地点向另一个地点运送。其中包括集货、分配、搬运、中转、装入、卸下、分散等一系列操作。”

2. 运输的功能

运输可以实现以下两种基本功能：

（1）运输的“时空效用”。运输的主要功能是实现物品远距离的位置移动，它通过创造时间效用和空间效用来创造价值。同种物品由于时间、空间场所不同，其使用价值的实现程度和效益的实现也不同。同时运输成本是商品价格的重要组成部分，合理控制运输成本能提高物流效益，能更好地满足客户的需求。

（2）运输的暂存功能。一方面，在有些特殊情况下，可以将运输设备作为暂存货物的临时场所，此时货物是处于移动的储存状态，这种决策具有实际意义。特别是那些在短时间内要二次转移的货物，将货物重新装卸跟将货物放在运输设备相比较，可能存储在运输设备上的成本会更低。另一方面，当起始地或目的地的仓库储存能力有限时，运用迂回路线或间接线路运往目的地，尽管迂回线路运输时间将大于直线线路，但比较二者所需费用，采用运输设备进行储存是一种更好的选择。

3. 运输的分类

按运输方式分类。国际货物运输的五大方式是公路、铁路、水路、航空、管道运输，如图 3–1 所示。

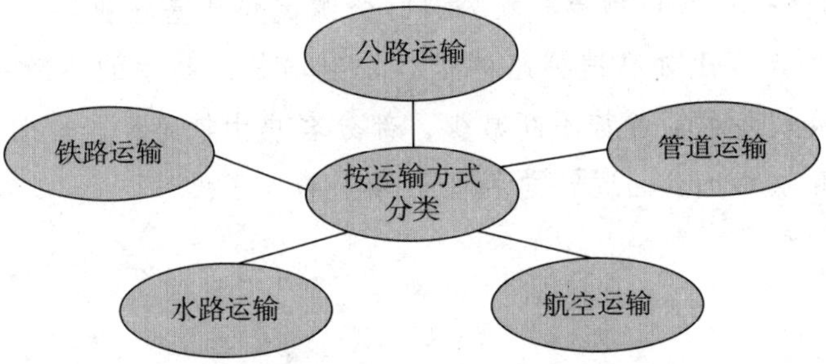

图 3–1　按运输方式分类的主要类型

（1）公路运输。公路运输是指使用汽车或其他运输车辆（如人、畜力车）在公路上进行旅客或货物运输的一种方式。公路运输一般承担近距离、小批量的内陆货运和水运、铁路运输难以直接到达的长途、大批量货运。

公路运输的主要优点表现为：灵活机动，适应性强，运输时间没有限制，可以因地制宜，对发车站、收到站的设施要求都不高；全运程速度快，可实现“门到门”的直达运输，即从发货人门口一直到收货人门口，而不需要转运或反复装卸搬运；公路原始投资少，建设期短，资金周转快，回收期短，也可以作为其他运输方式的衔接手段。公路运输的不足之处在于：运输能力比较小，运输成本较高；运行持续性较差，不宜作长途运输，公路运输的经济半径一般在 200 千米以内；此外，公路运输易造成环境污染，安全性较低。

（2）铁路运输。铁路运输是利用两条平行的铁轨引导火车来运送旅客和物品的一种陆上运输方式。铁路运输的主要优点是运行速度快，运输受自然条件限制少，载运量大，能耗小，污染少，安全性好，运输成本比较低。主要缺点是灵活性差，只能在固定线路上实现运输，而且一般需要与其他运输手段配合和衔接。铁路运输经济里程一般在 200 千米以上，所以铁路运输不适合短距离运输。另外，铁路具有前期投资高、建设周期长、营运缺乏弹性、灵活性较差等不足。

铁路运输分为车皮运输和集装箱运输两种：

车皮运输是租用适合物品数量和形状的车皮所进行的铁路运输方式。这种方式适合运送大宗物品，主要用来运送煤炭、水泥、石灰等无须承担高额运费的大宗物品。但货车难以往返利用，运输效率较低，而且必须是专用铁路通往收发货地点，需要有专用搬运设施和机器。

集装箱运输是指将一定数量的单件货物装入特制的标准规格的集装箱内，以集装箱作为运送单位所进行的一种复合型直达运输，集装箱运输提高了货运速度，能够减少货损、货差，提高了货运质量，简化了货物的包装，节约了货物包装的费用，减少了运杂费用。由于使用了集装箱，车船的周转加快，装卸费用降低，劳动条件改善，运输成本减少，实现了定点、定期的运输及装卸作业，特别适合化工产品、食品、农产品等物品的运输。

（3）水路运输。水路运输是指使用船舶、排筏和其他浮运工具在海洋、江河、湖泊、水库等天然或人工河道上运送货物和旅客的一种运输方式。水路运输的主要特点是：运载能力大、运输成本低；能耗少、投资省；受自然条件的限制与影响大；开发利用涉及面较大；运输速度慢。水路运输一般适合大批量、长距离的货物运输。水路运输主要有沿海运输、近海运输、远洋运输、内河运输等几种形式，其中远洋运输是大多数国家货物对外贸易最主要的一种运输方式。

（4）航空运输。航空运输，简称空运，是指使用飞机或其他航空器进行运输的一种运输方式，具有快速、机动的特点，是现代旅客运输，尤其是远程旅客运输的重要方式，也是国际贸易中的贵重物品、鲜活货物和精密仪器运输所不可或缺的方式。

航空运输的主要优点是运送的速度快，安全性高，破损少，航线不受地理障碍限制。缺点是运输成本高，运输重量受限制。主要适合运输的货物有两类：一是价值高、运费承运能力很强的货物，如贵重设备的零部件、高档产品等；二是紧急需要的物资，如抢险救灾物资、鲜活货物等。

（5）管道运输。管道运输是指利用管道作为运输工具的一种长距离输送气体、液体和粉状固体的运输方式，是一种专门由生产地向市场输送石油、煤和化学产品的运输方式，是统一运输网中干线运输的特殊组成部分。其运输形式是靠物体在管道内顺着压力方向循序移动实现的，和其他运输方式的重要区别在于管道设备是静止不动的。

管道运输是随着石油和天然气产量的增长而发展起来的，目前已成为能源产地、加工场所及消费者之间的输送工具。管道运输的主要优点是：连续性强、安全性高，消耗少；运输量大，定向性强；建设周期短，运输费用低；不占用土地，管理方便，有利于环境保护；密封设备可避免物品损失；此外，管道运输不存在其他运输设备本身在运输过程中消耗动力所形成的无效运输问题。管道运输的缺点是建设投资大，专用性强，对运输货物有特定要求和限制，灵活性差。

3.1.2 运输设施与设备

公路运输、铁路运输、水路运输、航空运输以及管道运输，都有自己相应的设备。

1. 公路运输设备

汽车是最主要的公路运输设备，汽车主要分类如图 3–2 所示。

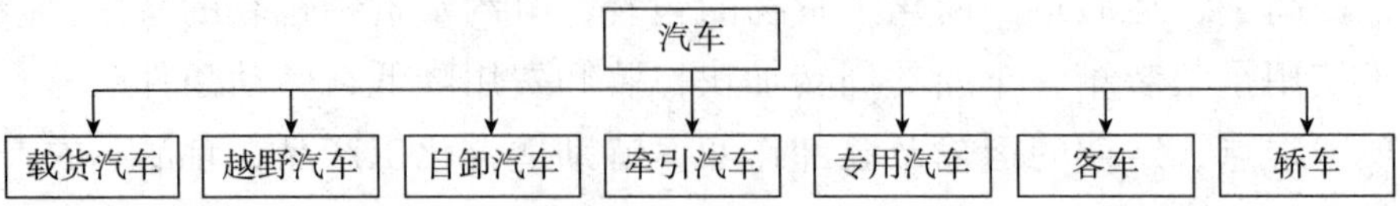

图 3–2 汽车的分类

（1）载货汽车，又称为货车、载重汽车或卡车。主要用来运送各种货物或牵引全挂车，货车按载重量可分为微型、轻型、中型、重型四种。

（2）越野汽车，主要用于非公路上载运人员和货物或牵引设备，一般为全轴驱动，按驱动形式可分为 4×4、6×6、8×8 等几种。

（3）自卸汽车，指货箱能自动倾翻的载货汽车，自卸汽车有向后倾卸、向左右后三个方向均可倾卸的两种。

（4）牵引汽车，指专门或主要用来牵引的车辆，可分为全挂牵引车和半挂牵引车。

（5）专用汽车，是为了承担专门的运输任务或作业，装有专用设备，具备专用功能的车辆，如厢式汽车、罐式汽车、起重举升汽车、仓棚式汽车、特种结构汽车和专用自卸汽车等。

（6）客车，指乘坐 9 人以上，具有长方形车厢，主要用于载运人员及行李物品的车辆，根据车辆的长度，可将客车分为微型、轻型、中型、大型、特大型五种。

（7）轿车，指乘坐 2~8 人的小型载客车辆。根据发动机排量大小，可分为微型、普遍级、中级、中高级和高级轿车五种。

2. 铁路运输设备

铁路运输设备主要由机车、车辆、线路、车站和信号设备五部分组成。

（1）机车。机车是铁路运输中的动力输出装备，如图 3–3 所示。从原动力来看，机车分为蒸汽机车、内燃机车及电力机车。

（2）车辆。铁路车辆是运送旅客和货物的载体。车辆不具备动力装置，需要机车牵引运行。根据用途来分，可分为客车和货车两大类。按照旅客旅行条件不同要求，常见的客车有硬座车、软座车、硬卧车、软卧车等。为了适应不同货物运送要求，货车种类很多，主要有棚车、敞车、平车、罐车及保温车等。车辆按车轴数分为四轴车、六轴车和多轴车。

我国机车与车辆都设有空气制动机和手制动机。

（3）线路。铁路运输线路主要包括铁路主要技术标准、路基、桥隧建筑物和轨道等。

图 3–3　机车

（4）车站。车站是集中了和运输有关的各项技术设备并参与整个过程的各个工作环节的基本生产单位。车站按技术作业性质可分为中间站、区段站、编组站；按业务性质可分为客运站、货运站、客货运站；按等级可分为特等站、一至五等站。

（5）信号设备。

①信号。信号是对列车运行和调车工作的命令，以保证安全和提高作业效率。我国规定用红色、黄色和绿色作为信号的基本颜色，红色表示停车，黄色表示减速慢行，绿灯表示按规定的速度运行。

②闭塞设备。用来保证列车在区间内运行安全的区间信号设备。

③联锁设备。联锁设备的主要作用是保证站内列车运行和调车作业的安全以及提高车站的通过能力。

3. 水路运输设备

货船（见图 3–4）的船型比较悬殊，排水量可从数百吨至数十万吨，具体分类如图 3–5 所示。

一般来说，船舶是由船体、船舶动力装置、船舶的其他装置和设备组成的。

图 3–4　货船

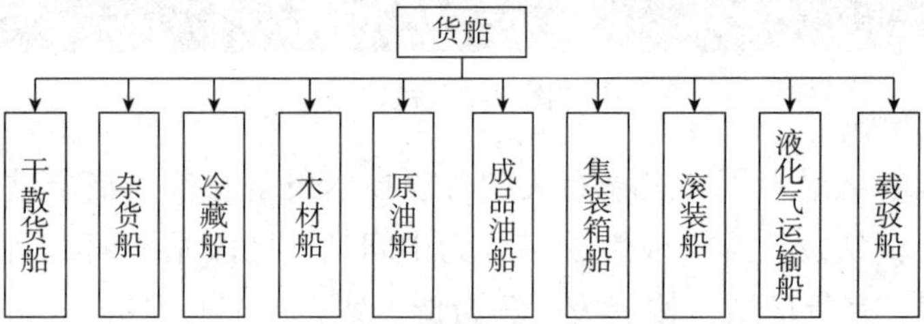

图 3–5　货船分类

4. 航空运输设备

航空器主要指飞机，是航空运输系统的运载工具。

飞机通常可以按不同的属性划分成不同类型，详见表 3–1。

表 3–1　飞机的分类

划分依据	种类
用途	民用飞机和军用飞机两类
发动机的类型	螺旋桨飞机和喷气式飞机
发动机数量	单发（动机）飞机、双发（动机）飞机、三发（动机）飞机、四发（动机）飞机
航程	近程、中程、远程飞机

5. 管道运输设备

（1）管道运输设施的组成。管道运输设施由管道线路设施、管道站库设施和管道附属设施三部分组成。

（2）运输管道的分类。运输管道常按所输送的物品不同分为原油管道、成品油管道、天然气管道和固体料浆道，前两类常统称为油品管道或输油管道。

3.1.3 运输合理化

运输要遵循及时、安全、经济的原则，做到加速物品流通，降低物品流通费用，提高货运质量，多快好省地完成商品运输任务。然而在物流活动中存在一些不合理的运输现象，是运输管理应该避免的。

1. 不合理运输的表现

商品不合理运输，是指不考虑经济效果，违反物品合理流向和各种动力的合理分工，不充分利用运输工具的装载能力，环节过多。常见的不合理运输有以下几种：

（1）对流运输，是指同一种货物，或可代用的货物，在同一运输线路或平行线路上作相对方向的运送，而与对方的全部或一部分商品发生重叠的运输。但为了改善人民生活，繁荣市场，在地区间对同类商品花色品种进行调剂，则是必要的，不能视作不合理运输。

（2）迂回运输，是指商品运输不选取短距离路线，而选择较长路线绕道而行的运输。物流过程中的计划不周、组织不善或调运差错都容易导致迂回运输。但由于自然灾害或其他事故的阻碍，为了保证商品的及时运输，采取绕道的办法是允许的。

（3）重复运输，是指可直达运输的产品由于批发机构或商业仓库设置不当，或计划不周在路途停留，又重复装运的不合理现象。重复运输增加了一道中间装卸环节，增加了装卸搬运费用，延长了商品在途时间。

（4）倒流运输，是指商品从消费地向生产地回流的一种不合理运输现象。

（5）过远运输，是指调运物资舍近求远的运输现象，即不从最近的供应地采购商品，而超过商品合理流向的范围从远地运来；或产品不是就近供应消费地，却调给较远的其他消费地，违反了近产近销的原则。

2. 影响运输合理化的因素

影响运输合理化的因素很多，起决定性作用的主要有五方面因素。

（1）运输距离。运输既然是商品在空间上的移动，商品移动的距离即运输里程的远近，就是决定其合理与否的一个最基本的因素。物流部门在组织商品运输时，首先要考虑运输距离，尽可能近产近销，避免舍近求远。

（2）运输环节。在物流活动中，运输是一个主要环节，也是决定物流合理性的一个重要因素。因为运输业务活动还需要进行装卸、搬运、包装等工作，多一道环节，就需要多花很多劳动，所以物流部门在调运商品时，对有条件直运的，尽可能组织直达、直拨运输，使商品不进入中转仓库，越过一切不必要的中间环节，由产地直接运到销地或用户，减少二次运输。

（3）运输工具。在物流活动中，要根据不同商品特点，分别利用铁路、水运或公路运输等不同运输方式，选择最佳的运输线路，合理使用运力。改进车船的装载技术和装载方法，提高技术装载量，使用最少的运力，运输更多的商品，提高运输效率。

（4）运输时间。对商业物流来说，为了及时地满足顾客的需要，时间是一个决定性因素。运输不及时，不仅容易失去销售机会、造成货物脱销或积压，同时商品在运输过程中停留时间过长，也容易引起商品的货损货差，增加物流管理费用，降低运输效率。特别是在市场变化很大的情况下，时间问题更为突出。所以在物流过程中，要特别关注运输时间，要想方设法加快货物运输，尽量压缩待运时间，使货物不要长期停留在运输途中。

（5）运输费用。运输费用占物流费用的比例很大，是衡量物流经济效益的重要指标，也是影响运输合理化的一个重要因素。运输费用的高低，不仅影响到商业物流企业或运输部门的经济效益，而且也影响销售成本。

上述因素既互相联系又互相影响，有的还相互矛盾。例如：在一定条件下，运输时间短了，费用却不一定省；运输费用低了，而运输时间却又可能长了。这就要求进行综合分析，寻求最佳运输方案。在一般情况下，运输时间快、运输费用省，是考虑运输是否合理的两个主要因素。

3.2 任务：完善仓储管理的基本功能

仓储和运输以及货运代理是 ×× 联合物流有限公司的基础业务，在业务模式和管理模式上相对比较成熟。但是，近几年来，随着电子商务的不断发展，客户对商品有了个性化、小批量和多品种的需求，该物流公司内部仓储管理中出现越来越明显的设备落后、仓库破旧、货物丢失、腐烂变质等状况，物品仓储保管管理方式也亟待改变。

仓储管理有哪些功能？该物流企业如何促进仓储功能的最大化？

相关知识

在物流活动中，运输和仓储是最主要的活动。仓储的存在解决了商品生产和消费在时间上的差异，也就是仓储可以创造商品的“时间效应”。一般而言，物流总成本中除了运输成本以外，仓储成本应该就是第二大支出项目了。仓储管理的一个主要目的就是通过合理的计划、组织、协调和控制，以最低的仓储成本给客户提供最好的服务。

3.2.1 仓储的概念、功能与分类

1. 仓储的概念

《物流术语》将仓储定义为:“利用仓库及相关设施设备进行物品的入库、存贮、出库的作业。”仓储具有静态和动态两种方式：一种是当产品不能被及时消耗，需要专门场所存放时，就产生了静态的仓储；另外一种是将物品存入仓库以及对存放在仓库里的物品进行保管、控制、提供使用等的管理，由此形成动态的仓储。可以说仓储是对有形物品提供存放场所，并在储存期间对存放物品进行保管、控制的过程。

对仓储的理解可以把握以下几个要点：仓储是物质产品的生产持续的过程，同样创造着产品的价值；仓储包含静态的物品存储，也包含动态的物品存取、保管、控制的过程；仓储活动发生在仓库等特定的场所；仓储的对象既可以是生产资料，也可以是生活资料，但必须是实物动产。

2. 仓储的功能

仓储是社会生产力发展的产物，在整个社会发展过程中起着非常重要的作用，仓储的功能主要表现如下：

（1）仓储保证社会再生产的顺利进行。

（2）仓储调整生产和消费的时间差别，满足市场需求。

（3）仓储保持劳动产品的使用价值。

（4）仓储衔接流通和消费过程。

（5）仓储可以反映市场需求关系，是市场调节的传感器和调节阀。

（6）仓储是物流管理的重要组成部分。

3. 仓储的分类

按照不同的分类依据，仓储可以分为不同的种类，如表 3-2 所示。

表 3-2 仓储的分类

依据	类型	描述
仓储经营主体	自营仓储	为企业自身的产品生产或商品经营活动服务
	营业仓储	向社会提供商业性仓储服务
	公共仓储	公共事业的配套服务设施，为车站、码头提供仓储配套服务，保证车站、码头的货物作业
	战略储备仓储	根据国防安全、社会稳定的需要，对战略物资实行储备而产生的仓储
仓储对象	普通物品仓储	为不需要特殊保管条件的物品进行的仓储
	特殊物品仓储	为需要特殊条件和有特殊要求的物品进行的仓储
仓储功能	储存仓储	为较长储存期的物品进行的仓储，一般品种较为单一，数量较大，储存仓储更注重对物品的质量保管
	物流中心	以物流管理为目的，仓储的品种较少，批量较大进库，一定批量分批出库，整体吞吐能力强
	配送仓储	物品在配送交付之前所进行的短期仓储，一般储存物品品种繁多，批量少，需要一定量进货、分批少量出库操作
	运输转换仓储	保证不同运输方式高效衔接的运输转换型仓储
仓储物处理方式	保管式仓储	以保管物原样保持不变的方式所进行的仓储
	加工式仓储	保管人在仓储期间根据存货人的要求对保管物进行一定加工的仓储方式
	消费式仓储	保管人在接受保管物时，同时接受保管物的所有权，保管人在仓储期间有权对仓储物行使所有权

3.2.2 仓储设施与设备

仓储设备是进行仓储作业的工具和手段，是物流设备的重要组成部分。这里介绍仓储中经常使用的一些基本设备。

1. 计量设备

计量设备是利用机械原理或电测原理确定物质物理量大小的设备，主要用于商品进出时的计量、点数，以及存货期间的盘点、检查等。仓储中使用的计量设备包括重量计量设备如电子秤、台秤和汽车衡，流体容积计量设备如流量计量仪及液面液位计量仪，长度计量设备如直尺、卷尺、游标卡尺和千分尺，个数计量设备如自动计数器和自动计数显示装置。

（1）汽车衡。汽车衡是一种无轨地下磅秤，实际上就是将台秤的台面安装在与汽车道路面同一水平上，以便进出库运料的非轨行车辆通过其上时能够迅速称出质量。汽车衡的设置地点一般应在主要料场附近，以便就近过秤，汽车衡如图 3–6 所示。

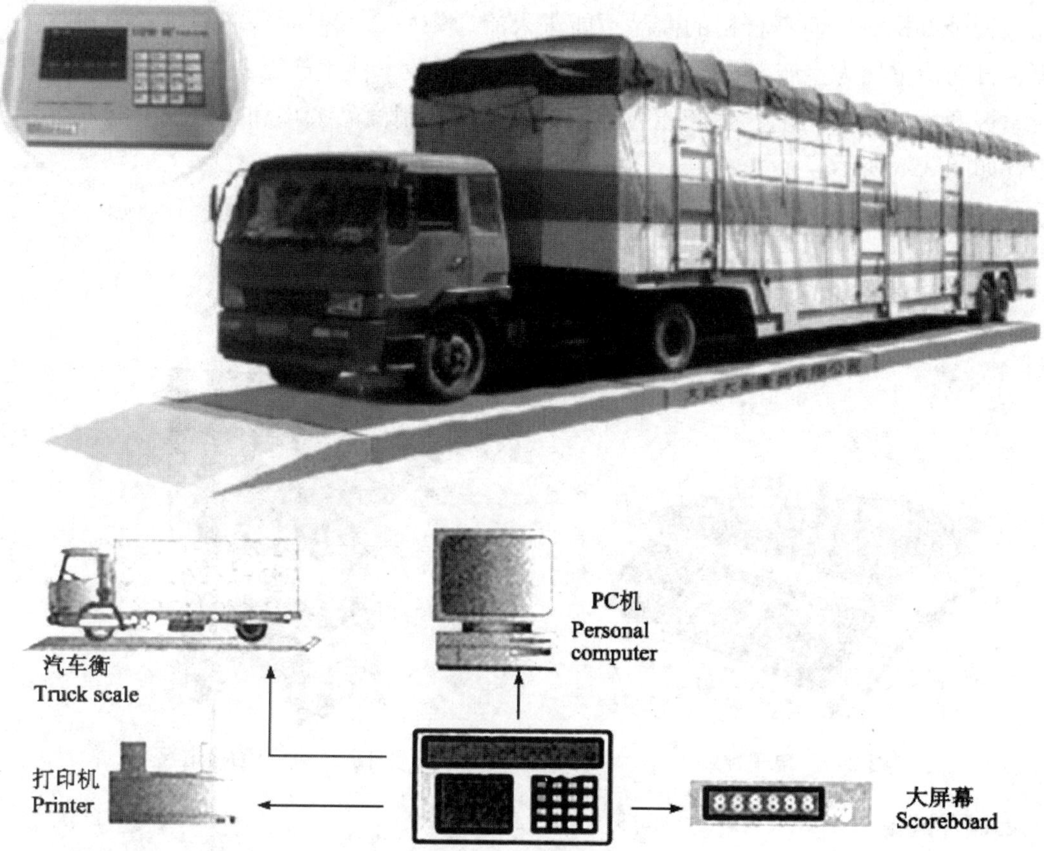

图 3-6　汽车衡

（2）电子秤。电子秤是用来对货物进行称重的自动化称重设备，通过传感器的力电转换，经称重仪表处理来完成对货物的计量，适用于各种散货的计量。与传统的机械秤不同，电子秤有如下特点：结构简单、体积小、重量轻、受安装地点的限制小；没有作为支点的刀垫和刀口，没有机械磨损，稳定可靠，维修方便，且寿命长；反应速度快，称重数据可以储存、远距离传输以实现安全报警和作业自动化；有足够的精度，称重值数码显示，避免人为误差等。

电子秤的工作原理是称重物品经由装在机构上的称重传感器，将重力转换为电压或电流的模拟信号，经放大及滤波处理后由 A/D 处理器转换为数字信号，数字信号由中央处理器（CPU）运算处理，而周边所需要的功能及各种接口电路也和 CPU 连接应用，最后由显示屏幕以数字方式显示。电子秤的外形如图 3-7 所示。

（3）自动检重秤。自动检重秤又称为分选秤、选别机，是一种对不连续成件载荷进行自动称量的仪器。它能按照预先设定的重量大小对被称商品的重量进行检验，当被称商品不在设定的重量范围内时，自动检重秤能够自动检测出来，并从生产流程中将商品剔除，同时发出报警信号。

自动检重秤的主要作用是保证包装商品标称重量和实际重量相符，它能够对批量包装商品进行全部检测，使不合格的商品不能进入流通领域，一方面保护消费者的利益，另一方面，自动检重秤为生产者提供了保证产品质量的手段，使生产者获得大量有价值的信息，随时掌握商品的包装精度、生产能力等状态，及时控制商品欠重和超重现象的发生。自动检重秤如图 3–8 所示。

图 3–7　电子秤

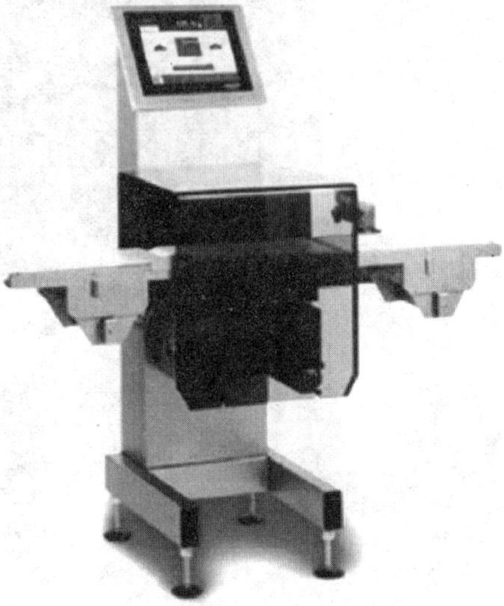

图 3–8　自动检重秤

2. 储存设备

（1）高层货架。高层货架是指用支架、隔板或托架组成的立体储存货物的设施。它是仓储面积的扩大和延伸，可提高仓储能力。高层货架如图 3–9 所示。

图 3–9　高层货架

（2）料棚。料棚是指供储存某些物品的简易建筑物，一般没有或只有部分围壁。其造价低、建造速度快，适合对环境条件要求不高的物资的存放或适合物资的临时存放。

（3）储存容器。

①储仓。又称料仓，指专门用于存放粉状、颗粒状和块状等散装非包装物品的刚性全封闭结构容器。粮食、水泥、化肥等常采用这种储存容器。

②储罐。指专门用于存放液体、气体物品的刚性全封闭结构容器。油料、煤气等常采用这种储存容器。

相关链接

虚拟仓库

虚拟仓库是通过计算机和网络通信技术，进行物品的储存、保管和远程控制的物流设施，可实现不同状态、空间、时间、货主的有效调度和统一管理。传统的物流配送企业需要配置大面积的仓库，而电子商务配送系统网络化的虚拟企业将散置在各地的分属不同所有者的仓库通过网络系统连接起来，使之成为“虚拟仓库”。

3.2.3 仓储合理化

1. 仓储合理化概述

用最经济有效的办法充分实现仓储储存物品的功能就是仓储合理化。合理仓储的实质其实就是用最小投入保证仓储功能的实现。

仓储的功能必须是对物品的储存和保管，只有一定量的物品储存，实现储存物品的“时间效用”，才能让仓储合理化。如果不能保证储存功能的实现，其他问题便无从谈起了。但是，储存的不合理又往往表现为对储存功能实现的过分强调，是过分投入储存力量和其他储存劳动所造成的。所以，合理储存的实质是，在保证储存功能实现前提下尽量减少投入，其实就是一个投入与产出是否合理的关系问题。传统企业可通过 ERP 实现仓储的合理化，据美国生产和库存控制学会（APICS）统计，成功实施一个 ERP 系统，仅库存一项成本就可下降 10%~20%，进而有助于全面实现仓储合理化。

2. 仓储合理化的标志

在仓储行业，判断仓储功能是否合理化常采用质量标志、数量标志、时间标志、结构标志、分布标志和费用标志，如图 3–10 所示。

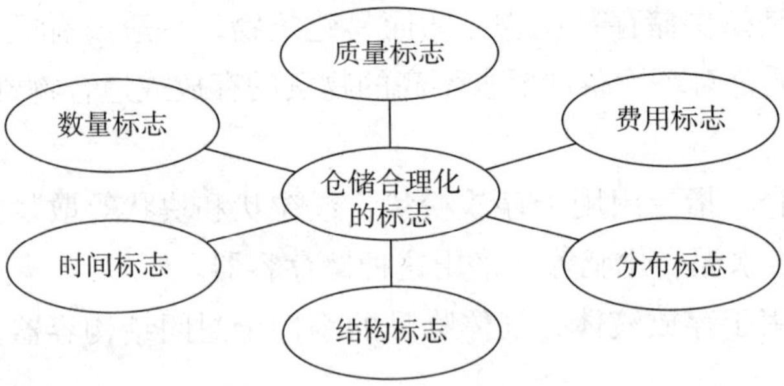

图 3-10　仓储合理化的标志

（1）质量标志。保证仓储物的质量是仓储功能的根本要求，只有这样，商品的使用价值才能得以最终实现。现代物流系统已经拥有很有效的维护物品质量、保证物品价值的技术手段和管理手段。

（2）数量标志。在保证仓储功能实现前提下有一个合理的数量范围。现代管理科学的方法可以在各种约束条件下，计算出合理的仓储数量范围。

（3）时间标志。在保证仓储功能实现前提下，必须寻求一个合理的仓储时间，这是一个和数量有关的问题。仓储量越大，仓储时间越长。时间过长意味着商品积压，成本增加。常用周转速度指标来反映时间标志，如周转天数、周转次数等。

（4）结构标志。不同商品间往往存在一定的相关性，同类商品内部也常存在不同的品种、不同的规格和不同的花色，它们之间特别是相关性很强的商品必须保证一定的比例。所谓结构标志是指通过上述相关商品的仓储数量的比例关系来判断仓储的合理性。

（5）分布标志。不同地区对同种商品的需求是不同的，只有根据本地区的实际需求来储存商品，才能真正实现仓储的合理化。所谓分布标志，是指通过不同地区仓储的数量与当地需求比来判断仓储对需求的保障程度。

（6）费用标志。通过对仓租费、维护费、保管费、损失费以及资金占用利息支出等财务指标的考察，从实际费用上判断仓储合理与否。

3.3　任务：选择合理的装卸搬运方式

××联合物流有限公司需要在火车上进行卸货或装货，提高装卸货物的效率也是降低该物流公司物流成本的重要组成部分。目前，××联合物流有限公司装卸货物主要还是依靠人力搬运，其设备最经常用的是叉车，效率较低，卸货速度慢。

如何提高火车货物装卸的效率？选用哪些装卸设备和工具、哪种装卸搬运的方式是该企业急需解决的问题。

相关知识

装卸搬运贯穿于物流配送活动的方方面面，它已经渗透到物流领域的各个方面，伴随着物流活动的全过程，是联系物流其他功能要素的最关键要素。装卸搬运作为现代物流的核心要素之一，对于提高物流效率、降低物流成本、改善物流服务质量，都具有十分重要的意义。

3.3.1 装卸搬运的概念、特点与分类

1. 装卸搬运的概念

《物流术语》对装卸、搬运的定义为，装卸是指“物品在指定地点以人力或机械装入运输设备或卸下”，搬运是指“在同一场所内，对物品进行水平移动为主的作业”。有时候在特定场合，单称“装卸”或单称“搬运”也包含了“装卸搬运”的完整含义。在习惯使用中，物流领域（如铁路运输）习惯将装卸搬运这一整体活动称作“货物装卸”，生产领域习惯将这一活动称作“物料搬运”。

2. 装卸搬运的特点

（1）装卸搬运是附属性、伴生性的活动。装卸搬运是物流每一项活动开始及结束时必然发生的活动，因而有时常被人忽视，有时被看做是其他操作不可缺少的组成部分。例如，一般而言的“汽车运输”，实际就包含了相伴随的装卸搬运活动；仓库中泛指的保管活动，也含有装卸搬运活动。

（2）装卸搬运是支持性、保障性活动。装卸搬运的附属性不能理解成被动的。实际上，装卸搬运对其他物流活动有一定的决定性。装卸搬运会影响其他物流活动的质量和速度。例如，装车不当，会引起运输过程中的损失；卸放不当，会引起货物转换成下一步状态的困难，造成劳动强度、作业工作量大幅度增加。物流活动需要在有效的装卸搬运支持下实现其水平的提高。

（3）装卸搬运是衔接性的活动。任何其他物流活动都是通过装卸搬运来衔接的，因而，装卸搬运往往成为整个物流活动的“瓶颈”，是物流各功能之间能否形成有机联系和紧密衔接的关键，而这又是一个系统的关键。建立一个有效的物流系统，关键看这一衔接是否有效。比较先进的系统物流方式——联合运输方式就是着眼于解决这种衔接而实现的。此外，装卸操作时往往需要接触货物，因此，这是在物流过程中造成货物破损、散失、损耗、混合等损失的主要环节。例如，袋装水泥纸袋破损和水泥散失主要发生在装卸过程中，玻璃、机械、器皿、煤炭等产品在装卸时最容易造成损失。

3. 装卸搬运的分类

（1）按作业场所分类。

根据装卸搬运作业场所的不同，流通领域的装卸搬运基本可分为车船装卸搬运、港站装卸搬运、库场装卸搬运三大类。

①车船装卸搬运是指在载运工具之间进行的装卸、换装和搬运作业，主要包括汽车在铁路货场和站台旁的装卸搬运、铁路车辆在货场及站台的装卸搬运、装卸搬运时进行的加固作业，以及清扫车辆、揭盖篷布、移动车辆、检斤计量等辅助作业。

②港站装卸搬运是指在港口码头、车站、机场进行的各种装卸搬运作业，主要包括码头前沿与后方之间的搬运、港站堆场的堆码、拆垛、分拣、理货、配货、中转作业等。

③库场装卸搬运通常是指在货主的仓库或储运公司的仓库、堆场、货物集散点、物流中心等处进行的装卸搬运作业。库场装卸搬运经常伴随货物的出库、入库和维护保养活动，其操作内容多以堆垛、上架、取货为主。

在实际运作中，这三类作业往往是相互衔接、难以割裂的，所以作业的内容和方式肯定十分复杂，在具体组织实施的过程中，必须认真对待。

（2）按装卸搬运作业的内容分类。

根据装卸搬运作业内容的不同，装卸搬运可分为堆码拆取作业、分拣配货作业和挪动移位作业（即狭义的装卸搬运作业）等形式。

①堆码拆取作业包括车厢内、船舱内、仓库内的码垛和拆垛作业，按规定位置、形状和其他要求放置或取出成件包装货物的作业，也包括按规定的位置、形状和按其他要求堆存和取出散堆货物的作业等。

②分拣配货作业包括将货物按品类、到站、货主等不同特征进行分类的作业；按去向、品类构成等原则要求，将已分类的货物集合为车辆、集装箱、托盘等装货单元的作业等。

③挪动移位作业即狭义的装卸搬运作业，包括单纯地改变货物的支承状态（如从汽车车厢上将货物挪动到站台上）的作业，显著地（距离稍远）改变货物空间位置的作业等。

3.3.2 装卸工具

动力型装卸设备包括自动化的装卸设备，如巷道堆垛机（见图 3–11 和图 3–12）、自动化立体仓库等，机械化装卸设备，如集装箱叉车（见图 3–13）、正面吊（见图 3–14）、装卸桥（见图 3–15）、龙门吊（见图 3–16）、装卸托盘设备和垂直装卸设备等。非动力型搬运设备包括叉车（见图 3–17）、托盘堆高车（见图 3–18）、手推车等。

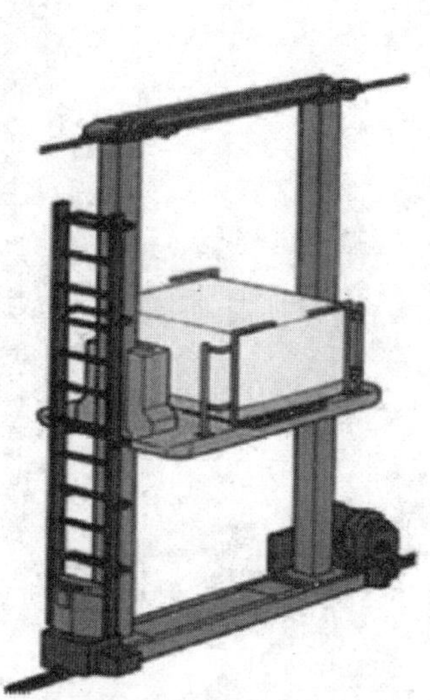

图 3-11　双立柱巷道堆垛机

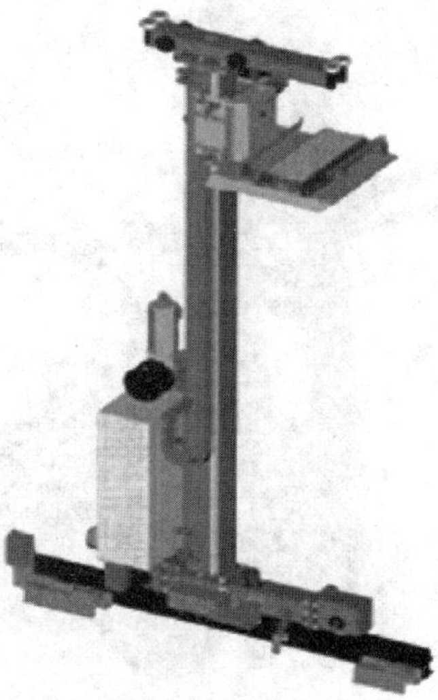

图 3-12　单立柱巷道堆垛机

图 3-13　集装箱叉车

图 3-14　正面吊

图 3-15　装卸桥

图 3-16　龙门吊

图 3-17　叉车

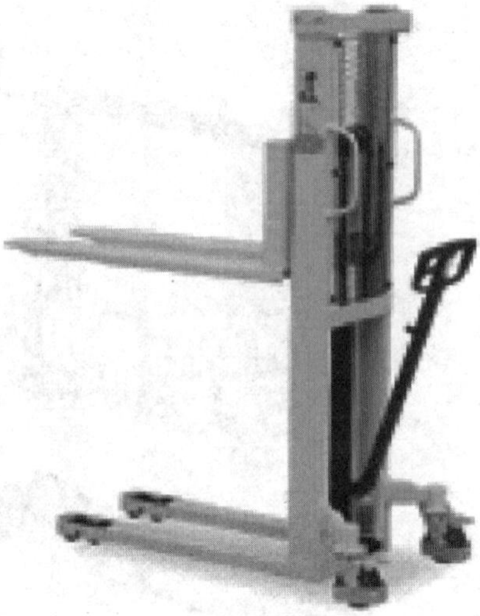

图 3-18　托盘堆高车

3.3.3　装卸方式

1. 单件作业法

单件作业法指对非集装的、按件计的货物逐个进行装卸搬运操作的作业方法。单件作业法对机械、装备、装卸条件要求不高，因而机动性较强，可在很广泛的地域内进行而不受固定设施、设备的地域局限。单件作业法包括人力作业法、机械化作业法、半机械化作业法以及半自动化作业法，如图 3-19 所示。由于逐件处理，装卸速度慢，且装卸要逐件接触货体，因而容易出现货损，反复作业次数较多，也容易出现货差。

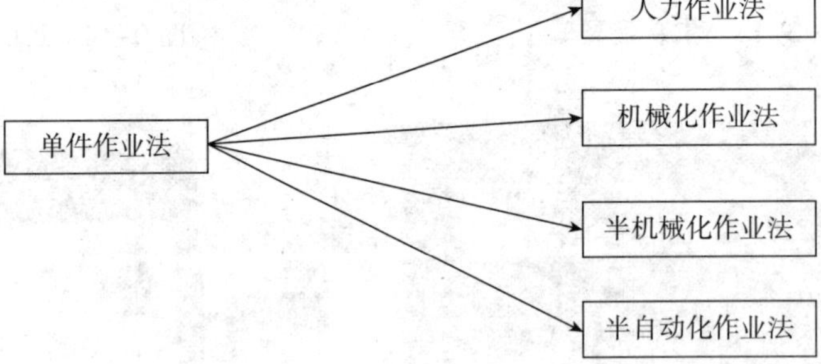

图 3-19　单件作业法

单件作业法对象主要是包装杂货，多种类、少批量货物以及单件大型、笨重货物。

2. 集装作业法

集装作业法是对集装货载进行装卸搬运的作业方法。每装卸一次是一个经组合之后的集装货载，在装卸时对集装体逐个进行装卸操作。它和单件装卸的主要不同在于，都是按件处理，但集装作业的件远远大于单件作业的件。

集装作业由于集装单元较大，只能采用机械进行装卸，同时也必须在有条件的场所进行这种作业，不但受装卸器具的限制，也受集装货载存放条件的限制，因而其机动性较差。

集装作业一次作业装卸量大，装卸速度快，且在装卸时并不逐个接触货体，而仅对集装体进行作业，因而货损较小，货差也小。

集装作业的对象范围较广，一般除特大、重、长的货物和粉、粒、液、气状货物外，都可进行集装。粉、粒、液、气状货物经一定包装后，也可集合成大的集装货载。特大、重、长的货物，经适当分解处置后，也可采用集装方式进行装卸。集装作业有以下几种方法，如图 3-20 所示。下面介绍主要的几种方法。

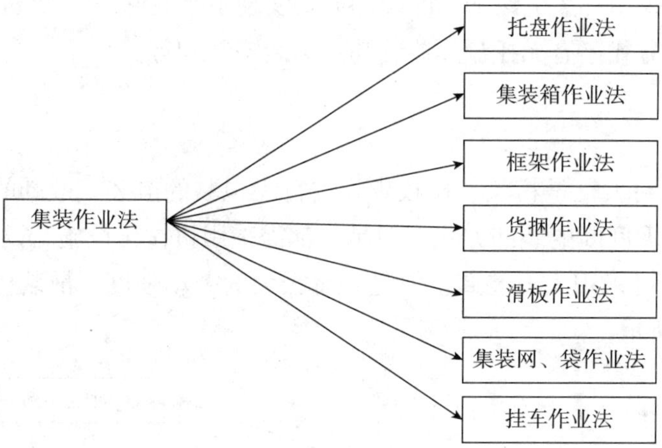

图 3-20　集装作业法

（1）托盘作业法。托盘装卸利用叉车对托盘集装的货载进行装卸，属于“叉上叉下”方式。由于叉车本身有行走装置，所以在装卸的同时可以完成小搬运，而不需落地过渡，再等待用其他办法进行搬运，因而有水平装卸搬运的特点。托盘装卸受叉车运动的局限性，常需叉车与其他设备、工具配合，才能有效完成全部装卸过程。

（2）集装箱作业法。集装箱装卸主要使用港口岸壁吊车、龙门吊车、桁车等各种垂直起吊设备进行“吊上吊下”式的装卸，同时，各种吊车还可以做短距离水平运动，因此可以同时完成小范围的搬运。如需超越吊车运动范围进行一定距离的搬运，则还需与搬运车相配合。

小型集装箱也可以和托盘一样采用叉车进行装卸。港口装卸可利用叉车或半挂车进行“滚上滚下”式装卸。

（3）货捆作业法。货捆装卸主要采用各种类型的起重机进行装卸，货捆的捆具可与吊具、索具有效配套进行“吊上吊下”式装卸。短尺寸货捆还可采用一般叉车装卸，长尺寸货捆则可采用侧式叉车进行装卸。货捆装卸适于长尺寸货物、块条状货物、强度较高无须保护的货物。

（4）集装网、袋作业法。集装网、袋装卸主要采用各种类型的吊车进行“吊上吊下”作业，也可与各种搬运车配合进行吊车所不能及的搬运。

货捆装卸与集装网、袋装卸有一个共同的突出优点，即货捆的捆具及集装网、袋本身重量轻，又可折叠，因而无效装卸少，装卸作业效率高；且相对其他集装货物而言，货捆的捆具与集装网、袋成本较低，装卸后又易返运，因而在装卸搬运方面有独特的优势。

（5）挂车作业法。挂车装卸指利用挂车的可行走功能，连同车上组合成的货载一起拖运到火车车皮上或船上的装卸方式。这种方式可以充分利用挂车机动性的优点，使挂车能够做到“门到门”，货体只需要经过一次装卸便可以依托于挂车完成复杂的物流过程。挂车装卸属水平装卸，采用“滚上滚下”的装卸方式实现水平装卸。

其他集装装卸方式还有无托盘集装装卸、集装罐装卸等。

3. 散装作业法

散装作业法指对大批量粉状、粒状货物进行无包装的散装、散卸的装卸方法。装卸可连续进行，也可采取间断的装卸方式。但是，都需采用机械化设施、设备。在特定情况下，且批量不大时，也可采用人力装卸，但是会有很大的劳动强度。散装作业方法主要有以下几种，如图 3–21 所示。

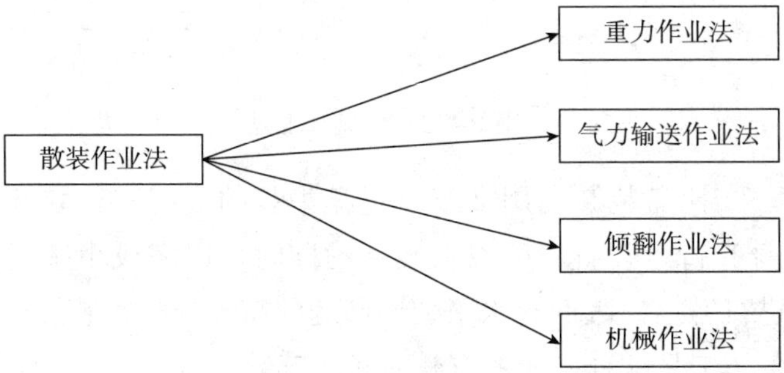

图 3–21　散装作业法

（1）重力作业法。它是指利用散货本身重量进行装卸的方法。这种方法必须与其他方法配合，首先将散货提升到一定高度，具有一定势能之后，才能利用本身重力进行下一步装卸。主要适用于铁路运输，汽车运输有时也可以利用这种装卸作业法。

（2）气力输送作业法。主要设备是管道及气力输送设备，以气流运动裹携粉状、粒状物沿管道运动而达到装、搬、卸的目的，也可采用负压抽取的办法，使散货沿管道向负压方向运动。管道装卸的特点是密封性好，装卸能力高，容易实现机械化、自动化。

（3）倾翻作业法。倾翻作业法是指将运载工具的载货部分倾翻而将货物卸出的一种作业方法。一般用于铁路敞车和自卸汽车的卸载方法，汽车大部分是靠液压机械装置顶起货箱来实现倾翻卸载的。

（4）机械作业法。它是指利用能承载粉粒货物的各种机械进行装卸，有两种主要方式：一是用吊车、叉车改换不同机具或用专用装载机，进行抓、铲、舀等形式的作业，完成装卸及一定的搬运作业。二是用皮带、刮板等各种输送设备，进行一定距离的搬运卸货作业，并与其他设施配合实现装货。

3.3.4 装卸搬运合理化

装卸搬运是装卸搬运人员借助于装卸搬运机械和工具，作用于货物的生产活动，它必然要消耗劳动，包括活劳动和物化劳动。这些劳动消耗要以价值形态追加到装卸搬运的对象中，从而增加产品的物流成本。因此，应科学合理地组织装卸搬运工作，尽量减少用于装卸搬运的劳动消耗。装卸搬运合理化的主要目标就是节省时间、节约劳动力和降低装卸成本。具体措施包括以下六个方面。

1. 防止和消除无效的装卸搬运

无效装卸搬运，就是指货物必要的装卸搬运劳动之外的多余劳动。防止无效的装卸搬运可从以下四个方面入手：

（1）减少装卸搬运次数。装卸搬运次数的减少意味着物流作业量的减少，从而也就意味着劳动消耗的节约和物流费用的节省。同时，物流过程中的货损主要发生在装卸搬运环节中，所以减少装卸搬运次数，还能减少货物的损耗，加快物流的速度，减少场地的占用和装卸事故的发生。实际中影响装卸搬运次数的因素主要有三个。

一是厂房或库房。厂房或库房等建筑物的结构类型、结构特点及建筑参数，都对装卸搬运次数有直接的影响。因此，厂房或库房等建筑物尺寸应当与装卸搬运机械相适应，以便于装卸搬运与运输设备自由进出或者直接在车间或库房内进行作业，减少二次作业。

二是物流设备的类型与配套。它们对装卸搬运的次数也会产生影响。如叉车配以托盘出入车间或仓库的作业过程，可以将装卸和搬运两类作业合并完成，减少了作业次数。又如将电子秤安装在起重机上，可以在装卸作业的同时完成检斤作业，省去了单独的检斤作业环节，也可以达到减少装卸次数的目的。

三是装卸搬运作业的组织调度工作。在物流设施、设备一定的情况下，装卸搬运作业的组织调度水平是影响作业次数的最主要因素。如联运过程中，组织货物不落地完成运输方式和运输工具的转换，就是一种较理想的作业方式。对物流据点而言，要尽量组织一次性作业，使货物不落地、作业无间歇。

（2）消除多余包装。包装本身的重量或体积会消耗装卸搬运的劳动量。如果包装过大或过重，就会过多地、反复地消耗额外劳动。因此，消除多余包装可以减少无效劳动的消耗，降低物流总成本。

（3）去除无效物质。进入物流过程的货物，有时混杂着没有使用价值或用户不需要的各种掺杂物，如煤炭中的研石、矿石中的表面水分、石灰中的未烧熟石灰及过烧石灰等。反复装卸搬运的过程，实际上是这些无效物质反复消耗劳动的过程。因而要尽量减少物流过程中的无效物质，减少无效装卸搬运。

（4）缩短搬运距离。在工厂，由于生产工艺的要求，原材料、半成品和产成品总要发生一定距离的水平位移；在物流据点，由于收发保管作业的要求，货物也要发生一定距离的水平位移。这种位移通过搬运实现。从合理搬运的角度看，其搬运距离越短越好。影响搬运距离的因素主要包括工厂、物流据点的平面布局与作业组织工作水平等方面。

①工厂、物流据点的平面布局对搬运距离的影响。如果车间、库房、堆场、铁路专用线、主要通路的位置和相互关系处理得好，物流顺畅、便捷，就会缩短总的搬运距离，否则就会加大搬运距离。

②作业组织工作水平对搬运距离的影响。在平面布局一定的情况下，组织工作水平的高低是决定搬运距离的主要因素。如对库房、堆场的合理分配，对货物在库房内、堆场内的合理布置，对收货、发货时专用线轨道及货位的合理确定，都能缩短搬运距离。

2. 充分利用货物自重和消除重力影响，进行少消耗的装卸搬运

在装卸搬运时应适当地利用货物本身的重量，将其重力转变为促使货物移动的动力。例如，从卡车、铁路车厢卸货时，可利用车厢与地面或小搬运车之间的高度差，通过溜槽、溜板之类的简单工具，依靠货物本身的重量，从高处滑到低处，完成货物的装卸搬运作业。

在装卸搬运作业时有时需要尽量削弱或消除重力的不利影响，这也可以减轻体力劳动及其他劳动消耗。例如，在甲乙两种运输工具之间进行换装作业时，可将两种运输工具进行对接，通过货物的平移，将其从甲工具转移到乙工具上，这能有效地消除重力的不利影响，实现作业的合理化。人力装卸搬运时如果能配合简单的机具，做到“持物不步行”，也可以大大减轻劳动量，做到装卸搬运的合理化。

3. 充分利用机械设备的作业能力，实现“规模装卸搬运”

规模效益是人所共知的。装卸搬运作业过程中也存在明显的规模效益，当一次装卸搬运量或连续装卸搬运量达到能充分发挥机械设备最优效率的水准时，平均成本达到最低。追求规模效益的方法，主要是通过各种集装化手段来提高一次操作的最合理作业量，从而达到降低单位作业成本的目的。另外，散装作业则经常采用连续作业的方式来实现其规模效益。

4. 提高货物的装卸搬运活性指数

被装卸搬运货物的放置状态，关系到装卸搬运的作业效率。为了便于装卸搬运，人们总是期望货物处于最容易被移动的状态。从图 3–22 中可以看出，活性指数越高，货物越容易被移动。活性指数能够真实地反映货物被装卸搬运的难易程度。需要指出的是，活性指数在不同的领域出现的频率是很不均衡的。例如，活性指数为4表示货物放置在移动的输送设备上，活性指数为3表示货物放置在搬运机械上，这两种情形在工厂的生产物流系统中经常出现，但在各类仓库中则比较少；而置于托盘上活性指数为2的货物，在仓库系统中就比较常见。

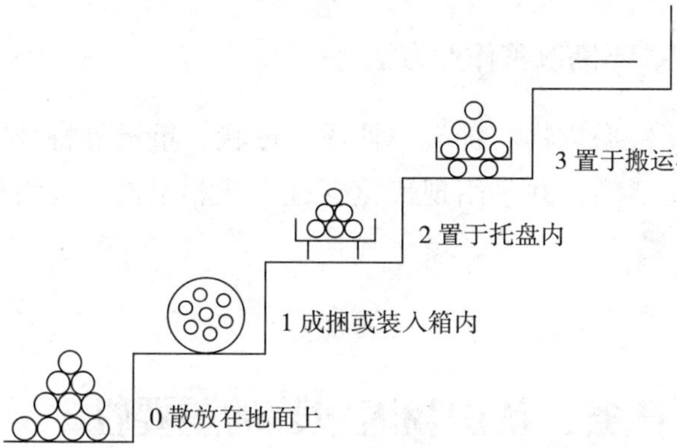

图 3-22　货物装卸搬运活性指数示意图

相关链接

装卸搬运活性及装卸搬运活性指数

装卸搬运活性的含义是，从物的静止状态转变为装卸搬运运动状态的难易程度。如果很容易转变为下一步的装卸搬运而不需要过多做装卸搬运的准备工作，则活性就高；如果很难转变为下一步的装卸搬运，则活性就低。

由此，为了对装卸搬运活性有所区别，并能有计划地提出活性要求，使每一部装卸搬运都能按一定活性要求进行操作，人们对于不同放置状态的货物作出不同的活性规定，这就是“活性指数”。活性指数分为0~4共五个等级，如表3-3所示。

表 3-3　　活性指数作业等级

放置状态	需要进行的作业				活性指数
	整理	架起	提起	拖运	
散放在地上	√	√	√	√	0
置于一般容器	0	√	√	√	1
集装化	0	0	√	√	2
无动力车	0	0	0	√	3
动力车辆或传送带	0	0	0	0	4

5. 保持物流的均衡顺畅

货物的处理量波动大时会使搬运作业变得困难，但是搬运作业受运输、配送等其他环节的影响和制约，其节奏不能完全自主决定，必须综合各方面因素妥善安排，使物流量尽量均衡，避免闲忙不均的现象发生。

6. 合理选择装卸搬运方式，不断改善作业方法

在装卸搬运过程中，必须根据货物的种类、性质、形状、重量等特征来合理确定装卸搬运方式，合理分解装卸搬运活动，并采用现代化管理方法和手段，改善作业方法，实现装卸搬运的高效化和合理化。

3.4 任务：认识物流包装的重要性

××联合物流有限公司没有对员工进行包装基础知识的培训，所以一线员工对物品外包装不够了解和掌握，在装卸货过程中没有注意到不同物品的外包装需要不同的装卸方式，比如，有些物品是易碎物品，外包装有明显的易碎标志，员工在操作时用力太猛，导致物品在卸货过程开裂甚至破碎。

所以，对员工进行必要的外包装基础知识培训还是必要的。那么，包装主要有哪些种类？分别具有什么作用呢？

相关知识

包装是物流系统的构成要素之一，与运输、保管、搬运、流通加工均有十分密切的关系，是把运输、储存、装卸等物流活动有机联系起来的重要手段，在物流活动中占有特殊的地位。包装是生产的终点，同时又是物流的起点。包装在保护商品、方便流通、降低物流费用等方面起着重要作用。

3.4.1 包装的概念、分类与功能

1. 包装的概念

《物流术语》中将包装定义为：“为在流通过程中保护产品、方便储运、促进销售，按一定技术方法而采用的容器、材料及辅助物等的总体名称。也指为了达到上述目的而采用容器、材料和辅助物的过程中施加一定技术方法等的操作活动。”因此，包装具有双重含

义：一是静态的含义，指能合理容纳商品、抵抗外力、保护和宣传商品、促进商品销售的包装物，如包装材料和包装容器等；二是动态的含义，指包裹、捆扎商品的工艺操作过程。简言之，包装是包装物及包装操作的总称。

2. 包装的分类

一般产品都需要包装，这些产品种类繁多，性能和用途千差万别，因而对包装的要求各有不同。包装可以按以下方法分类。

（1）按包装的作用分为商业包装和运输包装。商业包装又称内包装或销售包装，是直接接触商品并随商品进入零售网点和消费者或用户直接见面的包装。商业包装一般要与商品直接接触，包装体与商品体在生产中结成一体，如化妆品盒、饮料瓶等。商业包装除了能保护商品、方便运输外，还具有美化商品、宣传商品和促销的作用。运输包装是指以满足运输储存要求、保护产品为主要目的的包装。它具有保障产品的安全，方便储运装卸，加速交接、点验等作用。通常运输包装不随商品卖给顾客。它一般不与商品直接接触，而是由许多小包装（销售包装）集装而成，如烟、酒、化妆品的包装等。商品先装进小包装，然后集装于包装容器内。运输包装要在达到保护商品的目的上，使包装费用尽可能减少。

（2）按包装形态可分为逐个包装、内包装、外包装三大类。

（3）按包装使用次数可分为一次性包装、复用性包装两大类。一次性包装如纸盒、塑料袋。复用性包装如能直接消毒、灭菌再使用的玻璃瓶，或回收再利用的金属、玻璃容器等。

（4）按包装的保护技术可分为防潮包装、防锈包装、防虫包装、防腐包装、防震包装、危险品包装等。

3. 包装的功能

包装的材料、容器和技法以及外形设计都对会物流各个环节起到重要的作用。具体来讲，包装主要具有保护、便利和促销等功能。

（1）保护功能。保护功能即保护商品不受损伤，这是包装的最基本功能。主要表现在以下四个方面：首先，保护商品不受机械损坏。商品从生产领域进入消费领域，要经过装卸搬运、储存保管和运输配送等各种作业流程，科学合理的包装可以防止商品在上述过程中发生破损变形。其次，保护商品不受环境损害。外界温度、湿度、光线等条件的变化，会使商品发生受潮、发霉、变质、生锈等化学变化，科学的包装可以在一定程度上起到阻隔水分、潮气、光线及空气中各种有害气体的作用，防止商品发生上述化学变化。再次，保护商品不受生物损害。商品包装采取一定的措施封闭严密，可以防止有害生物对商品的侵害，这点对食品具有重要意义。最后，保护商品不受人为损害。包装可以防止异物流入，减少污染，避免商品丢失、散失。

（2）便利功能。便利功能是指包装便于运输、装卸搬运和仓储，同时也便于消费者使用。

首先，包装的规格、形状和重量与物品运输关系密切。包装尺寸与运输车辆、船舶和飞机等运输工具的箱、仓容积是否吻合，直接影响运输效率。其次，科学合理的商品包装便于各种装卸搬运机械的使用，可以提高装卸搬运机械的工作效率。再次，在物品进、出库时，适合仓库内作业的规格尺寸、重量、形态的商品包装，为仓库提供了装卸搬运的方便。在物品储存保管时，包装便于维护物品的使用价值，包装物的各种标志使仓库管理者便于识别、存取和盘点。在物品验收时，科学合理的包装易于开包和重新打包。最后，人性化的包装设计极大地方便了消费者的使用。例如，在日本，装金针菇的塑料袋上下分为两种颜色，上面为透明的，下面是蓝色的，吃的时候就从两色分界的地方切开，因为蓝色包装那部分是根，不能食用。

（3）促销功能。包装设计在促进商品销售的手段中占有重要地位。适度合理的包装具有广告效力，可以美化商品的形象，唤起消费者的购买欲望，达到促进商品销售的目的。一方面通过包装上的文字说明，可以传达商品信息，指导消费；另一方面，精美包装可以体现商品本身价值，激发顾客的购买欲望。

3.4.2 包装机械

包装机械即完成全部或部分包装过程的机器。包装过程包括充填、裹包、封口等主要工序，以及与其相关的前后工序，如清洗、堆码和拆卸等。此外还包括盖印、计量等附属工序。包装机械的种类一般有包装机（见图 3–23）、封口机、装箱机、封箱机（见图 3–24）、捆扎裹包设备以及包装生产线等。

图 3–23 包装机

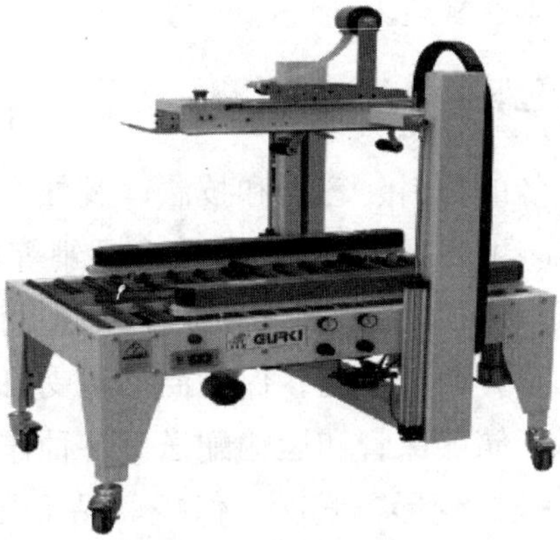

图 3–24 封箱机

包装机械的作用主要有以下几点：

（1）大大提高劳动生产率。

（2）使包装产品质量稳定、卫生、可靠。

（3）改善劳动条件：操作者免于直接接触，防止污染；同时也可使操作者摆脱紧张重复的手工操作以及繁重的体力劳动，使劳动条件大为改善。

（4）提高综合效益：实现了标准化，减少了物料损耗，降低了包装成本，提高了包装的综合效益。

3.4.3 包装材料

包装材料是指制作包装容器所采用的材料。包装材料的好坏对包装技法的实施和由其所制成的容器影响很大。常见的包装材料主要有纸和纸制品、塑料、木材和木制品、金属材料、玻璃与陶瓷。包装材料和造型设计相结合就形成包装容器。由于包装材料对包装容器的特点影响较大，包装容器常以包装材料来分类。包装材料与包装容器的合理选择和设计，是保证包装质量的关键。

1. 木制包装容器

木制包装容器的主要特性是能抗弯曲破裂，它在包装容器中所占比重较大。所采用的材料主要是木材，这种容器一般用于商品的外包装，主要是因为它抗压、抗冲击、机械性能好；同时它便于商品在运输、储存中垛码，能充分利用仓库容积，对商品起到良好的保护作用。

2. 纸制包装容器

纸制包装容器在商品包装中占有非常重要的位置，一般占包装材料的30%~40%，这种容器所用包装材料主要是各种纸板。商品的内包装、中包装及外包装，根据商品的要求，一般都可采用纸或纸板包装。

3. 塑料包装容器

塑料包装是随着科学技术的发展、新型材料的使用而出现的一种现代包装容器，主要采用各种塑料，如低密度聚乙烯、聚丙烯、聚苯乙烯、乙烯、醋酸乙烯共聚物、热塑性聚酯等。塑料包装已经渗透到人们生活的各个方面，特别是在食品包装方面，采用日益广泛。从发展的前景来看，塑料包装容器仍然是大有前途的一种包装材料。

4. 金属包装容器

金属容器具有机械强度高、抗冲击能力强、不易破碎等优点。金属容器所用材料主要有马口铁、铝箔、焊接剂、内层涂料（防腐、防毒）、外层涂漆等。金属容器按外形和使用一般分为罐和桶。

5. 玻璃包装容器

玻璃包装容器主要用于包装液体、固体药物及液体饮料类商品。用玻璃制作包装容器，是由玻璃材料本身的优点决定的，其优点是原材料丰富，价格便宜；化学稳定性好，适宜于包装液体；可回收利用；透明度好；造型变化快，有利于宣传和美化商品；没有气味，不会污染；长期保存不变质；没有透气性；坚硬而不变形。因此，玻璃被广泛地用于包装材料，但同时它也存在着耗能高、易破碎、重量大等不足。从国际市场来看，各国玻璃容器的销售呈稳定的逐年递增趋势。玻璃容器的发展逐步呈现标准化、轻量化。

3.4.4 包装合理化

由于包装与运输、保管、搬运、流通加工均有十分密切的关系，所以包装合理化不仅是包装本身是否合理的问题，也是整个物流系统合理化的前提。

1. 包装合理化的含义

包装的合理化是指适应和克服流通过程中的各种障碍，能够适应物流发展且不断优化，取得最佳经济社会效益，充分发挥包装实体有用功能的包装。包装合理化所涉及的问题，既包括商品生产、流通范围内的有关问题，还包括更大范围内的诸如社会法规、废弃物治理、资源利用等有关方面的问题。从多个角度来考察，合理包装应满足八个方面的要求：

（1）包装应妥善保护内装的商品，使其质量不受损伤。

（2）包装材料和包装容器应当安全无害。

（3）包装的设计要便于摆放、装卸和搬运。

（4）包装的标志要清楚、明了，准确说明商品的特点和功能等信息。

（5）包装内商品外围空闲容积不应过大。

（6）包装费用要与内装商品相适应。

（7）包装设计要经济实用，提倡节省资源。

（8）包装要便于废弃物的治理。

2. 包装合理化的体现

从物流总体角度出发，包装合理化要朝着包装标准化、成本低廉化、技术多功能化、绿色化、机械化和智能化的方向不断发展，防止包装不足、包装过剩和包装污染，如图3–25所示。

（1）标准化。包装标准化是对包装类型、规格、材料、结构、造型、标志等所做的统一规定及相关技术政策和技术措施，其中主要包括统一材料、统一规格、统一容量、统一标记和统一封装方法。

（2）成本低廉化。包装成本中占比例最大的是包装材料费用，因此在保证包装功能的前提下，要尽量节约材料费用支出，防止包装过剩，做到成本最低。

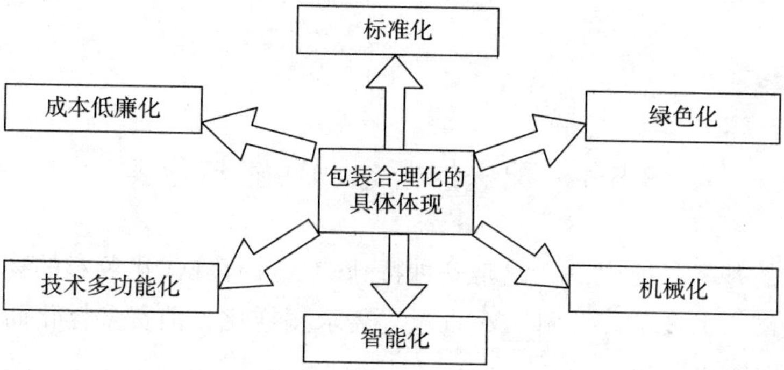

图 3–25　包装合理化的具体体现

（3）技术多功能化。通过创新开发新的材料和技术，利用各种复合技术、包装容器技术开发新的包装材料和容器是包装合理化的重要内容。

（4）绿色化。从整个物流流程上看，只有包装这一环节对资源和生态环境依赖性很强。包装工业要消耗大量的资源，同时包装废弃物会导致环境污染等。绿色包装是指无害、少污染的、符合环保要求的各类包装物品，是对节省材料、资源和能源，废弃物可降解，不致污染环境，对人体健康无害等方面提出的要求。绿色包装是包装合理化的发展主流。

（5）机械化。包装过去主要是依靠人力作业。进入大量生产、大量消费时代以后，包装的机械化也就应运而生。包装机械化从逐个包装机械化开始，直到装箱、封口、捆扎等外包装作业的完成。包装机械化对节省劳力、提高作业效率起着重要作用。

（6）智能化。物流信息化发展的一个基础是包装智能化，包装上的信息量不足或错误会直接影响物流各个环节的进行。包装上除了标明内装物的品名、数量、重量、生产厂家、保质期以及搬运储存所需条件等信息外，还应有商品条形码等，以实现包装智能化。

3.5　任务：避免不合理配送

××联合物流有限公司的部分物品需要在中转场集中，然后通过自动分拣系统对货物进行分拣，最后按照不同的客户收货地址重新进行发货。

在实际操作过程中，经常有货物发错目的地，造成过多运输，导致人力、物力以及时间的浪费，如何减少配送过程中的不合理环节，降低物流运输成本是一个重要的问题。

那么，配送有哪些功能？如何避免不合理配送的出现呢？

相关知识

3.5.1　配送的概念、功能与分类

配送是物流的基本功能之一，它是一种特殊的、带有现代化色彩的物流功能。配送是适应现代市场经济所需要的多品种、小批量、需求多样化、消费多样化而形成的新的服务观念和特殊的运送形式。

1. 配送的概念

《物流术语》将配送定义为:“在经济合理区域范围内，根据客户要求，对物品进行拣选、加工、包装、分割、组配等作业，并按时送达指定地点的物流活动。”

配送的概念与运输及旧式送货都不同，简单地讲，配送就是按照用户的订货要求和时间计划，以现代化送货形式，在配送中心或其他物流据点（仓库、商店、货运站、物流中心等）进行货物分拣、加工和配货等作业后，将配好之后的货物以合理的方式送交收货人的过程，是实现资源最终配置的一种经济活动。配送作为一种现代流通组织形式，是集商流、物流、信息流于一身，具有独特的运作模式的物流活动。

2. 配送的功能

在发达国家，由于配送在社会再生产过程中具有优化经济结构、节约社会劳动以及加快物流运动的快速发展等功能，已经成为企业经营活动的重要组成部分。配送具有如下相应功能。

（1）实行配送有益于物流要素的合理化。

（2）实行配送完善了运输和物流系统。

（3）实行配送提高了末端物流的经济效益。

（4）实行配送保证了供应及时性，可使企业实现低库存甚至零库存。

（5）实行配送简化了事务，方便客户。

（6）实行配送为电子商务的快速发展提供基础和支持。

3. 配送的分类

配送的形式和种类有很多，依据不同的分类标准，可以将配送分成如下类型，如表 3–4 所示。

表 3-4　　　　配送的分类

分类标准	配送类型	描述
配送主体	配送中心配送	设施比较齐全，一般用于大规模配送
	仓库配送	利用仓库原有设备进行中等规模的配送
	商店配送	适用于小量、零星商品的配送
	生产企业配送	适用于多品种生产和区域性较强的生产企业
配送对象的种类和数量	单品种大批量配送	一种简单配送方式
	多品种小批量配送	一种高水平、高技术的配送方式
	配套性配送	承担大部分供应任务
配送时间和数量	定时配送	两种表现形态：日配和看板供货
	定量配送	实现单一化标准配送，效率较高
	定时定量配送	具有定时、定量配送的优点，计划性强，准确度高，难度较大
	定时定路线配送	有利于安排车辆和驾驶人员，但具有局限性
	即时配送	具有很高的灵活性
配送企业的业务关系	专业独立配送	生产资料、食品、服装、小杂货等的配送
	综合配送	对用户的服务性强，组织技术难度大
	共同配送	若干个配送企业联合共同配送

3.5.2　配送中心的规划与配送合理化

配送中心是从事配送业务且具有完善信息网络的场所或组织，应基本符合下列要求：主要为特定客户或末端客户提供服务，配送功能健全，辐射范围小，提供高频率、小批量、多批次配送服务。

在进行配送中心的规划时应该遵循以下各项基本原则，如图 3-26 所示。

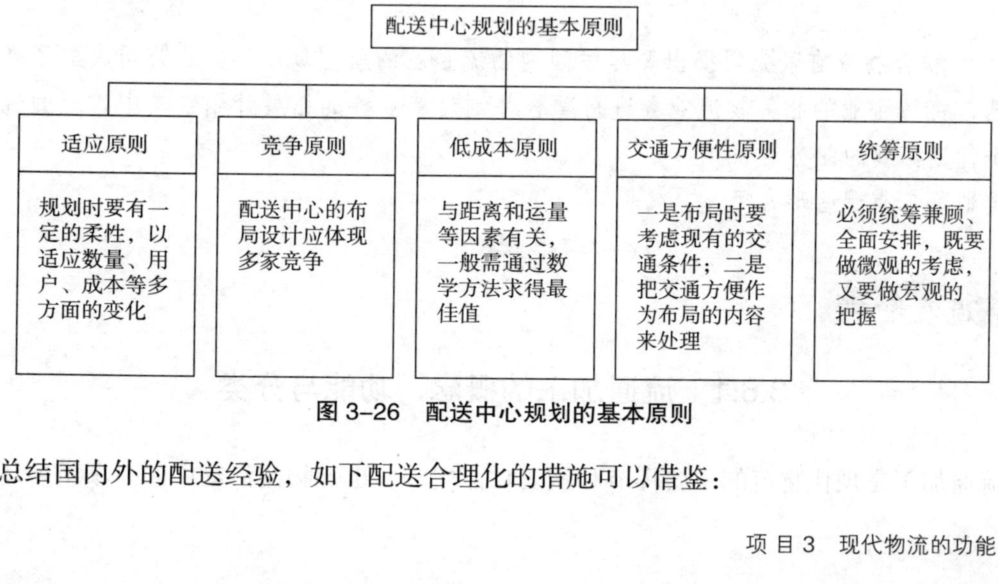

图 3-26　配送中心规划的基本原则

总结国内外的配送经验，如下配送合理化的措施可以借鉴：

（1）推行一定综合程度的专业化配送。采用专业设备、设施及操作程序，提高配送效果，降低配送综合化的复杂程度及难度。

（2）推行加工配送。通过加工和配送结合，利用原地中转，在不增加新中转地的条件下求得配送合理化。同时，借助于配送，加工目的更明确并更紧密地联系用户，避免盲目性。两者有机结合，不增加太多投入，是配送合理化的重要经验。

（3）推行共同配送。通过共同配送，以最近的路程、最低的配送成本完成配送，从而实现合理化。

（4）实行送取结合。配送企业与用户建立稳定、密切的协作关系。配送企业既是用户供应代理人，又是用户储存据点，甚至产品代销人。配送时，送给用户所需物资，再将用户生产产品同车运回。用户产品也成了配送中心的配送产品，或者作为代存代储，免去了生产企业库存包袱。送取结合，充分利用运力，使配送企业功能有更大发挥，从而追求合理化。

（5）推行准时配送系统。准时配送是配送合理化的重要内容。配送准时，用户才可把握资源，放心地实施低库存或零库存，有效地安排接货的人力、物力，实现高效率工作。此外，保证供应能力，也取决于准时供应。国外的经验表明，准时供应配送系统是配送企业追求配送合理化的重要手段。

（6）推行即时配送。即时配送是计划配送的应急手段，可以最终解除用户企业担心断供之忧，是大幅度提高供应保证能力的重要手段。即时配送也是配送企业快速反应能力的具体化和企业能力的体现。即时配送成本较高，但它是整个配送合理化的重要保证手段，也是用户实行零库存的重要保证手段。

3.6 任务：开拓流通加工业务

××联合物流有限公司提出要建成国内物流企业的航空母舰，其总公司成立了高层决策机构，将该企业的相关物流业务进行整合并制订新业务的拓展计划，其中物流的流通加工也是计划拓展的业务之一。

流通加工有哪些形式呢？

相关知识

3.6.1 流通加工的概念、功能与分类

流通加工是现代物流的主要环节和重要功能之一，也是物流活动中的一项重要增值服

务，是现代物流发展的一个重要趋势。

1. 流通加工概念

《物流术语》中对流通加工的定义是："物品在从生产地到使用地的过程中，根据需要施加包装、分割、计量、分拣、刷标志、拴标签、组装等简单作业的总称。"

2. 流通加工的功能

流通加工的主要功能是促进物流效率化的提高，满足客户多样化的需求。具体功能包括以下几个方面。

（1）弥补生产加工的不足，提高原材料的利用率。生产环节的加工往往不能完全满足客户的多样性需求。主要原因是：商品生产企业数量众多，分布面广，技术水平不一，形成供给与消费之间的差距；社会需求日趋复杂多样，生产企业不可能完全满足消费者对品种、花色、单位包装量和规格型号的需要。流通加工是为了满足用户的要求所进行的进一步加工，可以明显提高原材料的利用率。

（2）进行初级加工，方便客户使用。在流通加工未产生之前，满足客户生产或消费需求的活动，如混凝土加工、钢板预处理等，一般由使用者或销售者承担。这不仅会增加下一生产环节的用时，还会因为设备投资大、利用率低和加工质量低而影响企业的经济效益，造成资源的浪费。这样的加工环节在流通环节来完成，可以根据使用部门的具体要求，将物品加工成可直接供消费者使用的形式，更方便客户。

（3）提高加工效率和利用率。由于流通加工面向全社会，加工数量大，加工范围广，加工任务多，可以通过集中开办加工点，采用效率高、技术先进、加工量大的专门器具或设备，这样可以提高加工质量，也可以提高设备利用率和加工效率。

（4）增加流通企业的效益。在通常情况下，流通环节不能直接创造价值。但由于流通加工的存在，可以在流通过程中通过简单的加工而改变产品某些功能，从而提高产品的销售，提高流通企业的经济效益。这样流通企业不仅可以通过运输、保管、配送等物流功能获得一部分从生产企业转移过来的价值，还能通过流通加工创造新的价值，从而获得更大的利润，这正是流通加工产生和发展的根本动力。

3. 流通加工的分类

依据目的不同，流通加工可分为以下几个方面，如图 3–27 所示。

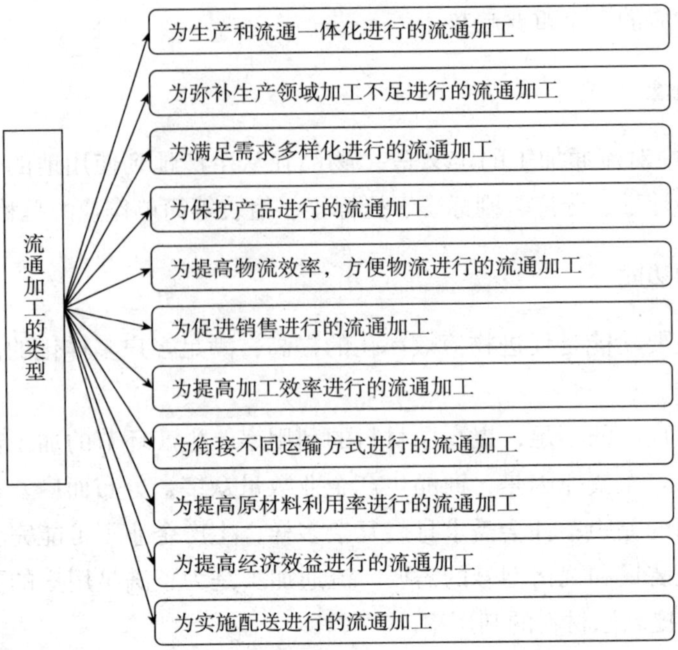

图 3–27　流通加工的类型

3.6.2　流通加工与生产加工

流通加工具有生产制造活动的一般性质，与一般的生产型加工在加工方法、加工组织、生产管理等方面区别不大，但在加工对象、加工程度等方面有很大不同，具体如表 3–5 所示。

表 3–5　　流通加工与生产加工的区别

区别	生产加工	流通加工
加工对象	材料、零配件或半成品	最终商品
加工程度	复杂加工，完成大部分和主要加工活动	简单加工，是一种辅助和补充
创造价值	商品的价值大部分在生产过程中创造	对生产过程创造价值的完善
加工责任人	生产企业	商业或物流专项加工企业
加工动机	为交换、消费而生产的加工	为消费（或再生产）所进行的加工

3.6.3　流通加工合理化

流通加工合理化的含义是实现流通加工的最优配置，对是否设置流通加工环节，在什么地点设置，选择什么类型的加工，采用什么样的技术装备等，都需要做出正确选择，同时还要避免各种不合理的加工。

1. 不合理的流通加工形式

（1）流通加工地点设置不合理。流通加工地点设置即布局状况是决定整个流通加工是否有效的重要因素。一般来说，为衔接单品种大批量生产与多样化需求进行的流通加工，加工地点设置在需求地区，才能实现大批量的干线运输与多品种末端配送的物流优势。如果将流通加工地设置在生产地区，一方面，为了满足用户多样化的需求，会出现多品种、小批量的产品由产地向需求地的长距离的运输；另一方面，在生产地增加了一个加工环节，同时也会增加近距离运输、保管、装卸等一系列物流活动。所以，在这种情况下，不如由原生产单位完成这种加工，无须设置专门的流通加工环节。

另外，为方便物流进行的流通加工应该设置在产出地，设置在进入社会物流之前。如果将其设置在物流之后，即设置在消费地，则不但不能解决物流问题，而且在流通中增加了中转环节，因而也是不合理的。

即使在产地或需求地设置流通加工的选择是正确的，还有流通加工在小地域范围内的正确选址问题。如果处理不善，仍然会出现不合理。比如说交通不便，流通加工地点与生产企业或用户之间距离较远，加工点周围的社会环境条件不好等。

（2）流通加工方式选择不当。流通加工方式包括流通加工对象、流通加工工艺、流通加工技术、流通加工程度等。流通加工方式的确定实际上是与生产加工的合理分工。分工不合理，把本来应由生产加工完成的作业错误地交给流通加工来完成，或者把本来应由流通加工完成的作业错误地交给生产过程去完成，都是不合理的。

流通加工不是对生产加工的代替，而是一种补充和完善。所以，一般来说，如果工艺复杂，技术装备要求较高，或加工可以由生产过程延续或轻易解决的，都不宜再设置流通加工。如果流通加工方式选择不当，就可能会出现与生产争利的恶果。

（3）流通加工功能过于简单。有的流通加工过于简单，或者对生产和消费的作用都不大，甚至有时由于流通加工的盲目性，同样未能解决品种、规格、包装等问题，相反却增加了作业环节，这也是流通加工不合理的重要表现形式。

（4）流通加工成本过高。流通加工的一个重要优势就是它有较大的投入产出比，因而能有效地起到补充、完善的作用。如果流通加工成本过高，则不能实现以较低投入实现更高使用价值的目的，势必会影响它的经济效益。

2. 流通加工合理化的策略

要实现流通加工的合理化，可以从以下几个方面加以考虑：

（1）加工和配送相结合。就是将流通加工设置在配送点中。一方面按配送的需要进行加工，另一方面加工又是配送作业流程中分货、拣货、配货的重要一环，加工后的产品直接投入配货作业，这就无须单独设置一个加工的中间环节，而使流通加工与中转流通巧妙地结合在一起。同时，配送之前进行必要的加工，可以使配送服务水平大大提高，这是当前对流通加工进行合理选择的重要形式，在煤炭、水泥等产品的流通中已经表现出较大的优势。

（2）加工和配套相结合。配套是指将使用上有联系的用品集合成套地供应给客户使用，如方便食品的配套。当然，配套的主体来自各个生产企业，如方便食品中的方便面，就是由其生产企业配套生产的。但是，有的配套不能由某个生产企业全部完成，如方便食品中的盘菜、汤料等。这样，在物流企业进行适当的流通加工，可以有效地促成配套，大大提高流通作为供需桥梁与纽带的能力。

（3）加工和合理运输相结合。我们知道，流通加工能有效衔接干线运输和支线运输，促进两种运输形式的合理化。利用流通加工，在支线运输转干线运输或干线运输转支线运输等这些必须停顿的环节，不进行一般的支转干或干转支，而是按干线或支线运输合理的要求进行适当加工，从而大大提高运输及运输转载水平。

（4）加工和合理商流相结合。流通加工也能起到促进销售的作用，从而使商流合理化，这也是流通加工合理化的方向之一。加工和配送相结合，通过流通加工，提高了配送水平，促进了销售，使加工与商流合理结合。此外，通过简单地改变包装加工形成方便的购买量，通过组装加工解决用户使用前进行组装、调试的困难，都是有效促进商流的很好例证。

（5）加工和节约相结合。节约能源、节约设备、节约人力、减少耗费是流通加工合理化需要考虑的重要因素，也是目前我国设置流通加工并考虑其合理化的普遍形式。

流通加工能否实现社会效益和企业效益，是否取得了最优效益是判断其是否合理化的依据。流通企业更应该树立社会效益第一的观念，以实现产品生产的最终利益为原则，在生产流通过程中不断补充、完善。如果只是追求企业的局部效益，不适当地进行加工，甚至与生产企业争利，就有违于流通加工的初衷。

随着新技术和新设备的广泛使用，流通加工将越来越趋向多样化，流通加工的重要性也越来越明显。

相关链接

企业物流体系建设的方式选择

制造企业的主营业务运转需要企业物流的支持，而企业物流的运转又要相应的物流体系的支撑。制造企业的“数据驱动物流”也是在这个物流体系中运转。那么制造企业该如何建设好企业所需的物流体系？关于这个问题，笔者提出三个结合，即自营物流与物流外包相结合、自建系统与融入平台相结合和支撑现实业务与长期规划相结合。

一、自营物流与物流外包相结合

制造企业应该自营物流，还是应该将物流外包出去？这是行业内比较热的话题，至今还有人在探讨。其实这个问题的答案并不是非此即彼的选择，而是要将自营物流与物流外包相结合，现实中很多制造企业也是这么做的，但不足的地方是，自营物流与物流外包是割裂的，没有形成一体化的物流体系。而制造企业的物流互联网化，需要构建“自营物流与物流外包相结合”的一体化物流体系。

1.现实中的自营物流与物流外包

为什么制造企业要自营物流呢？因为制造企业有货源，有的企业每年的物流费用就高达几百万元甚至上亿元，那么自己干吧，肥水不流外人田。既然花费如此巨大，为什么又要把物流外包出去呢？这是因为自营物流需要投入车辆、人员、场地，成本及代价较高，成了制造企业的负担，有时不如把物流外包出去更合算。

就算是制造企业自营物流，也需要外包。比如，当客户订单比较小，且需要按时交货的时候，就得走零担或快递。因为不能只有两箱货就派个专车跑个几百公里，来回的油钱，就够支付零担或快递的运费了。将主体的物流外包出去的制造企业，也会保留少部分的自营。因为物流外包通常不能保障企业的紧急送货需要，承运商在制造企业有紧急需要的时候，经常借故拖延，以此涨价，这不如自营个小车队来得实在。

还有的情况是，制造企业自营仓储部分，把物流运输部分外包出去；也有的是反过来，仓储外包而自营运输。究竟是自营物流，还是把物流外包出去，这得看企业现实的资源情况和主营业务的诉求。

2.自营与外包的交接

即便制造企业将物流外包，还是存在需要自营的部分，同时自营物流与物流外包在实际的业务流程中是紧密衔接的上下游，存在交接的问题。

制造企业关键环节的物流如厂区的仓储管理、订单出库以及区域性的成品分销中转管理等是自营的。这些关键环节与运输外包及库存管理外包是紧密衔接的上下游环节。制造企业的主营业务所涉及的物流全过程则会包括自营物流环节和物流外包环节，两种类型的环节存在各种交接。

以某日化产品品牌商为例，厂区物流自营，各大区域的分销中心自营，而厂区到分销中心的运输则外包给承运商，所以在整个物流过程中，厂区的出库及装车环节就是自营物流与物流外包交接的环节，而分销中心的到货验收及卸货也属于自营物流与物流外包的交接环节。

以某肉食品制造企业为例，厂区物流自营，终端门店自营，而出厂后的长途运输、库存中转和短途门店配送都是外包给第三方，所以厂区的出库和装车环节就是自营物流与物流外包交接的环节，门店的商品验收也属于自营物流与物流外包交接的环节。

上述两个例子表明，自营物流与物流外包涉及紧密的交接。但如何才能实现高效的交接？如何才能确保整个物流过程的货物安全？如何保障订单交付的时效？如何有效控制物流成本？这些都是制造企业需要考虑的物流管理问题，而这些问题的有效解决需要建立自营物流与物流外包相结合的一体化物流体系。

3. 统筹自营与外包的一体化物流体系

从制造企业主营业务经营的需要出发，需要建立能够统筹自营物流与物流外包的一体化物流体系，这样才能有效地支撑制造企业供应链的高效运转。而一体化的物流体系，至少需要做到以下这三个方面：实现物流单据信息流转的实时透明；把握物流任务执行的实时动态；支撑交接环节的高效协同。

（1）实现物流单据信息流转的实时透明。这要求一体化的物流体系构建跨越合作伙伴之间的物流单据信息流转的线上通道。从物流单据的视角来看，订单什么时候出库，什么时候装车，在途运输的进度如何，什么时候送达客户，客户是否签收，等等，这些属于物流单据的动态情况。只有构建线上的单据信息流转通道，才能够实现物流单据流转信息的透明。

（2）把握物流任务执行的实时动态。这需要掌握每一个业务执行单位及个体的状态信息。例如，订单的货物已经出库，但是还没有装车，为什么没有装车？或许车辆在途，或许车辆在清洁，或许压根就无车可派，或许是在等叉车，又或许装卸师傅有点事临时缺勤。具体情况是什么，这就需要对执行业务的相关人员、仓库、设备、车辆等的状态进行把握。

（3）支撑交接环节的高效协同。这要求能够做出合理的交接计划和约定，要求交接各方之间能够进行及时、有效的沟通。协同的基础在于信息的透明和对全局的把握，这样才能够做出合理的物流计划，才能够实现交接各方之间的有效协同。

制造企业要进行一体化物流体系建设，需要做到上述这三点，而做到这三点一定得依靠物流信息系统和物流平台。接下来就讨论物流信息系统与物流平台的问题。

二、自建系统与融入平台相结合

上文提到，建立一体化的物流体系需要依靠物流信息系统和物流平台。那么物流信息系统和物流平台的作用是什么？制造企业应该自建系统，还是应该融入平台？答案是自建系统与融入平台的有机结合。实际上物流系统与物流平台是制造企业的一体化物流体系的一部分，即软件部分。

1. 制造企业的物流信息系统

目前很多制造企业的物流信息系统被分割在各种类型的企业管理信息系统当中，如ERP（企业资源计划）、CRM（客户关系管理系统）、OMS（订单管理系统）等。也有少部分制造企业拥有相对独立的物流信息管理系统，如WMS（仓库管理系统）、TMS（运输管理系统）等。

制造企业已有的这些信息管理系统在很大程度上规范了企业的业务流程，提高了企业供应链运转的效率。但从制造企业一体化物流体系的要求来看，这些系统彼此孤立，无法实现主营业务所要求的物流单据信息流转透明、业务执行过程透明和业务协同。

一体化物流体系所要求的物流信息系统，需要打通主营业务的信息链条，实现订单生命周期乃至产品生命周期全过程的信息透明。只有这样，一体化的物流体系才能够采集到主营业务经营过程的“物流大数据”，才能够进一步地用物流大数据来驱动企业物流，促进企业供应链的效率提升。

2. 制造企业需要依靠的物流平台

制造企业只有物流信息系统还不够，还需要依靠物流平台。物流平台分为物流业务协同平台、物流资源要素平台和物流垂直细分平台，这三类平台都是制造企业需要依靠的，目的在于从这些平台获取企业所需的物流资源，以便更好地提高自身的物流运转效率。

制造企业需要业务协同平台来提高企业物流运转的效率。业务协同平台中，有企业的物流业务运营平台和跨企业的物流协同平台。实际上制造企业的物流业务运营平台与制造企业的物流信息系统是重合的，只不过物流业务运营平台更加强调开放、信息流通和企业内部的业务协同。把制造企业所有物流信息系统（如 ERP、CRM、OMS、WMS、TMS 等）进行对接，就可以形成企业的物流业务运营平台。而跨企业的物流协同平台，则是制造企业的物流信息系统（物流业务运营平台）与物流供应商以及其他合作伙伴之间的物流信息系统（或物流业务运营平台）通过对接而形成的平台。

制造企业还需要依靠物流资源要素平台来获取自身所需的资源，例如，从云运力平台获取运力资源，从云仓储平台获得仓储资源，以及从各类资源要素平台上找到合适的物流供应商进行合作。

根据制造企业主营业务的特点，可以把制造企业的物流归属到不同的物流垂直细分平台，例如冷链物流、危化品物流、零担物流、快递物流等。制造企业需要与物流垂直细分领域的物流平台对接，以便更好地获取行业的物流资源为己所用。

总之，制造企业的物流信息系统与外界的平台对接将是非常普遍的事情，因为“互联网 + 物流”的“透明、分享、协同”的运作原则要求制造企业与外界进行广泛对接。

三、支撑现实业务与长期规划相结合

物流业中经常有人阐述这样的悖论：不建物流信息系统是在“等死”，建物流信息系统是在“找死”（早死）！是否建设系统似乎陷入了两难的境地。这个悖论反映了企业在着眼于物流信息化及物流互联网化建设的时候，对如何拿捏好稳定与变革的平衡，存在患得患失的顾虑。

对一些制造企业而言，不仅存在上述的顾虑，还存在建设物流信息系统值不值得的顾虑。因为现实中企业把物流业务外包了，从直观上来讲建设物流信息系统应该是物流供应商的事情。但是不建设物流信息系统，物流管理会很不规范，物流效率低下导致供应链运转效率低下，似乎又非要有物流信息系统不可。

存在这两个方面的顾虑，是因为没有很好地立足于企业主营业务的现实需要与长期发展规划相结合。很多企业寄希望投入物流信息化及互联网化建设会获得立竿见影的效果，但同时也能认识到事物的发展需要一个过程，不可能一蹴而就，因而也就陷入了左右摇摆并将物流信息系统的建设无限期拖延的情况。

制造企业的物流信息系统建设，只有立足于业务经营管理上的现实需要，才能立刻解决实际问题。例如，对制造企业而言比较实际的是，先围绕产品交付过程的大数据来规划和建设物流信息系统。目的是先把交货期的物流互联网化做好，通过建设物流单据信息流转的线上通道，以实现单据信息的透明，把握商品交付过程的进度动态，进而通过压缩交货期来提高企业的供应链效率。

物流信息系统建设也需要着眼于长期规划，例如需要考虑如何围绕产品生命周期大数据来规划系统的后期建设与升级。以生鲜食品为例，通过采集产品生命周期大数据，可以向消费者提供食品安全数据链的查询，让消费者了解到食品的原材料来源、工厂车间处理过程、包装及仓储配送过程都是安全的，都是有据可查的。如果某个食品制造企业能先做到，那无疑是树立自身食品安全监管的标杆，肯定受到市场和消费者的青睐。但坦白讲，要真做到是不容易的，这需要对物流信息系统的建设做长期规划，并通过不断迭代更新和长期积累来实现。

资料来源：黄滨．企业物流体系建设的方式选择．https：//www.iyiou.com/p/35634.html.

课后练习

一、判断题

1. 运输的基本功能之一是只具有“时间效用”，它通过创造时间效用来创造价值。同种物品由于时间不同，其使用价值的实现程度不同。(　　)

2. 铁路运输具有明显的适应性特点，灵活性很好。(　　)

3. 物流中心仓储与配送仓储在概念上略有不同，但实际上基本无差别。(　　)

4. 装卸搬运是附属性、伴生性的活动。(　　)

5. 流通企业可以通过运输、保管、配送等物流功能获得一部分从生产企业转移过来的价值，但流通加工不能给物品创造增值价值。(　　)

二、单项选择题

1. 多种运输方式之中，连续性最强的运输方式是（　　）。

A. 公路运输　　B. 铁路运输　　C. 水路运输　　D. 管道运输

2. 托盘装卸利用叉车对托盘集装的货载进行装卸，属于（　　）方式。

A.“吊上吊下”　　B.“滚上滚下”　　C.“叉上叉下”　　D.“搬上搬下”

3. 包装的最基本功能是（　　）。

A. 保护功能　　B. 便利功能　　C. 促销功能　　D. 美观功能

4. 配送的多种形式中，配送灵活性最高的配送形式是（　　）。

A. 定量配送　　B. 即时配送　　C. 定时配送　　D. 定时定量配送

5. 流通加工不合理的流通加工形式不包括以下哪种？（　　）

A. 流通加工地点设置不合理　　B. 流通加工方式选择不当

C. 流通加工功能过于简单　　　　　　　D. 流通加工成本过低

三、多项选择题

1. 按运输方式分类，运输方式主要有（　　）。

A. 公路运输　　B. 铁路运输　　C. 水路运输　　D. 管道运输

2. 按仓储对象划分，仓储可以划分为（　　）。

A. 公共仓储　　　　　　B. 普通物品仓储

C. 配送仓储　　　　　　D. 特殊物品仓储

3. 单件作业法对象主要是（　　）。

A. 包装杂货　　　　　　B. 多种类货物

C. 少批量货物及单件大型货物　　　　D. 笨重货物

4. 配送中心规划的基本原则是（　　）。

A. 适应原则　　　　　　B. 竞争原则

C. 低成本原则　　　　　D. 交通方便性原则和统筹原则

5. 流通加工和生产加工的区别主要体现在（　　）方面。

A. 加工对象　　　　　　B. 加工程度

C. 创造价值　　　　　　D. 加工责任人和加工动机

四、简答题

1. 说明各种运输方式的优缺点。

2. 简述包装的概念、功能和分类。

3. 简述配送中心总体规划设计的基本原则。

实践与实训

近年来，随着我国国民经济的发展，我国的钢材生产量和消费量不断攀升，钢材市场也向品种多样化发展。伴随着市场的发展，各地不断涌现出新的钢材配送中心。钢材配送中心是从事钢材配送（集货、加工、分货、拣选、配货）和组织对用户送货，以高水平实现销售和供应服务的现代化钢材流通中心，它是钢材供应链中非常重要的一个环节，其主要功能包括：仓储、倒装、装卸搬运、拣选配货、钢材维护、展示、销售、流通加工、运送及信息管理。现某钢材生产制造企业计划在 A 地建一钢材配送中心，基本信息如下：

1. 选址情况

A 地位于某重工业城市市区北部偏东地区，毗邻火车站和汽车站，邻近有国道、高速公路，方圆 5 千米内有多个居民新村小区及建筑市场。

2. 货量情况

配送中心的周转量为40万吨/年，工作天数为300天/年，周转次数为20次/年，库区安全系数为1.2。

3. 库区情况

一个典型的钢材配送中心通常包括以下区域：接货区、检验区、管理交易区、钢材库区、钢材堆场、钢材加工区、发货区。

问题：

1. 根据配送中心选址原则和影响因素，对拟建配送中心地点A进行评价。
2. 根据配送中心的各种功能设计钢材的配送作业流程。
3. 根据所掌握的知识简单分析规划配送中心的平面布局。

项目4

企业物流

学习导航

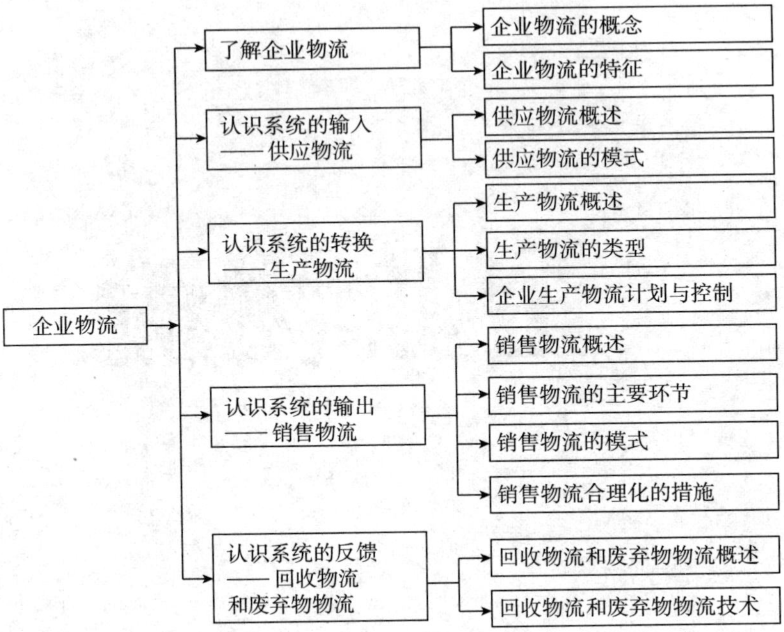

项目简介

HR 集团是世界大型家用电器的领导者，中国最具价值品牌，世界 500 强企业。HR 在全球建立了多个制造基地、综合研发中心、海外贸易公司等，全球员工总数接近 10 万人，HR 品牌旗下冰箱、空调、洗衣机、电视机、热水器、电脑、厨房电器等多个产品被评为中国名牌，其中冰箱、洗衣机还被国家质检总局评为中国世界名牌。20 世纪末，集团成立物流推进本部，下设三个事业部，分别为采购事业部、配送事业部和储运事业部，依托 HR 集团的先进管理理念以及 HR 集团的强大资源网络，HR 物流得到了长足的发展，逐渐构建了自己的核心竞争力，为全球客户提供最有竞争力的综合物流集成服务，正在完成由企业物流向第三方物流企业的华丽转身。

4.1 任务：了解企业物流

HR 集团高速发展，离不开 HR 物流的发展和变革。对于 HR 集团众多种类的产品，从原材料、零部件的采购供应，到集团内部生产，再到产品的销售和废旧电器的回收，绝对是一项物流量庞大的工作，一般公司想都不敢想的工作，HR 物流却做到了，并且做得还是相当完美，得到了同行和社会公众的一致好评。

请问：HR 物流是怎么做的呢？具体运作过程怎么样呢？

相关知识

4.1.1 企业物流的概念

企业是通过从事生产、流通和服务等经济活动，为社会提供所需的商品或劳务来实现盈利的目的，进行自主经营、实行独立核算和具有法人资格的经济组织。

企业物流可理解为围绕企业经营的物流活动，是具体的、微观物流活动的典型领域。

企业系统活动的基本结构是投入→转换→产出，对于生产型的企业来讲，投入的是原材料、燃料、人力、资本等，经过制造或加工使之转换为产品；对于服务型企业来讲，投入的则是设备、人力、管理和运营，转换为对用户的服务。物流活动便是伴随着企业的投入→转换→产出而发生的。相对于投入的是企业外供应物流或企业外输入物流，相对于转换的是企业内生产物流或企业内转换物流，相对于产出的是企业外销售物流或企业外服务物流。由此可见，在企业经营活动中，物流是渗透到各项经营活动之中的活动。

如果把企业物流看成一个综合的、独立的物流系统，这个大系统可以划分为若干物流子系统。按物流在企业经济活动中的作用，可以分为供应物流、生产物流、销售物流、回收物流和废弃物物流等不同的类别。虽然这些都是由物流的各种活动构成的，但这些物流活动所需要的物流基础条件、物流管理方法及物流组织活动都是不一样的；尤其是在物流管理方面，区别更为明显，主要原因是这些物流子系统的具体目标不尽相同，而实现目标的组织方法和管理手段也不相同。企业物流系统如图 4-1 所示。

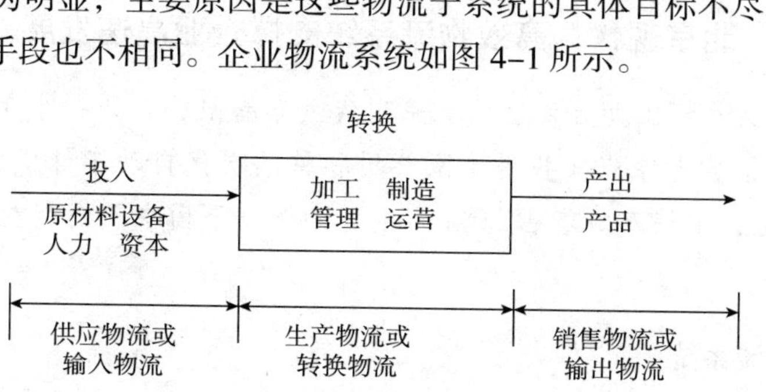

图 4-1　企业物流系统

4.1.2 现代企业物流的特征

现代企业物流具有以下特征：

第一，现代企业物流管理是系统整合的协作物流，以企业整体最优为目的。从商品供应体系的角度来看，现代物流不是单个生产、销售部门或企业的事，而是包括供应商、批发商、零售商等关联企业在内的整条供应链的共同活动，从而使物流管理成为一种供应链管理。从供应链战略管理的角度出发，现代物流管理指挥着跨企业组织的物流作业，通过强化流通过程中所有企业的关系，实现产品供应链全过程的价值和经营行为的最适化。

第二，现代企业物流是客户服务物流，客户服务是物流管理创新的原动力。传统物流认为物流是组织“内部事务”，只对组织体内部产生影响，其服务对象是组织内部的生产或销售部门；现代物流认为物流是“外部事务”，其服务对象是组织体外的顾客，与此相适应，企业经营理念的核心已从产品制造转向市场营销和客户服务。

第三，现代企业物流管理依靠高度发达的信息网络和全面、准确的市场信息，来实现企业各自的经营目标和整个供应链的效率化。信息已成为物流管理的核心，现代物流活动必须及时了解和反映市场的需求，并将其反馈到供应链的各个环节，以保证生产经营决策的正确和再生产的顺利进行。

第四，企业物流子系统功能相互制约，成本交替损益。如“效益背反”现象，这是一种此消彼长、此盈彼亏的现象。例如，包装问题，在产品销售市场和销售价格皆不变的前提下，假定其他成本因素也不变，那么包装方面每少花一分钱，这一分钱就必然转到收益上来，包装越省，利润则越高。但是，一旦商品进入流通之后，如果节省的包装降低了产品的防护效果，造成了大量损失，就会造成储存、装卸、运输功能要素的工作劣化和效益大减。显然，包装活动的效益是以其他的损失为代价的，我国流通领域每年因包装不善出现的价值上百亿元的商品损失，就是这种效益背反的实证。

相关链接

北京现代：高效物流系统支撑企业高速发展

坐落于北京顺义林河工业开发区的北京现代汽车有限公司是一个年轻而充满活力的现代化轿车生产企业，由北京汽车投资有限公司和韩国现代自动车株式会社共同出资设立，注册资本 27.1 亿元，中韩双方各占 50% 的投资比例。下面主要对其生产物流与销售物流进行介绍。

独特的生产物流系统

众所周知，对于汽车制造企业来讲，生产物流尤其是零部件入厂物流是实现准时化生产的关键，也是难点所在。生产一辆轿车不仅需要上百道工序、上万种零部件，而且对零部件的准时供应提出了极为严格的要求。如何将每一生产环节所需的零部件在正确的时间送达正确的工位，绝对是每个企业面临的最严峻的挑战。

据介绍，生产物流直接与生产挂钩，严格按照生产计划进行。北京现代在每月的第三周召开生产、销售计划会，决定下月与未来3个月的生产计划（确定车型与产量），据此计算出相应的物流量，再根据每天的生产数量由计算机系统对每种零部件的具体要货量进行细分。北京现代每天与供应商进行信息沟通，通过“伙伴系统”将生产计划与要货指令传递给供应商，后者按此制订本企业计划，安排生产与送货，与北京现代保持高度协调一致。

生产管理部物流科主要负责以下五项工作。

一是接货、卸货：接收零部件供应商或其物流公司的送货，主要依靠叉车、升降台等设备完成卸货、入库，但有些操作仍需借助人力。

二是储存、保管：北京现代按照零部件来源将其分成两类，分别管理。其中，一类是从韩国进口的KD件（散件组装），除了通关之外的主要物流工作都交给中远物流公司负责。KD件先保存在位于厂区内的两个仓库中，再按照生产计划由物流科统一调配使用。另一类是国内采购件，由供应商或者其物流服务公司负责送到工厂仓库保管。

三是出库：送货人员每人一辆牵引车，按照生产计划将存放在带轮料架或料箱中的零部件直接拖挂、搬运至指定区域。

四是上线：物流工人负责管理生产线旁的KD件和部分国内采购件，按生产指令送到生产线旁的指定工位。有些零部件如座椅等采用直序列（just in sequence，JIS）供货方式，即与生产需求实时对接、同步供应，从而构建JIT均衡供货系统，满足柔性化生产需求。

五是不良品与空器具回收：设专人负责，不良品回收后，经过维修，达到要求后再重新上线使用。

高效的销售物流系统

物流管理科业务范围包括：销售订单处理、订单分配、入库管理、出库管理、合格证管理、资金结算与信息查询，采用AS400系统实现高效业务管理，并通过ASP系统与生产部衔接，及时传递订购车辆的品种、型号、颜色、配置、要货时间等信息。按照原设计，北京现代的日发车能力为628辆。随着销量持续上升，根据市场情况，最多时每天发车800多辆，极大地增加了整车物流的难度。但是物流科通过加班、增加人员等措施，有效地解决了实际能力与需求不匹配造成的困难，基本满足了4S店的需要。

为持续发展不断改进

同时，北京现代也看到了自身在物流管理与运作水平方面与韩国现代的差距：一是企业信息系统有待进一步完善，以提高作业效率与准确率；二是改变观念，增强服务意识；三是提高装备水平，如规范运输车辆标准，使物流更顺畅，并保证零部件与整车的发运质量。

一切都在有条不紊地进行，一切又都超出了常规发展速度。北京现代这个充满朝气的企业正在快马扬鞭，奔向新的辉煌。

资料来源：江宏，褚方鸿．北京现代：高效物流系统支撑企业高速发展．物流技术与应用，2004（11）．

4.2 任务：认识系统的输入——供应物流

HR 物流在当初的物流重组阶段，整合了集团内分散在 28 个产品事业部的采购、原材料仓储配送、成品仓储配送的职能，并率先提出了三个 JIT（just in time）的管理，即 JIT 采购、JIT 原材料配送、JIT 成品分拨物流。HR 物流的信息化技术一直处于不断革新、改进的过程之中。建立 ERP 系统是 HR 实现高度信息化的第一步。在成功实施 ERP 系统的基础上，HR 建立了扫描、定价支持、模具生命周期管理、新品网上流转等信息系统，并使之与 ERP 系统连接起来。这样，用户的信息可同步转化为企业内部的信息，实现以信息替代库存、零资金占用。

在基础设施方面，以强大的网络技术为依托，自 2002 年开始逐渐推广条码扫描和无线射频技术在物流中的使用。推广全程扫描，全面实行严格的先进先出管理，加快了库存的周转效率。在不断完善内部业务运作的同时，积极发展品牌集群和社会化物流业务。HR 目前在全球有 10 个工业园、30 个海外工厂及制造基地，这些工厂的采购全部通过统一的采购平台进行，全球资源统一管理、统一配置，一方面实现了采购资源最大的共享，另一方面全球工厂的规模优势增强了 HR 采购的成本优势。

请针对上面内容，思考信息技术在 HR 供应物流中的作用。

相关知识

4.2.1 供应物流概述

1. 供应物流的概念

供应物流是包括原材料、零部件、辅助材料等一切生产物资的采购、进货运输、仓储、库存管理、用料管理和供应管理，也称原材料采购物流。它是生产物流系统中独立性较强的子系统，并且和生产系统、财务系统等生产企业各部门以及企业外部的资源市场、运输部门有密切的联系。供应物流是企业为保证生产节奏，不断组织原材料、零部件、燃料、辅助材料供应的物流活动，这种活动对企业生产的正常、高效率进行发挥着保障作用。企业供应物流不仅要保证供应，而且必须以最低成本、最少消耗、最大保证来组织供应，因此难度很大。供应物流系统如图 4–2 所示。

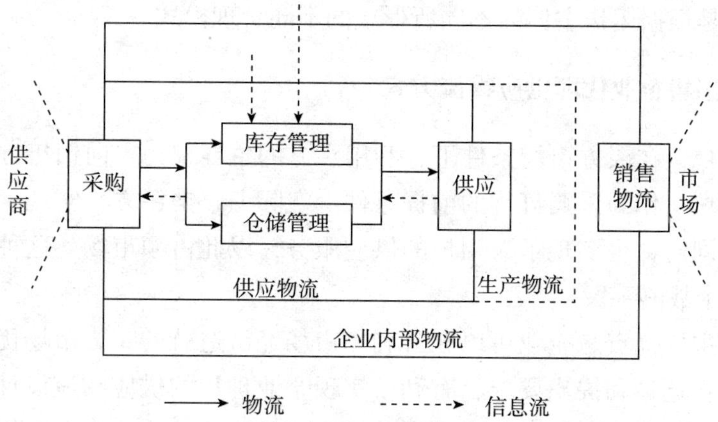

图 4-2 供应物流系统

2. 供应物流的内容

（1）采购。采购工作是供应物流与社会物流的衔接点，是依据生产企业生产、供应、采购计划来进行原材料外购的作业层，负责市场资源、供货厂家、市场变化等信息的采集和反馈。

（2）生产资料供应。供应工作是供应物流与生产物流的衔接点，是依据供应计划和消耗定额进行生产资料供给的作业层，负责原材料消耗的控制。

（3）仓储、库存管理。仓储管理工作是供应物流的转换点，负责生产资料的接货和发货，以及物料保管工作；库存管理工作是供应物流的核心部分，根据库存状况，补充采购计划，增加和调整前期库存。

（4）装卸、搬运。装卸、搬运工作是原材料接货、发货、堆码时进行的操作。虽然装卸、搬运是随着运输和保管而产生的作业，但却是衔接供应物流中其他活动的重要组成部分。

4.2.2 供应物流的模式

企业的供应物流有三种组织方式，如图 4-3 所示。

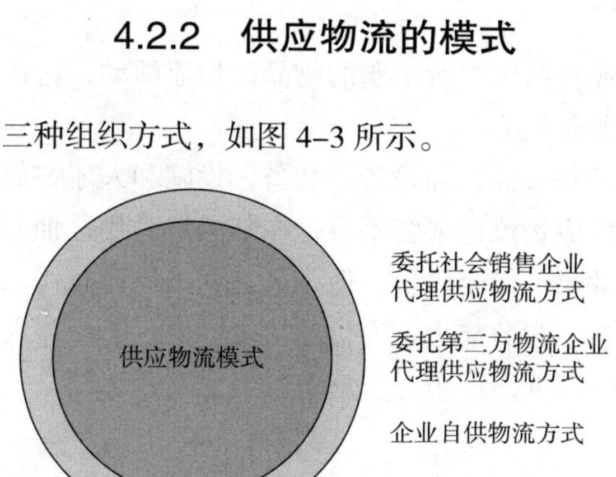

图 4-3 供应物流的模式

这三种方式是根据运作主体的不同所形成的不同管理模式。

1. 委托社会销售企业代理供应物流方式

企业作为用户，在买方市场条件下，利用买方的主导权力，向销售方提出对本企业进行供应服务的要求，作为采购订货的前提条件。实际上，销售方在实现了自己生产的和经营的产品销售的同时，也实现了对用户的供应服务，以此占领市场。这种供应服务是销售方企业发展的一个战略手段。

这种方式的主要优点是企业可以充分利用市场经济造就的买方市场优势，对销售方即物流的执行方进行选择和提出要求，有利于实现企业理想的供应物流设计。主要问题是销售方的物流水平可能有所欠缺，因为销售方毕竟不是专业的物流企业，不能提供专业化的物流服务，有时候很难满足企业供应物流高水平化、现代化的要求。

2. 委托第三方物流企业代理供应物流方式

这种方式是在企业完成了采购程序之后，由销售方和本企业之外的第三方去从事物流活动。第三方物流企业从事的物流活动专业性较强，服务水平较高。该种方式的最大优势是，能够承接这一项业务的物流企业，必定是专业物流企业，有高水平、低成本从事专业物流的硬件和软件条件。不同的专业物流公司，瞄准物流的对象不同，有特有的具备核心竞争能力的机器装备、设施和人才，这就使企业有了广泛选择的余地，进行供应物流的优化。

在网络经济时代，很多企业要构筑广域的或者全球的供应链，这就要求物流企业有更强的能力和更高的水平，这是一般生产企业不可能做到的，从这个意义来讲，第三方物流是未来物流发展的大势所趋。

3. 企业自供物流方式

这种方式是指由企业自己组织所采购的物品的物流活动，这在卖方市场的市场环境状况下，是经常被采用的物流方式。

企业在组织供应的某些方面，如设备、装备、设施和人才方面，可能有一些优势，这样，由企业组织自己的供应物流也未尝不可，在新经济时代这种方式也不能完全否定，关键还在于对技术和经济效果的综合评价。但是，在网络经济时代，如果不考虑企业核心竞争能力，不致力于发展核心竞争能力，而仍然抱着“肥水不流外人田”的旧观念，固执地采用自供物流方式是不可取的。

相关链接

把库房建在“车轮”上

兵马未动，粮草先行。物流供应，是石油石化企业生产链条中的重要一环。中原油田为了保证生产运行，每年需要采购供应的物资品种有万种之多，金额以亿元计。如此规模的物资采供业务，在过去，用户方与供应方多数情况下只能在库房进行交割，大量的生产物资静静地待在库房里等着被生产单位“认领”，油田物资供应工作的重点集中在库房管理上，确保生产所需，基本上要靠增加库存来实现。油田本就紧张的勘探开发、生产建设资金被高额的库存无端挤占。对此，中原油田物资供应处引入现代物流理念，建立以用户为中心，以提高供应时效、降低物流成本为目标的物资配送体系的做法，很值得借鉴。

首先，中原油田物资供应处实施的物资配送工程，改变了油田传统物资供应模式，变多家跑一家为一家送多家，变我供啥你用啥为你用啥我供啥，变被动服务为主动服务，进一步理顺了油田内部物流供应链，它相当于把库房建在了“车轮”上，让躺在库房里的物资流动了起来，大大提高了供应时效。其次，实行物资配送，改变了物资供应管理人员“坐、等、靠”的旧观念，实现了库房管理者与用户面对面的交流，增进了物资供应部门与用户的理解与信任，找到了化解供需矛盾的一条有效途径。再次，实行物资配送，同时还实现了物资供应部门对物资流转全过程的监管，在用料单位与供应商之间筑起了一道坚固的“防火墙”，使过去供应厂商与用料单位相互利用，形成的擅自采购、变相采购、变通走账等违规行为得到了更好的控制。

严格意义上讲，中原油田物资供应处实行的物资配送应该属于企业内部的物流范畴，与真正物流企业应该具备的社会化、规模化、专业化、信息化和标准化的要求，还有相当大的差距，但它毕竟是在传统的物资供应模式的基础上，迈出了可喜的一步。我们期待着它在新兴的物流行业进行更多的尝试，取得更大的成就。为了物流的更快发展，让我们的“车轮”飞速地转动起来吧！

资料来源：https：//kaoshi.china.com/wuliushi/learning/1012199-1.htm.

4.3 任务：认识系统的转换——生产物流

在生产物流计划管理上，HR 物流传统的管理模式是各个部门相互独立，直接沟通联系较少，尤其是生产部门和销售部门之间沟通不畅，造成制订生产物流计划时缺乏基础数据和预测信息，由于市场的快速变化，生产计划的执行率偏低。往往是生产部门从供应部门接受原材料和零配件，这些原料在车间的管理非常混乱，组装生产效率极低，满足不了销售部门的需要。如何提高在制品的管理效率，科学有效地对在制品进行管理是摆在 HR 物流管理部门面前的一个难题。

相关知识

4.3.1 生产物流概述

1. 生产物流的概念

企业的生产物流活动是指在生产工艺中的物流活动。这种物流活动是与整个生产工艺过程伴生的，实际上已经构成了生产工艺过程的一部分。过去人们在研究生产活动时，主要关注一个又一个的生产加工过程，而忽视了将每一个生产加工过程串在一起的，又和每一个生产加工过程同时出现的物流活动。例如，不断离开上一道工序，进入下一道工序，便会不断发生搬上搬下、向前运动、暂时停止等物流活动。实际上，一个生产周期，物流活动所用的时间远多于实际加工的时间。所以，企业生产物流节约时间、节约劳动的潜力是非常大的。

2. 生产物流的过程

企业生产物流的过程大体为：原材料、零部件、燃料等辅助材料从企业仓库和企业的“门口”开始，进入生产线开始端，再进一步随生产加工过程各个环节运动，在运动过程中，本身被加工，同时产生一些废料、余料，直到生产加工终结，再运动至成品仓库便终结了企业生产物流过程。其过程如图 4–4 所示。

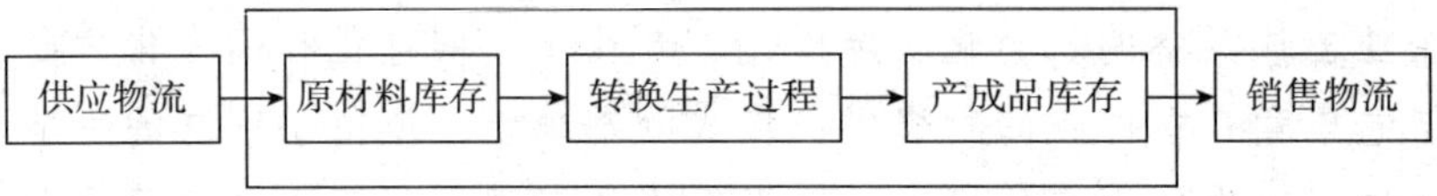

图 4–4　生产物流

3. 生产物流的发展经历

生产物流和生产流程同步，是从原材料购进开始直到产成品发送为止的全过程的物流活动。原材料、半成品等按照工艺流程在各个加工点之间不停顿地移动、转移，形成了生产物流。它是制造产品的生产企业所特有的活动，如果生产中断了，生产物流也就随之中断。生产物流的发展经历了人工物流、机械化物流、自动化物流、集成化物流、智能化物流五个阶段。

4. 生产物流的主要特点

（1）实现加工附加价值。这是企业生产物流和社会物流的最大本质不同，也是企业生产物流最本质的特点。企业生产物流一般在企业的小范围内完成，因此，空间范围的变化不大；企业内部的储存和社会储存目的也不相同，这种储存是对生产的保证，而不是一种追求利润的独立功能，因此，时间价值不高。企业生产物流伴随加工活动而发生，实现加工附加价值，也即实现企业的主要目的。所以，虽然物流空间、时间价值潜力不高，但加工附加价值却很高。

（2）搬运活动为主要功能要素。一般物流的主要功能要素是运输和储存，其他要素是作为辅助性或次要功能或强化性功能要素出现的。而企业物流主要功能要素则是搬运活动。许多生产企业的生产过程，实际上是物料不停的搬运过程，在不停搬运过程中，物料得到了加工，改变了形态。即使是配送企业和批发企业的企业内部物流，实际也是不断的搬运过程，通过搬运，商品完成了分货、拣选、配货工作，完成了大改小、小集大的换装工作，从而使商品形成了可配送或可批发的形态。

（3）物流过程的稳定性。企业生产物流是一种工艺过程性物流，一旦企业生产工艺、生产装备及生产流程确定，企业物流也因而成了一种稳定性的物流，物流便成了工艺流程的重要组成部分。由于这种稳定性，企业物流的可控性、计划性就很强，一旦进入这一物流过程，选择性及可变性就很小。对物流的改进只能通过对工艺流程的优化，这方面和随机性很强的社会物流也有很大的不同。

（4）物流运行的伴生性。企业生产物流的运行具有极强的伴生性，往往是生产过程中的一个组成部分或一个伴生部分，这决定了企业物流很难与生产过程分开而形成独立的系统。在总体的伴生性同时，企业生产物流中也确有与生产工艺过程可分的局部物流活动，这些局部物流活动有本身的界限和运动规律，当前企业物流的研究大多针对这些局部物流活动而言。这些局部物流活动主要是仓库的储存活动、接货物流活动、车间或分厂之间的运输活动等。

4.3.2　生产物流的类型

1. 从生产专业化的角度分类

（1）单件生产（项目型）。生产品种繁多，但每种仅生产一台，生产重复度低。

（2）大量生产（连续或离散型）。生产品种单一，产量大，生产重复度高。

（3）成批生产（连续或离散型）。介于上述两者之间，即品种不单一，每种都有一定批量，生产有一定的重复性。通常又可划分为大批生产、中批生产、小批生产。

2. 从物料流向的角度分类

（1）项目型生产物流（固定式生产）。当生产系统需要的物料进入生产场地后，几乎处于停止的“凝固”状态，或者说在生产过程中物料流动性不强。分两种状态：一种是物料进入生产场地后就被凝固在场地中和生产场地一起形成最终产品，如住宅、厂房、公路、铁路、机场、大坝等；另一种是在物料流入生产场地后，滞留时间很长，形成最终产品后再流出，如大型的水电设备、冶金设备、轮船、飞机等。

管理的重点是按照项目的生命周期对每阶段所需的物料在质量、费用以及时间进度等方面进行严格的计划和控制。

（2）连续型生产物流（流程式生产）。连续型生产物流的特点是：物料均匀、连续地进行，不能中断；生产出的产品和使用的设备、工艺流程都是固定且标准化的；工序之间几乎没有在制品储存。

管理的重点是保证连续供应物料和确保每一生产环节的正常运行。

（3）离散型生产物流（加工装配式生产）。离散型生产物流的特点是：产品由许多零部件构成，各个零部件的加工过程彼此独立；制成的零件通过部件装配和总装配最后成为产品，整个产品的生产工艺是离散的，各个生产环节之间要求有一定的在制品储备。

管理的重点是在保证及时供料和零件、部件的加工质量基础上，准确控制零部件的生产进度，缩短生命周期，既要减少在制品积压，又要保证生产的成套性。

4.3.3 企业生产物流计划与控制

1. 生产物流计划

生产物流计划的核心是生产作业计划的编制工作，即根据计划期内确定的产品品种、数量和期限，以及发展变化的客观实际，具体安排产品及其部件在各个生产工艺阶段的生产进度、生产任务。

期量标准是生产计划工作的重要依据，因此也称为作业计划标准。它是根据加工对象在生产过程中的运动，经过科学分析和计划，所确定的时间和数量标准。期和量是构成生产作业计划的两个方面，为了合理组织生产活动，有必要科学地规定生产过程中各个生产环节之间在生产时间和生产数量上的内在联系。

（1）大量流水线生产物流，是单品种大批量生产与流水线空间组织形式相结合的物流形式。期量标准主要有节拍、流水线作业指示图表、在制品定额等。

（2）单件小批量生产物流，其极端形式是单件生产物流。期量标准主要有生产周期、提前期等。

（3）成批生产物流，包括多品种小批量生产物流和多品种大批量生产物流。期量标准主要有批量、生产间隔期、提前期等。

2. 生产物流控制

生产物流控制是指在生产作业计划执行过程中，对有关产品或零部件的数量和生产进度进行控制。生产物流控制是物流控制的核心，是实现生产作业计划的保证。在实际的生产物流系统中，由于受系统内部和外部各种因素的影响，计划与实际之间会产生偏差，为了保证计划的完成，必须对物流活动进行有效控制。因此，物流控制是物流管理的重要内容，也是物流管理的重要职能。

（1）生产物流控制的主要内容

①物流进度控制。生产物流进度控制是对物料从投入到成品入库为止的全过程进行的控制。生产物流进度控制是生产作业控制的关键。它包括物料投入进度控制、物料出产进度控制和工序物料控制等内容。

②在制品控制。在制品控制主要包括：控制车间内各工序之间在制品的流转和跨车间协作工序在制品的流转，加强工序间检验对在制品流转的控制。此外，还可以采用看板管理法控制在制品的占用量。采用看板方式生产与一般方式生产的一个显著区别是：它不是采用前道工序向后道工序送货，而是实行后道工序在需要的时候向前道工序领取需要的部件，前道工序只生产被后道工序取走的那部分零部件，严格控制零部件的生产和储备。看板作为取货指令、运输指令、生产指令，在控制生产和微调计划方面有着重要的作用，它是随物流运动而发挥作用的。

③偏差的测定与处理。在生产物流计划实施过程中，按照预定时间及顺序检测计划执行的结果，即计划量与实际量的差距，根据产生差距的原因及程度，采用不同的方法进行处理。

（2）控制系统的共同要素

完成上述控制内容的系统可以采取不同的结构和形式，但都具有一些共同的要素。这些共同的要素包括以下几个方面。

①强制控制和弹性控制。即通过有关期量标准、严密监控等手段所进行的强制或自觉控制。

②目标控制和程序控制。即控制系统是核查生产实际结果还是核查生产程序、生产方式。

③管理控制和作业控制。管理控制的对象是全局，是指为使系统整体达到最佳效益而按照总体计划来调节各个环节、各个部门的生产活动。作业控制的对象是对某项作业进行控制，是局部的，其目的是保证具体任务或目标的实现。有时不同作业控制的具体目标之间可能会出现脱节或矛盾的情况，需要管理控制对此进行协调，以达到整体最佳的效果。

（3）生产物流控制程序

生产物流控制的程序对不同类型的生产方式来说，基本上是一样的。与控制的内容相适应，生产物流控制程序一般包括以下几个步骤。

①制定期量标准。期量标准要合理与先进，并随着生产条件的变化不断修正。

②制订计划。依据生产计划制订相应的物流计划。

③物流信息的收集、传送、处理。

④短期调整。为了保证生产正常进行，要及时调整偏差，以确保计划的顺利完成。

⑤长期调整。这是为了保证生产及其有效性的评估。

相关链接

浅析华联印刷——生产物流管理

华联印刷的采购物流、生产物流和销售物流管理既相互独立，又相互交叉，密不可分。相互独立使各系统调度灵活性高，便于调度；相互交叉可整合资源，节省成本。

华联印刷的生产车间和库房布局是“以装订车间为中心”，这一点在大厦设计时就进行了充分的考虑和论证。印刷的主要承印物纸张及其经过印刷和其他加工后的半成品和成品是生产物流管理的主要对象，其在生产过程中种类繁多、流动总量巨大，如何使这些原材料、半成品和成品流动的距离最短，使生产流程中的主要物流距离和位置最为合理，是生产物流管理的关键所在。

华联印刷生产物流管理是以工程单为主线，明确每一订单的具体要求，对常规的做法进行规范，保证物流的顺畅和高效。以下是华联印刷在生产物流管理方面的几点具体做法。

1. 物流过程中的保护措施

上机前的白纸、半成品、成品在上下工序流动过程中，均以塑料薄膜缠绕保护，对整台产品加标志，这种措施使产品在搬运过程中得到防护，牢固而不易倒塌，因此可加快运输速度。此外，因整台产品码放后及时被防护，不存在台上的产品被搬移的可能（如整台被破坏将很容易判断并及时清查），这样只需查看整台产品的标志，就能清楚得知产品数量，提高了产品数量清点的效率和准确性。

2. 统一定制码放产品用台板

不同车间根据本部门常见产品种类和规格，定制了相应规格的可重复使用的塑料卡板，并分别用不同颜色区分其所属部门。这种方式使得不同工序的半成品与台板相匹配，整齐美观，台板的使用井然有序，减少了台板不合适或找台板耗费无效时间，将无效工作减到最小。

3. 规范产品包装

所有产品在制造加工的同时，均同时加工完成具有明确标志且与产品规格相匹配的成品包装箱，包括产品名称、每箱数量等要素。如属国内运输，则按国内运输的标准制作；如是发往国际，则包装箱、卡板按国际标准制作。清晰的标志提高了货物查找的准确率，对成品货物运输体积和重量的估算更为准确，为成品运输提供可靠资料，使运输车辆的准备有据可依。

在成品物流的运作中，华联印刷的成品物流部门可以说是充当了管理者、调度者的角色，执行者是合作的第三方物流公司。华联印刷将成品物流外包给专业物流公司，目前公司采用的物流公司有三家，每年以招标的形式决定选择合格的物流服务供应商。由于专业化分工越来越细，在快速发展过程中，企业不可能各项工作都亲力亲为，选择专业化的物流公司，公司只对物流公司进行管理，可以更好地达到管理成品物流的目的，公司可以集中精力做好自己的核心业务。

资料来源：胡桂绵．华联印刷生产物流初探．印刷技术，2005（04）．

4.4 任务：认识系统的输出——销售物流

在HR进行物流改革之初，就专门成立物流推进本部储运部，负责整个集团的销售物流或者分销物流，将集团所有商品从青岛或者其他生产基地分拨到全国各地的周转仓库，再到客户。储运部接收来自销售部门的指令，统一协调和控制运输业务，为零距离销售提供物流配送保障，实现成品的JIT配送，形成了自己的物流配送网络。依托集团强大的销售物流，HR物流达到了物流的规模效应，取得了骄人的成绩。

思考：常见的销售物流模式有几种？HR物流采用的是哪种模式？该模式有什么优点？

相关知识

4.4.1 销售物流概述

销售物流又称企业销售物流，是企业为保证本身的经营利益，不断伴随销售活动，将产品所有权转给用户的物流活动。在现代社会中，市场环境是一个完全的买方市场，因此，销售物流活动便带有极强的服务性，以满足买方的要求，最终实现销售。在这种市场环境下，销售往往以送达用户并经过售后服务才算终止，因此，销售物流的空间范围便很大，这也是销售物流的难度所在。在这种前提下，企业销售物流的特点，便是通过包装、送货、配送等一系列物流实现销售，这就需要研究送货方式、包装水平、运输路线等并采取各种诸如少批量、多批次，定时、定量配送等特殊的物流方式达到目的。销售物流流程如图4-5所示。

企业销售物流的内涵：企业在销售过程中，将产品的所有权转给用户的物流活动，是产品从生产地到用户的时间和空间的转移，是以实现企业销售利润为目的的，是包装、运输和储存等环节的统一。销售物流是企业物流系统的最后一个环节，是企业物流与社会物流的衔接点。

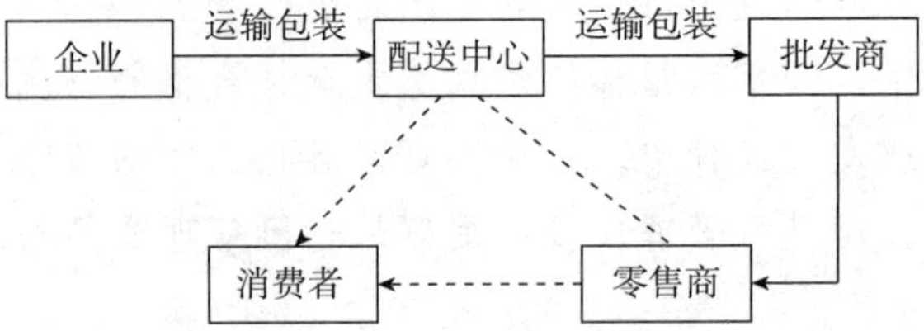

图 4–5 销售物流流程

4.4.2 销售物流的主要环节

1. 产成品的存货

适当的存货可以解决产品供应的不确定和需求的波动问题。在平衡过低库存的风险与过高库存的管理成本之间，确定订货时间和订货数量。

2. 包装

包装是生产的结束、物流的开始环节。为了便利运输、储存和配送，产成品必须包装。将包装安排在生产结束，甚至将包装作业并入生产加工进行，可以降低物流成本。

3. 订单处理

订单处理是从客户发出订货要求开始到客户收到所订货物为止的一个完整过程，包括订单准备、订单传输（需方到供方，供方到生产和存储地）、订单录入、订单履行、订单报告（产品发送的实时监控）等。

4. 销售产品运送

在决定销售物流的产品运送时，应考虑如下因素：确定运输方式和运输路线；将两端的短距离运输作为重点的成本节省部分核算（成本较高，需格外注意）；运输外包的经济可行性等。

5. 装卸搬运

客户希望在物料搬运设备方面的投资最小化，例如，客户要求供应商以其使用尺寸的托盘交货，也有可能要求将特殊货物集中在一起装车，这样他们就可以直接再装运，而不需要重新分类。

4.4.3　销售物流的模式

销售物流一般是从生产企业的成品仓库，经过分销物流，完成长距离、干线的物流活动，再经过配送完成市内和区域范围的活动，到达企业、商业用户或最终消费者。

销售物流有三种主要模式：生产企业自己组织销售物流；用户自己提货；第三方物流企业组织销售物流。

1. 生产企业自己组织销售物流

这是在买方市场环境下的主要销售物流模式之一，也是我国当前绝大部分企业采用的物流形式。生产企业自己组织销售物流，实际上把销售物流作为企业生产的一个延伸或者是看成生产的继续。生产企业自己组织销售物流的好处在于：可以将自己的生产经营和用户直接联系起来，信息反馈速度快、准确程度高，信息对于生产经营的指导作用和目的性强；可以对销售物流的成本进行大幅度的调节，充分发挥它的“成本中心”的作用，同时能够从整个生产者企业的经营系统角度，合理安排和分配销售物流环节的力量。

2. 用户自己提货

这种形式实际上是将生产企业的销售物流转嫁给用户，变成用户自己组织供应物流的形式。对销售方来讲，已经没有了销售物流的职能。这是在计划经济时期广泛采用的模式，除非在十分特殊的情况下，这种模式将不再具有生命力。

3. 第三方物流企业组织销售物流

由专门的物流服务企业组织企业的销售物流，实际上是生产者企业将销售物流外包，将销售物流社会化。由第三方物流企业承担生产企业的销售物流，其最大优点在于，第三方物流企业是社会化的物流企业，它向很多生产企业提供物流服务，因此可以将企业的销售物流和企业的供应物流一体化，可以将很多企业的物流需求一体化，采取统一解决的方案。这样可以做到专业化和规模化，这两者可以从技术方面和组织方面降低成本、提高服务水平。在网络经济时代，这种模式是一个发展趋势。

4.4.4　销售物流合理化的措施

（1）深入调查，科学预测，建立科学有效的决策机制，要求平衡用户需求与销售物流成本的矛盾。

（2）要控制销售物流的综合成本，加强物流项目投资管理，增强抵御经营风险的能力。

（3）营运过程中，通过严格的制度管理可以避免大部分风险，因此，要有严格的规章制度，将责任落实到个人，并建立相关的奖惩机制，将人为原因造成的失误降到最低。

（4）建立稳定的合作伙伴关系。

（5）加强销售物流的统一化管理。

4.5 任务：认识系统的反馈——回收物流和废弃物物流

案例一：一说起家电回收，人们通常想起的便是穿梭于城市的大街小巷，骑着一辆三轮车的废品收购者，伴随的还有那句大家耳熟能详的“收废品——旧彩电——旧冰箱——洗衣机……”的口号。大家想过没有，这些收购的废旧家电何去何从？谁是最终的利用者？如何从中获利？作为家电生产制造企业，在其中扮演的角色是什么？

案例二：“以旧换新”政策，是在国务院领导的亲自推动下，相关部门共同研究推出来的一项利国利民利企的好政策。党中央和国务院在全面实施家电下乡和汽车、摩托车下乡的同时，2009 年 5 月，出台了以旧换新的政策，对汽车和家电以旧换新，通过财政补贴这个政策工具促进消费。这项政策和汽车下乡、家电下乡一起构成了扩大汽车和家电消费的政策体系，是宏观调控的一项重要措施，可以有效地发挥财政倍数效益，扩大消费需求。国家为什么出台这个政策？这个政策的出台有什么意义？

相关知识

4.5.1 回收物流和废弃物物流概述

1. 回收物流和废弃物物流的概念

随着社会经济的发展，社会上各类消费品逐年增加，随之产生的废旧品也日益增多，虽然各种产品的性能不断改善，使用期也在延长，但是，不论何种产品，最终都将被废弃，从而面临如何处理的问题，这便是逆向物流。《物流术语》对逆向物流的定义是：“物品从供应链下游向上游的运动所引发的物流活动。”逆向物流流程如图 4–6 所示。

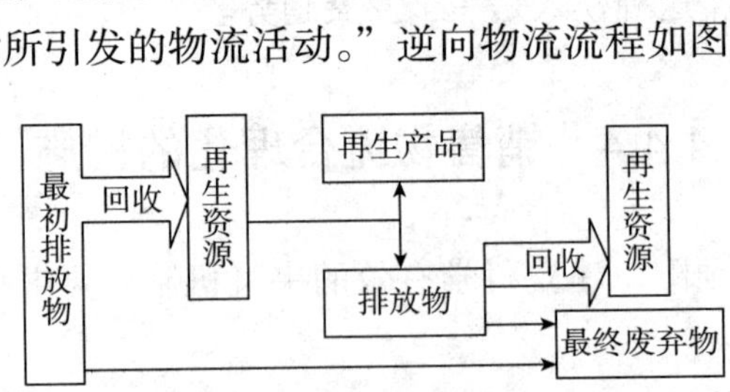

图 4–6 逆向物流流程

回收物流和废弃物物流都属于逆向物流。

“回收物流指退货、返修物品和周转使用的包装容器从需方返回供方或专门处理企业所引发的物流活动。即企业在生产、供应、销售的活动中总会产生各种边角余料和废料，这些东西的回收是需要伴随物流活动的。如果回收物品处理不当，往往会影响整个生产环境，甚至影响产品的质量，占用很大空间，造成浪费。”

“废弃物物流是指将经济活动或人民生活中失去原有使用价值的物品，根据实际需要进行收集、分类、加工、包装、搬运、储存等，并分送到专门处理场所的物流活动。”

综上所述，逆向物流有广义和狭义之分。狭义的逆向物流是指对那些由于环境问题或产品已过时的原因而将产品、零部件或物料回收的过程。它是将废旧物中有再利用价值的部分加以分拣、加工、分解，使其成为有用的资源重新进入生产和消费领域。广义的逆向物流除了包含狭义的逆向物流的定义之外，还包括废弃物物流的内容，其最终目标是减少资源使用，并通过减少使用资源达到废弃物减少的目标，同时使正向以及回收的物流更有效率。从广义角度而言的，在其他参考书目及文献中与它等同的相关概念还有“回收物流”“逆物流”“反向物流”“反向流”“返回物流”“静脉物流”等专业术语。

2. 回收物流和废弃物物流的特点

回收物流和废弃物物流作为企业价值链中特殊的一环，与正向物流相比，既有共同点，又有各自不同的特点。二者的共同点在于都具有包装、装卸、运输、储存、加工等物流功能。但是，回收物流和废弃物物流与正向物流相比又具有鲜明的特殊性。

（1）分散性。换言之，回收物流和废弃物物流产生的地点、时间、质量和数量是难以预见的，这是由于回收物流和废弃物流发生的原因通常与产品的质量或数量的异常有关。它们可能产生于生产领域、流通领域或生活消费领域，涉及任何领域、任何部门、任何个人，在社会的每个角落都在日夜不停地发生。正是这种多元性使其具有分散性。而正向物流则不然，按量、准时和指定发货点是其基本要求。

（2）缓慢性。人们不难发现，开始的时候回收物流和废弃物物流数量少，种类多，只有在不断汇集的情况下才能形成较大的流动规模。废旧物资的产生也往往不能立即满足人们的某些需要，它需要经过加工、改制等环节，甚至只能作为原料回收使用，这一系列过程的时间是较长的。同时，废旧物资的收集和整理也是一个较复杂的过程。这一切都决定了废旧物资缓慢性这一特点。

（3）混杂性。回收的产品在进入逆向物流系统时往往难以划分为产品，因为不同种类、不同状况的废旧物资常常是混杂在一起的。当回收产品经过检查、分类后，回收物流和废弃物物流的混杂性随着废旧物资的产生而逐渐衰退。

（4）多变性。由于回收物流和废弃物物流的分散性及消费者对退货、产品召回等回收政策的滥用，有的企业很难控制产品的回收时间与空间，这就使回收物流和废弃物物流具有了多变性。

3. 回收物流和废弃物物流的意义

随着人们环保意识的增强，环保法规约束力度的加大，逆向物流的经济价值也逐步显现出来，研究并组织逆向物流的意义重大，具体表现在以下五个方面：

（1）使社会资源量相对增加。物流资源总是有限的，回收利用废弃物料，相当于利用了社会资源的潜在资源，从而可以在一定程度上缓和资源的紧张状况。例如，用 1 吨废钢铁可炼出好钢 900 千克；用 1 吨废杂铜可提炼电解铜 860 千克；利用 1 吨废玻璃可生产出好玻璃 900 千克等。

（2）利用废旧物料比原始性开发具有更好的经济效益。例如，钢材要经过采矿、炼铁、炼钢等这样一个复杂的过程才能形成，如果用废钢代替生铁炼钢，不仅可以节约找矿、采矿、炼铁等一系列生产所耗费支出，而且冶炼的钢材质量要比以生铁作为原料的好。据估计，中小型电炉钢厂用新开发的资源炼钢，每吨钢成本为 1 500 美元，而用废钢铁冶炼钢每吨成本仅为 250 美元。因此，发达国家十分重视废钢铁的回收利用，称之为还原工业。在发达国家，废钢铁用于炼钢的比例一般在 50%~70%，而我国仅有 30% 左右。

（3）可以节约能源。与用铁矿石炼钢相比，用废钢铁炼钢可节约用煤 75%，节约用水 40%，节约矿石消耗 95%；用 1 吨废纸可造新纸 800 千克，可节煤 500 千克，节电 500 千瓦。总之，利用废旧物料既可以节约开采资源的能源消耗，又可以节约物料生产过程中的能源消耗。

（4）减少废旧物料对环境的污染。在我国，由于“三废”污染每年所造成的经济损失超过 500 亿元，通过回收利用废旧物料，可以大大减少废旧物料对环境的污染。根据美国工业部门估计，利用废旧物料进行生产，可使一些工业生产造成的空气污染减少 60%~80%。

（5）可以节约时间，加快工业发展速度。例如，利用废钢铁炼钢，可以节约铁矿石、石灰石等原材料的生产时间和运输时间，从而提高生产效率。

综上所述，废旧物料的回收利用是利国利民的大事，不仅可以弥补自然资源的不足，而且可以降低生产成本，提高经济效益。

4.5.2 回收物流和废弃物物流技术

废旧物资回收的目的是将其经过修复、处理、加工后再次反复使用。因此，研究物品复用的技术是回收物流的基础和前提。

1. 回收物流技术

一般来说，回收物流技术可概括为以下几个方面：

（1）原厂复用技术流程。原厂产生废旧物品→原厂回收→原厂分类→原厂复用，钢铁厂的废钢铁回收再利用就是一个最为典型的例子。

（2）通用回收复用技术流程。通用化、标准化的同类废旧物品→统一回收→按品种、规格、型号分类→复用标准达到后进行通用，汽车轮胎的回收再利用就是代表。

（3）外厂代用复用技术流程。本厂过时性、生产转户及规格不符的废旧物品→外厂统一回收→按降低规格、型号、等级分类或按代用品分类→外厂验收→外厂复用。

（4）加工改制复用技术流程。需改制的废旧物品→统一回收→按规格、尺寸、品种分类→拼接→验收→复用。

（5）综合利用技术流程。工业生产的边角余料、废旧纸、木质包装容器→统一回收→综合利用技术→验收→复用。

（6）回炉复用技术流程。需回炉加工的废旧物品→统一回收→由各专业生产厂进行再生产性的工艺加工→重新制造原物品→验收→复用。如废玻璃、废布、废锡箔纸等属于这一类。

2. 废弃物物流技术

常见的废弃物物流处理方式主要包括以下几种：

（1）废弃物掩埋。大多数企业对其最终废弃物，是在政府规划地区利用原有的废弃坑塘或用人工挖掘出的深坑，将其运来、倒入，表面用好土掩埋。掩埋后的垃圾场，还可以作为农田进行农业种植，也可以用于绿化或做建筑、市政用地。这种物流方式的优点是不形成堆场，不占地，不露天污染环境，可防止异味对空气污染；缺点是挖坑、填埋要有一定投资，在未填期间仍有污染。

（2）垃圾焚烧。这是指在一定地区用高温焚毁垃圾。这种方式只适合用于有机物含量高的垃圾或经过分类处理将有机物集中的垃圾。有机物在垃圾中容易发生生物化学作用，是造成空气、水及环境污染的主要原因，因其本身又有可燃性，因此，采取焚烧的办法很有效。

（3）垃圾堆放。在远离城市地区的沟、坑、塘、谷中，选择合适位置直接倒垃圾，也是一种物流方式。这种物流处理方式的缺点是距离较远，但垃圾无须再处理，而是通过自然净化作用使垃圾逐渐沉降风化，是低成本的处理方式。

（4）净化处理加工。这是对垃圾（废水、废物）进行净化处理，减少对环境危害的处理方式，废水的净化处理是这种方式中具有代表性的流通加工方式。在废弃物物流领域，这种流通加工是为了实现废弃物无害排放的流通加工。

相关链接

家电回收的重要意义

随着工业化、城镇化进程加快，我国汽车、家电消费快速增长，保有量大幅增加，淘汰更新潜力较大。据统计，自2011年开始，我国的报废汽车数量呈递增式增长，预计2020年将逼近1850万辆。而家电年报废量早已超亿台。

数据显示，老旧汽车油耗比新车高5%~10%，特别是“黄标车”油耗比“绿标车”高30%，污染物排放量严重超标，老旧家电电耗比新家电高20%~30%。实行汽车、家电“以旧换新”，有利于提高汽车、家电能效水平，减少环境污染。同时，汽车、家电中含有大量可回收利用的钢铁、有色金属、塑料、橡胶等资源，通过“以旧换新”，加快完善汽车、家电回收拆解处理体系，可使这些资源得到充分有效利用，促进循环经济发展。而且汽车、家电生产技术含量高，产业链长，鼓励汽车、家电“以旧换新”，不仅有利于促进汽车、家电产业稳步增长，也有利于促进营销、物流、售后服务以及报废汽车、废旧家电回收拆解等劳动密集型行业的发展，安置大量人员就业。

课后练习

一、判断题

1. 物流活动是伴随着企业的投入→转换→产出而发生的。相对于投入的是企业外部供应物流或企业外部输入物流，相对于转换的是企业内生产物流或企业内转换物流，相对于产出的是企业外销售物流或企业外服务物流。（　　）

2. 在网络经济时代，很多企业要构筑广域的或者全球的供应链，这就要物流企业有更强的能力和更高的水平，这是一般生产企业不可能做到的，从这个意义来讲，企业物流是未来物流发展的大势所趋。（　　）

3. 企业物流子系统功能相互制约，成本交替损益，如“效益背反”现象，这是一种此消彼长、此盈彼亏的现象。（　　）

4. 按物流在企业经济活动中的作用，企业物流可以分为供应物流、生产物流、销售物流和逆向物流。（　　）

5. 在制品控制是生产作业控制的关键。它包括物料投入进度控制、物料出产进度控制和工序物料控制等内容。（　　）

二、单项选择题

1. 从生产的专业化的角度分类，下列不属于生产物流的是（　　）。

A. 大量生产　　B. 固定式生产　　C. 单件生产　　D. 成批生产

2. 生产物流控制是物流控制的核心，是实现生产作业计划的保证。生产物流控制的内容不包括（　　）。

A. 物流进度控制　　B. 在制品控制

C. 强制控制　　D. 偏差的测定与处理

3. 下列不属于供应物流内容的是（　　）。

A. 包装　　B. 装卸搬运

C. 采购　　D. 生产资料供应

4. 生产物流的特征不包括（　　）。

A. 物流运行的伴生性　　B. 客户服务物流

C. 物流过程的稳定性　　D. 附加加工价值

5. 物流过程的（　　）明显提高，从而可以加强供应商、物流商、批发商、零售商在组织物流过程中的协调和配合以及对物流过程的控制。

A. 运输敏捷　　B. 节约成本　　C. 服务性　　D. 可见性

三、多项选择题

1. 企业物流主要包括以下几个环节？（　　）

A. 采购物流　　B. 销售物流　　C. 生产物流　　D. 回收物流

2. 从物料流向的角度分类，生产物流可以分为（　　）。

A. 流程式生产　　B. 加工装配式生产　　C. 移动式生产　　D. 固定式生产

3. 企业物流活动作为一个系统，由（　　）组成。

A. 输入　　B. 转换　　C. 输出　　D. 反馈

4. 逆向物流的特点包括（　　）。

A. 缓慢性　　B. 混杂性　　C. 多变性　　D. 分散性

5. 销售物流模式包括（　　）。

A. 自建物流模式　　B. 第四方物流模式

C. 第三方物流组织模式　　D. 用户自己提货模式

四、简答题

1. 简述回收物流的含义。

2. 简述生产物流的控制步骤。

3. 常见的回收物流技术有哪几种？

实践与实训

走进身边的企业调研生产物流

调研目的：通过调研，找到企业中涉及生产物流的部门，了解其作业内容和方式。

根据调研情况，填写表 4–1。

表 4-1　　　　生产物流调研表

企业名称：　　　　调查时间：　　　　调查人员：

调研项目	调研结果
生产物料存储情况	
调研图片	
生产转化	
调研图片	
产成品存储	
调研图片	

项目5

第三方物流

学习导航

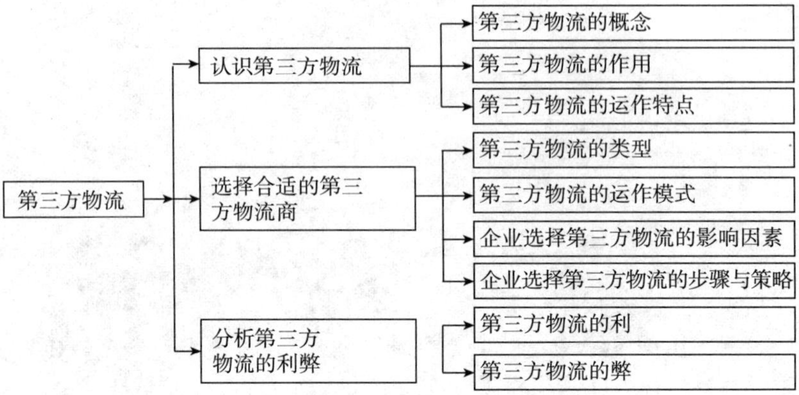

项目简介

××大型电器企业总部位于广东佛山，在全国分布有12个生产基地，大约有400个供应商负责把各自的产品送到这12个生产基地进行组装，部分卡车满载率很低，使得库存和配送成本急剧上升。

而成品销售方面，公司一直以来都是自备车辆，进行自己的物流运输，但家电零售业的淡旺季非常明显，运力需求各季节差别很大，如果配备适应平时销售需求的车辆，旺季就很难有足够的配送队伍应付；如果配够旺季的运力，在平时又是一种浪费。

公司新任物流总监王先生觉得这是一个严重的问题，他将物流成本汇总后，提交给公司总经理，总经理希望他能提出一个合理的解决方案，于是，王总监开始同专业物流公司接触，寻找一个降低公司物流成本的途径……

5.1 任务：认识第三方物流

王总监从事物流工作已经有20年，20年前大学毕业时，在家乡的客运公司工作，来到佛山后，也一直从事运输行业。对于第三方物流的兴起，王总监认为时间还不是很长，特别是在一些增值服务方面还有很大的拓展空间，物流公司提供的服务与一些特殊客户的要求还有很大的距离。

相关知识

5.1.1　第三方物流的概念

第三方物流是相对“第一方”发货人和“第二方”收货人而言的，是由第三方专业企业来承担企业物流活动的一种物流形态。物流提供商通过与其他两方的合作来提供其专业化的物流服务，物流提供商不拥有商品，不参与商品的买卖，而是为客户提供以合同为约束的、以结盟为基础的、系列化、个性化、信息化的物流代理服务。

《物流术语》中将其定义为：“接受客户委托为其提供专项或全面的物流系统设计或系统运营的物流服务模式。”我们可以从以下几个方面理解第三方物流的含义。

1. 第三方物流是合同导向服务

物流供需双方平等协商，以合同的形式明确双方的权利与义务，物流商根据合同条款规定的要求为顾客提供多功能，甚至全方位的物流服务，而不是临时要求。第三方物流有别于传统的外协，外协只限于一项或一系列分散的物流功能，如运输公司提供运输服务、仓储公司提供仓储等。

2. 第三方物流是战略联盟

第三方物流服务的对象一般都比较专一，而且服务时间较长，往往长达多年。合作双方在各自获得利益的基础上进行合作、共享资源，是通过各种协议而结成的优势相补的合作竞争组织，联盟各方既保持着原有企业的经营独立性，又具有利益共享、风险共担的特点。

3. 第三方物流是个性化物流服务

因为需求方的业务流程各不一样，而物流、信息流是随价值流流动的，因而要求第三方物流服务应按照客户的业务流程来定制，这也表明物流服务理论从“产品推销”发展到了“市场营销”阶段。

5.1.2　第三方物流的作用

1. 有利于企业降低作业成本

第三方物流提供者利用规模生产的专业优势和成本优势，通过提高各环节能力的利用率实现节约成本，减少车辆空载率，缩短商品在途时间，减少商品周转过程的损失，使企业能从分离费用结构中获益。利用第三方物流还可减少投资，大量的运输工具的初期投资及运营成本是非常高昂的，尤其是对于一些资源力量有限的企业来说，第三方物流更具吸引力，原因就在于此。根据对工业用车的调查结果，企业解散自有车队而代之以公共运输服务的主要原因就是为了降低成本，这里面包括车间仓库、发货设施、包装器械以及与员工有关的开支。

2. 有利于企业致力于核心业务

一方面各类生产企业、商业机构和各大公司面对日趋激烈的竞争，不得不将主要精力放在核心业务上，将运输、仓储等业务交给更专业的物流企业，实现企业经营的集约化和高效化；另一方面，第三方物流企业通过整合成员的核心能力和资源，在一定区域形成较完善的多功能物流网络，满足客户需要，或是企业通过分享市场和顾客，实现共赢目标。

3. 有利于重新整合供应链

供应链管理更多是在自己的“核心业务”基础上，通过协作整合外部资源来获得最佳的总体运作效果，除了核心业务以外，几乎每件事都可能是“外源的”，即从公司外部获得的。作为供应链构成之一的物流部分，有了第三方物流的存在，就可以根据供应链的运作情况，更灵活地选择合适的第三方物流伙伴，优化供应链。

4. 有利于企业拓展国际业务及进入新的市场

跨国公司在全世界争夺市场的过程中发现，国际贸易的传统做法，往往受国际风云变幻的影响，如受局部战争的干扰，受对方国政策的阻挠等。如果在开展国际贸易时，充分利用所在国的第三方物流企业，就能更迅速地开展贸易活动。

许多第三方物流公司在国内外都有良好的运输和分销网络。希望拓展其他地区市场以寻求发展的公司，可以借助这些第三方物流网络进入新的市场。

5.1.3 第三方物流的运作特点

1. 关系契约化

首先，第三方物流是通过契约形式来规范物流经营者与物流消费者之间关系的。物流经营者根据契约，提供多功能直至全方位一体化物流服务，并以契约来管理所有提供的物流服务活动及其过程。其次，第三方物流发展物流联盟也是通过契约的形式来明确各物流联盟参加者之间权责利关系的。

2. 服务个性化

首先，不同的物流消费者有不同的物流服务要求，第三方物流需要根据不同物流消费者在企业形象、业务流程、产品特征、顾客需求特征、竞争需要等方面的不同要求，提供针对性强的个性化物流服务和增值服务。其次，从事第三方物流的物流经营者也因为市场竞争、物流资源、物流能力的影响需要形成核心业务，不断强化所提供物流服务的个性化和特色化，以增强物流市场竞争能力。

3. 功能专业化

第三方物流所提供的是专业的物流服务。随着全球经济一体化的发展，企业所从事的行业与产品越来越专业，企业要取得成功，往往只能关注一个点，第三方物流从物流设计、物流操作过程、物流技术工具、物流设施到物流管理必须体现专门化和专业水平，这既是物流消费者的需要，也是第三方物流自身发展的基本要求。

4. 管理系统化

第三方物流应具有系统的物流功能，作为物流系统集成商，第三方物流公司通过对其客户的集成，管理精细的、井然有序的“多点停留配送”等方法，在遍布各地的供应商、销售商之间进行原材料、零部件和产品的采购与传递等业务，提供共同运送、合并运送、海空托运与本地货运、客户代理、储存与配送等多种物流服务，在客户、运输公司、物流网点间建立起实时通信，实现高效的设备与设施管理、供需平衡，换句话说，是第三方物流企业管理着通向最终消费者的整个供应链。

5. 信息网络化

信息技术的发展是第三方物流出现的必要条件，信息技术实现了数据的快速、准确传递，提高了仓库管理、装卸运输、采购、订货、配送发运、订单处理的自动化水平；使订货、包装、保管、运输、流通、加工实现一体化；企业可以更方便地使用信息技术与物流企业进行交流和协作，企业间的协调和合作有可能在短时间内迅速完成；同时，计算机软件的飞速发展，使混杂在其他业务中的物流活动的成本能被精确计算出来，物流渠道中的商流还能被有效管理，这就使企业有可能把原来在内部完成的作业交由物流企业运作。常用于支撑第三方物流的信息技术有：实现信息快速交换的EDI技术、实现资金快速支付的EFT技术、实现信息快速输入的条形码技术和实现网上交易的电子商务技术等。

相关链接

第三方物流怎样赚钱?

据调查，中国未来物流市场的产值应该是在 4 万亿以上，增长率在 5% 左右，第三方物流市场潜力十分巨大，潜藏着巨大的利润空间。所以，从市场大背景来看，第三方物流公司一定是有钱可赚的。

那么如何赚钱？正所谓“生财有道”，第三方物流（third party logistics，TPL）公司的赚钱和发展之道可归纳为如下几点：

其一，诚信为本。实话实说，TPL 公司的诚信问题也就是近几年时间才真正得到关注的。可以看到，但凡能够迅速发展的 TPL 公司都是比较讲诚信的，都是口碑较好的物流企业。随着“买方市场”在物流行业中迅速形成，物流行业竞争日趋白热化，信誉度很差的 TPL 公司自然很难赚钱，而有诚信的物流公司赚钱机会将大增。

其二，服务至上。这是一个老话题，但讲得最多，做得最少，许多物流公司就败在这个“服务”上面。在无数次栽跟头之后，TPL 企业不得不在服务上下功夫。说到底，物流企业的核心就是服务，物流企业的产品就是服务，物流企业卖的就是服务，物流企业的竞争已集中在这半透明状态的“服务”上，拼到底还是“拼服务”。“服务”做好了，钱自然就赚到了。

其三，遵守法规。许多 TPL 公司打“法规”的“擦边球”，如超载超限运输，这是一些 TPL 公司赚钱的一个很重要的方式。短期内是赚了一些钱，长期看却是巨大的损失。如超载运输引发的业界恶性竞争，最后使大家谁也赚不到钱。遵守法规，不只对国家对社会，也对物流公司自身有着长远好处。“合法赚钱”才是长久之计。

其四，体制灵活迅速。在国内发展壮大的 TPL 公司，大多是有灵活的体制和科学的管理方法的民营物流企业。它们大量引进高学历管理人才，大胆起用新人，如远成、宝供、华宇、大田等。物流的发展可以说是日新月异，革新迅速，并已完全市场化。TPL 公司要采用灵活的体制，随着市场和客户的变化而变化，把握瞬息万变的赚钱机会，随时做出正确的抉择。

其五，保证 15% 的毛利润。物流是一种服务，服务是有价的，为竞争而过于降低价格只会出现“豆腐渣工程”。调查显示，TPL 公司中盈利较高的只有 7% 左右，微利的有 60% 左右，基本盈亏平衡的有 15% 左右，亏损的有 18% 左右。TPL 企业追求的毛利润不能低于 15%，这是近两年来所有 TPL 公司的共识，否则就会亏损。

其六，应用信息系统。有专家说，“物流的灵魂在于系统”。物流区别于传统的运输行业，其本质就在于物流有先进的信息系统，物流的快速发展也得益于电子商务的快速兴起，得益于 IT 技术的高速发展，得益于部分高科技的应用，如 GPS 等。物流发展到今天，也许除了车辆还需要人驾驶以外，大部分都可以由系统来完成并进行机械化全自动或半自动作业。TPL公司要想赚钱，就必须采用先进的信息系统武装自身，使自己不落后于时代。

其七，资源整合。物流的成功之处就在于对社会资源有力的整合。一是外部资源整合，包括：社会车辆资源整合，如合同制、会员制、挂靠制等方式；社会仓库资源整合，如租赁制、合建制等方式，以及仓储的自管、托管、合管等形式；社会人力资源整合，如录用制、合作制、加盟制等方式。二是内部资源整合，如人力资源整合，采取先进的项目管理模式、科学的绩效考核指标和激励机制，特别是对市场营销人员的激励机制。其他如多客户整合、多线路整合、多品种（产品）整合、多区域整合、多物流环节整合、管理费用整合等。

最后需要注意的是，TPL公司一定要站在货主企业的高度，与企业建立供应链战略合作伙伴关系，共同发展，达到双赢，这是TPL企业的成长之本、赚钱和发展之道。

资料来源：刘晓东．第三方物流企业盈利模式探讨．环球市场，2017.

5.2 任务：选择合适的第三方物流商

王总监同好几家物流公司接触后发现，它们各有优缺点。对于一些大型物流服务商来说，价格、服务质量、货物赔偿效率都不是很令人满意，令王总监最难接受的是，它们在价格上几乎不作出让步，不过王总监又看好其强大的网络。如果改用中小型服务商，虽然服务相对稍好，但担心配送网络得不到保证，尤其在新《交通安全法》（2011年）实施后，运力更加紧张，价格波动非常大，在这种情况下，王总监担心自己的货物不能被及时运出。

请问：王总监应该如何选择物流服务商？

相关知识

5.2.1 物流企业的类型

物流企业种类繁多，不同的物流企业承担不同的功能。按照不同的标准，可以将物流企业分为不同的类型，如图5-1所示。

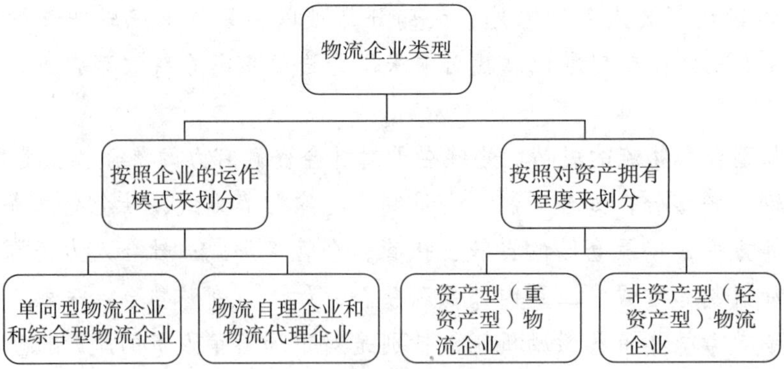

图 5-1　物流企业分类

1. 按照企业的运作模式来划分

（1）单向型物流企业和综合型物流企业。

按照物流企业完成的物流业务范围的大小和所承担物流功能不同，可将物流企业分为单向型物流企业和综合型物流企业。

①单向型物流企业也可叫功能型物流企业，即它仅仅承担和完成某一项或少数几项物流功能。物流客户在一定的环境和条件下会出现独特偏好的密集群，针对这种密集群的特征，可以将整体市场划分成若干个具有吸引力，并符合企业目标和资源的小市场。物流提供者可以通过相对集中的营销行为满足该细分市场的物流需求，注重专业化服务的提供，在细分市场中的营销行为需要体现不同于其他第三方物流企业的差异性，因此能更准确地满足物流客户的需求，如石油专运、沥青专运、水泥专运、危险品专运、交通事故拯救，或者北京专线、广州专线、上海专线等。

这类物流企业按照其主营的业务范围，又进一步分为运输企业、仓储企业、流通加工企业等。目前无论是在国内还是在国外，这类企业的数量众多，有些有比较悠久的历史，有些已经成为世界知名的跨国企业，如美国的联邦快递公司、日本的佐川急便等。

②综合型物流企业是能够完成和承担多项甚至全部物流功能的企业，包括从配送中心的设计到物流的战略策划乃至商品实物运输等多方面。综合型物流企业一般规模大、资金雄厚，并且有良好的物流服务信誉。这类企业由于承担综合的物流服务，要求管理水平比较高，具有相当的竞争力。目前综合型物流企业有许多是跨国公司，其触角伸向了全世界。

（2）物流自理企业和物流代理企业。

按照企业的运作方式，即是自行完成和承担物流业务，还是委托他人进行操作，可将物流企业分为物流自理企业和物流代理企业。

①物流自理企业是自行完成全部或大部分物流业务的企业，同样，按照业务范围进行细分，它还可进一步划分为综合型物流自理企业和单向型物流自理企业。

②物流代理企业同样可以按照物流业务代理的范围，分成综合型物流代理企业和单向型物流代理企业。从事综合型物流代理业务的企业可以不进行大的固定资产投入，用低成

本经营和简便入市的方式，将主要的业务操作及产品服务部门的大部分工作委托他方处理，着力建设自己的销售队伍和管理网络，实行特许代理制，将协作单位纳入自己的经营轨道，公司的核心业务就是实行综合物流代理业务的销售、采购、协调管理和组织设计，并且注重业务流程创新。单向型物流代理企业按照其功能的不同，又包括运输代理企业、仓储代理企业、包装和流通加工企业等。

2. 按照对资产拥有程度来划分

（1）资产型（重资产型）物流企业。

所谓资产型物流企业，是指本身拥有仓库、运力等一种或多种有形物流资产，并依托其资源提供核心服务的企业。资产型物流企业以自有的资产作为向客户服务的重要手段，在工业化时期，这种物流企业在发达国家曾经有过比较大的发展。

资产型物流企业的资产有两种类型：第一种类型的资产，是指机械、装备、运输工具、仓库、港口、车站等，具有实物物流功能的资产；第二种类型的资产，是指信息资产，包括信息系统硬件、软件、网络及相关人才等。传统物流和现代物流的区别在于，传统物流服务企业，只依靠第一种类型资产，而现代物流企业具备两种类型的资产。

资产型物流的主要优点：一是可以向货主企业提供稳定的、可靠的物流服务。二是由于资产的可见性，这种物流企业的资信程度也比较高，这对货主企业来讲，是很有吸引力的。

资产型物流的主要缺点：一是因为需要建立一套物流工程系统，因而要有很大的投资，同时维持和运营这一套系统仍然需要大量经常性的投入。二是虽然这套系统可以有效地提供高效率的确定服务，但是很难按照货主企业的需求进行灵活的改变，往往会出现灵活性不足的问题。

（2）非资产型（轻资产型）物流企业。

所谓轻资产，是相对于占用大量资金的重资产而言的，设备、仓库、原材料等资产相对较少，其资产占用资金较少，适应性强，使用灵活，资产的回报率高，所以称为轻资产。这类物流企业往往依靠个性化的服务吸引客户，它是企业在经营过程中形成的无形资产，也是企业竞争优势和价值增长的关键因素，企业可以以最少的投入资本迅速扩张，并形成更强的盈利能力和资本价值。很多小型物流企业，一般是采用租用、购买二手拖车等方式，来降低前期硬件投入成本，但在运营中往往会因车况不佳，存在频繁维修、档期被迫中断等多种问题。

5.2.2 第三方物流的运作模式

1. 外包型物流运作模式

外包型物流运作模式是指第三方物流企业独立承包一家或多家生产商或经销商的部分

或全部物流业务。

企业外包物流业务，降低了库存，甚至达到"零库存"，节约物流成本，同时可精简部门，集中资金、设备于核心业务，提高企业竞争力。第三方物流企业各自以契约形式与客户形成长期合作关系，保证了自己稳定的业务量，避免了设备闲置。这种模式以生产商或经销商为中心，第三方物流企业几乎不需专门添置设备和进行业务训练，管理过程简单。订单由产销双方完成，第三方物流只完成承包服务，不介入企业的生产和销售计划。

目前我国大多数物流业务就是这种模式，实际上这种方式比传统的运输、仓储业并无更大的进步。这种方式以生产商或经销商为中心，第三方物流之间缺少协作，没有实现资源更大范围的优化。这种模式最大的缺陷是生产企业与销售企业以及与第三方物流之间缺少沟通的信息平台，会造成生产的盲目、运力的浪费或不足，以及库存结构的不合理。而且据统计，目前物流市场以分包为主，总代理比例较低，难以形成规模效应。

2. 联盟型物流运作模式

联盟型物流运作模式就是第三方物流包括运输、仓储、信息经营者等以契约形式结成战略联盟，实现内部信息共享和信息交流，相互间协作，形成第三方物流网络系统，联盟可包括多家同地和异地的各类运输企业、场站、仓储经营者。理论上联盟规模越大，可获得的总体效益越大。信息处理这一块，可以共同租用某信息经营商的信息平台，由信息经营商负责收集处理信息，也可连接联盟内部各成员的共享数据库（技术上已可实现）实现信息共享和信息沟通。目前我国的一些电子商务网站普遍采用这种模式。

这种模式比起第一种有两方面改善：第一，系统中加入了信息平台，实现了信息共享和信息交流，各单项实体以信息为指导制订运营计划，在联盟内部优化资源，同时信息平台可作为交易系统，完成产销双方的订单和对第三方物流服务的预订购买；第二，联盟内部各实体实行协作，某些票据联盟内部通用，可减少中间手续，提高效率，使得供应链衔接更顺畅，例如，联盟内部经营各种方式的运输企业进行合作，实现多式联运，一票到底，大大节约了运输成本。

联盟型物流运作模式还包括合作伙伴关系，合作方实行独立核算，彼此间服务租用，因此有时很难协调彼此的利益，在彼此利益不一致的情况下，要实现资源更大范围的优化就存在一定的局限。例如，A 地某运输企业运送一批货物到 B 地，而 B 地恰有一批货物运往 A 地，为减少空驶率，B 地承包这项业务的某运输企业应转包这次运输，但 A、B 两家在利益协调上也许很难达成共识。

3. 综合物流运作模式

综合物流运作模式就是组建综合物流企业或集团，综合物流企业集成物流的多种功能——仓储、运输、配送、信息处理、包装、装卸、流通加工等，组建完成各相应功能的部门。综合物流运作模式大大扩展了物流服务范围，对上家生产商可提供产品代理、管理服务和原材料供应，对下家经销商可全权代理为其配货送货业务，可同时完成商流、信息流、资金流、物流的传递。

综合物流项目必须进行整体网络设计，即确定每一种设施的数量、地理位置、各自承担的工作等。其中信息中心的系统设计和功能设计以及配送中心的选址流程设计都是非常重要的问题。物流信息系统基本功能应包括信息采集、信息处理、调控和管理，物流系统的信息交换目前主要利用 EDI、无线电和互联网，互联网因为其成本较低（相对于 EDI 技术）、信息量大，已成为物流信息平台的发展趋势。配送中心是综合物流的体现，地位非常重要，它衔接物流运输、仓储等各环节。综合物流是第三方物流发展的趋势，组建方式有多种，我国目前有以下三种途径：一是由某一项目发展商，投资新建或改建自己原有设备，完善综合物流设施，组织执行综合物流各功能的业务部门，这种方案非常适合迫切需要转型的大型运输、仓储企业，可充分利用原有资源，凭借原有专项实力，有较强的竞争力；二是项目发展商收购一些小的仓储、运输企业以及一部分生产、销售企业原有的自备车辆和仓库，对其进行整编改造，据统计，企业自备的车辆和仓库占到当前总体物流设施的一半左右，如果能够对这一部分设施收编改造，就可直接推动商家租用第三方物流的服务，激活第三方物流市场；三是原有的专项物流运营商以入股方式进行联合，这种方式初期投入资金少，组建周期短，联合后各单项物流运营商还是致力于自己的专项，业务熟悉，有利于发挥核心竞争力，参股方式可避免联盟模式中存在的利益矛盾，更利于协作。

物流活动是一个社会化的活动，涉及行业面广，涉及地域范围广，所以它必须形成一个网络才可能更好地发挥效用。综合物流企业或集团必须根据自己的实际情况选择网络组织结构。现在主要有两种网络结构，一种是大物流中心加小配送网点的模式，另一种是连锁经营的模式。前者适合商家、用户比较集中的小地域，选取一合适地点建立综合物流中心，在各用户集中区建立若干小配送点或营业部，采取统一集货、逐层配送的方式。后者是在业务涉及的主要城市建立连锁公司，负责该城市和周围地区的物流业务，地区间各连锁店实行协作，该模式适合地域间或全国性物流，连锁模式还可以兼容前一模式。

5.2.3 企业选择第三方物流的影响因素

企业在进行第三方物流决策时，应根据自己的需要和资源条件，综合考虑以下主要因素，慎重选择物流模式，以提高企业的市场竞争力。

1. 物流对企业成功的影响度和企业对物流的管理能力

物流对企业成功的重要度高，企业处理物流的能力相对较低，宜采用第三方物流；物流对企业成功的重要度较低，同时企业处理物流的能力也低，宜外购物流服务；物流对企业成功重要度很高，且企业处理物流能力也高，宜自营物流。

2. 企业对物流控制力的要求

越是竞争激烈的产业，企业越是要强化对供应和分销渠道的控制，此时企业应该自营物流。一般来说，主机厂或最终产品制造商对渠道或供应链过程的控制力比较强，往往选择自营物流，即作为龙头企业来组织全过程的物流活动和制定物流服务标准。

3. 企业产品自身的物流特点

对于大宗工业品原料的回运或鲜活产品的分销，应利用相对固定的专业物流服务供应商和短渠道物流；对全球市场的分销，宜采用地区性的专业物流企业提供支援；对产品线单一或为主机厂做配套的企业，则应在龙头企业统一下自营物流；对于技术性较强的物流服务如口岸物流服务，企业应采用委托代理的方式；对非标准设备的制造商来说，企业自营虽有利可图，但还是应该交给专业物流服务公司去做。

4. 企业规模和实力

一般说来，大中型企业由于实力较雄厚，有能力建立自己的物流系统，制订合适的物流需求计划，保证物流服务的质量。另外，还可以利用过剩的物流网络资源拓展外部业务（为别的企业提供物流服务）。而小企业则受人员、资金和管理资源的限制，物流管理效率难以提高。此时，企业为把资源用于核心业务上，就适宜把物流管理交给第三方专业物流代理公司。例如，实力雄厚的麦当劳公司，每天必须把汉堡等新鲜食品运往中国各地，为保证供货的准确及时，就组建了自己的货运公司。

5. 物流系统总成本

在选择物流是自营还是外购时，必须弄清两种模式物流系统总成本的情况。计算公式为：

物流系统总成本＝总运输成本＋库存维持费用＋批量成本＋总固定仓储费用
＋总变动仓储费用＋订单处理和信息费用＋顾客服务费用

这些成本之间存在着二律背反现象：减少仓库数量时，可降低保管费用，但由此产生的运输距离和次数的增加会导致运输费用增加。如果运输费用的增加部分超过了保管费用的减少部分，总的物流成本反而增大。所以，在选择和设计物流系统时，要对物流系统的总成本加以论证，最后选择成本最小的物流系统。

6. 第三方物流的客户服务能力

在选择物流模式时，考虑成本尽管很重要，但第三方物流为本企业及企业顾客提供服务的能力对选择物流服务也是至关重要的，即第三方物流满足企业对原材料及时需求的能力和可靠性，其对企业零售商和最终顾客不断变化的需求的反应能力等方面应该作为首要的因素来考虑。

7. 资产型和非资产型第三方物流的选择

资产型第三方物流企业，是指有自己的运输工具和仓库，从事实实在在物流操作的专业物流企业。它们有较大的规模，完善的系统，雄厚的客户基础，较高的专业化程度，但灵活性受到一定限制。非资产型第三方物流企业，是指不拥有硬件设施或只租赁运输工具等少量资产的物流企业，它们主要从事物流系统设计、库存管理和物流信息管理等工作，而将货物运输和仓储保管等具体作业活动交由别的物流企业承担，只对系统运营承担责任。这类公司运作灵活，能制定服务内容，可以自由调配供应商，管理费用较低。企业应根据自己的要求对两种模式加以选择和利用。

5.2.4 企业选择第三方物流的步骤与策略

1. 选择第三方物流的步骤

第三方物流服务商的专业化、信息化确实能使企业的物流成本大幅降低，但是企业如何选择合适的物流服务商呢？对企业来说，最重要的点是树立双赢的思想。具体可遵循以下几个步骤，如图 5-2 所示。

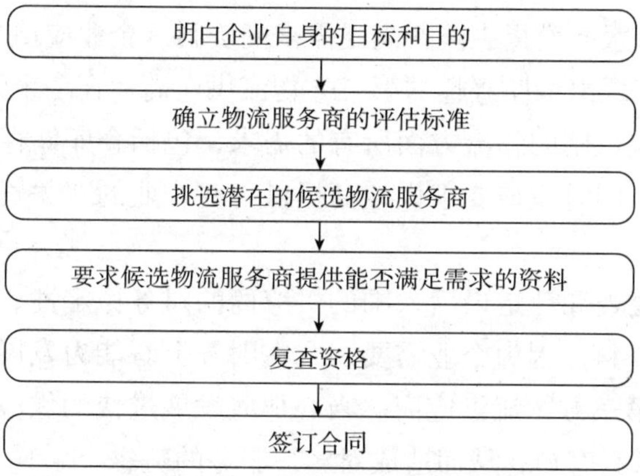

图 5-2 选择第三方物流的步骤

（1）明白企业自身的目标和目的。企业应该确定选择第三方物流的目的和期望。企业希望通过第三方达成什么目标，对计划目的的理解将为企业提供一个向导，同时也为衡量计划的成功率提供途径。

在企业拟定计划目标的同时，提出需要注意的细节方面的问题，将帮助潜在的第三方供应商明白是否可以投标。然后，企业将向所有物流投标商提出自己的要求。通常，进行一个 SWOT 分析是比较合适的，有助于企业测定当前的物流系统的优点和弱点。这也为未来合作的第三方供应商所应具备的能力提供一个认识。

（2）确立物流服务商的评估标准。对第三方物流服务商的评估应该从确立一个挑选准则开始。最初的标准应该包括质量、费用、能力和递送能力。按照传统做法，第三方物流服务商的递送能力往往决定了一个服务商的核心能力。其他的标准诸如财务实力、信息系统架构、操作和定价上的弹性、专业管理技术的深度和文化差异等都在挑选过程中扮演着重要的角色。挑选的准则必须准确地反映出企业的目标和目的。

这些是需要相当的质量和数量分析手段的。这些手段通常在制定并应用挑选标准时被运用。当主要的挑选准则制定好了以后，每条准则所占的比重将被分配开来。这种方法有助于在众多的第三方物流服务商中挑选出最适合自己企业的候选人。

（3）挑选潜在的候选物流服务商。一旦确立了挑选准则，就应该建立一个潜在的第三方物流服务商名单。这些物流服务商应该拥有相似的商业优势，物流服务商通常都被专业机构、企业厂商和顾客所认可，同时也在同行业的出版物和互联网上得到认同。

通常工作组可以从那些曾经使用过或正在使用第三方物流的同行方面获得一些忠告，有些企业甚至向同行业内的竞争对手询问有能力的相关第三方物流供应商，寻找一些有长期客户合作关系，或有持续改良记录的供应商。不论你的物流需求是在零售、批发还是直销企业，都可能面临只有几个供应商可供考虑的处境。大多数工作组都会参考 6~8 个候选者，而最终只严格地评估 2~3 个供应商。最后，那些精于第三方物流供应商的外部顾问也将成为巨大的信息来源。一般来说，这些顾问对供应商的优缺点都了如指掌。

（4）要求候选物流服务商提供能否满足需求的资料。企业应该允许那些通过最终审核，并且对此目标和目的表现出浓厚兴趣的第三方物流供应商，在一个合理的时期内给予答复。而企业的目标和目的应该阐明物流方面所有的需求，包括仓库储存、交通运输或任何其他一些需要外购的服务，同时应该要求供应商提供一些企业的有关资料，如组织机构、实际能力和现有的客户等。

（5）复查资格。复查和评定最后入围的供应商的财务稳定性、策略吻合性、管理科学性及企业文化方面的资料，因为企业需要一个在财务上有能力发展，并且在新的技术和方案方面有投资能力的第三方物流供应商。当心那些发展过快的供应商，通常它们会因业务拓展过快而无暇顾及所有客户，从而造成对客户服务的疏忽。

（6）签订合同。一旦工作组完成了对供应商的最后选择，就应该草拟一份合同协议书。CEO、CFO、企业律师或法律顾问以及其他任何一些对此项操作有经验的顾问都应该反复审查合同草稿的内容和措辞。因为当企业与供应商的谈判涉及实际合同中的措辞时，通常会出现激烈的争论。

复查的过程应该包括交通运输和仓库储存方面的合同，当然还有计划进度、关税和费用。同样，对于任何一份第三方物流合同来说，服务保证和谁来负责监测供应商对市场的可靠度、反应时间、库存流转和库存的数量也是一些重要的问题。同时，撤销合同以及对产生纠纷的处理方式也应该包括在合同内。

2. 选择第三方物流的策略

在实际操作时，企业可以视自身的具体情况来采购第三方物流服务，既可以是逐步外包，也可以是彻底外包。

（1）逐步外包。对于物流资产较多、人员较多、物流业务较多的企业，一般宜采用逐步过渡的方式，按物流业务与产品或地理区域分步实施。比如，保留仓储而将配送外包，或保留配送、仓储而将运输外包，或者把企业物流的信息系统外包。

（2）彻底外包。对于物流资产不多、物流业务较少、物流部门人员少的生产企业，可以将物流业务完全外包，即彻底关闭自己的物流系统。也可以采用系统接管的方式，即第三方物流企业将企业的物流系统全部买下、接管并拥有企业的物流资产、人员。接管后物流系统依然为企业服务，也可与其他企业共享，以改进效率并分摊管理成本。此外，企业为了控制某些物流业务，可以在其被接管的物流系统中参股或控股这些业务或资产。

相关链接

选择合适的物流供应商应该注意的10个问题

1. 供应商能否有效地管理客户订单？

第三方供应商应能够从多种渠道接受每天24小时、每周7天的客户订单，这些渠道包括互联网、电子邮件和电话。供应商应能够履行在线的、实时的库存状况的确认工作，还应能提供订单管理，进行后续订单处理。而且，它还应能够处理在线支付，包括信用卡查证和欺诈防范。

2. 供应商能否提供全面的运输服务？

供应商是否能够提供运出、运入的运输管理？一个物流伙伴应能够管理多式联运，如包裹、零担、航空和卡车运输，以及灵活的运输选择。

3. 供应商能否有效地管理回收物流？

供应商应该提供设施和系统以接受产品的回流。它应能通过互联网或呼叫中心提供客户退货支持，回收原材料，授权跟踪号码，为货物回流提供一种方便的运输方式，并提供基本的维修服务和客户回收报告。

4. 供应商能不能提供供应链规划？

为了给企业合理、及时地运送货物，供应商应提供库存管理和库存定位，同时具备优化供应链的能力。通过提供分拨中心网络的专家管理，供应商应能够针对运输成本，来有效地平衡库存成本。

5. 供应商是否提供全领域的客户支持服务?

通过电话或互联网，供应商应提供合适的、经过培训的、素质良好的客户支持队伍。训练有素的客户服务代表应能够判断客户订单的状态，包括在整个物流过程中的运输状态和对回收物流的管理。

6. 供应商能否提供及时的工作报告?

为了紧密注视物流伙伴的工作情况，客户应每周或每月获得其工作报告。这些报告可包括库存量的多少，产品退回问题分析，畅销产品的排序，运输拖延报告，会计报表和对其他有关其全部物流绩效的精确分析等。

7. 供应商的信息系统是否符合要求?

在由信息驱动的电子供应链世界，供应商一定要和信息技术系统同样优秀。仅有有效的分拨中心或无缝化运输网络是远远不够的，要确认你将购进的是最新的技术。比如，供应商能够在不影响正常物流绩效的情况下接受新的客户吗？供应商如何保护客户重要而不宜公开的数据?

8. 供应商能提供全球范围内的服务吗?

多个分拨中心是必需的，供应商必须能够在电子商务世界内提供全球性的订单履行，这就要求具备全球性的运输网络。

9. 供应商能否提供迅速满足你业务增长需求的设施?

供应商应拥有灵活的信息技术设施，以迅速适应不断变化的市场情况。确认你的供应商是否拥有这些设施、信息系统和分拨中心，而且这些设施能随着你的业务的增长而不断地增加。

供应商应提供多种的、在地理上分散的仓库或物流中心，这些仓库和物流中心都配备最新的条形码扫描技术，能提供实时库存状况和管理报告。

结论

很显然，在你选择物流供应商时，还有很多需要提的问题。一位专家说："你应该依据物流伙伴的革新能力来决定是否外购。"一个有革新能力的伙伴，必须是一家能够在至少5年之内保持行业领先地位的公司。它们在未来12个月内计划提供什么新的服务？在未来2~3年内，它们是否有一个和你进行密切合作的计划？你需要注意的最后一个问题是:

10. 当你的事业正处于高速增长的时候，你的供应商却破产了，你该怎么办?

资料来源：http://info.traffic.hc360.com/2005/04/1516166755.shtml.

5.3 任务：分析第三方物流的利弊

考察了几家物流公司之后，王总监觉得心里还是没底，现在的物流模式虽然说有许多不尽如人意的地方，但至少还在正常地运转，一旦将其全盘改变后，对于一个大型企业来讲，是一件很难协调的事，而在考察了国美和苏宁之后（见本任务后的相关链接），王总监得出两个相反的结论。

请问：第三方物流的优缺点是什么？

相关知识

任何事情都有两面性，第三方物流同样如此。

5.3.1 第三方物流的利

第三方物流越来越受到工商企业的青睐，原因就在于它使企业能够获得比原来更大的竞争优势，这种优势主要体现在以下几个方面：

1. 企业核心竞争力的优势

一般来说，生产企业的关键业务不会是物流业务，并且物流业务也不是它们的专长，而新兴的第三方物流企业由于从事多项物流项目的运作，可以整合各项物流资源，使得物流的运作成本相对较低，物流作业更加高效，生产企业如果将物流业务交给它们来做，将得到更加专业的物流服务，同时也可以集中精力开展核心业务。

2. 业务方面的优势

（1）使生产企业获得自己本身不能提供的物流服务。由于客户所从事的行业不同，由此带来的客户服务要求也是千差万别，例如，生鲜产品对快速、及时、冷藏的要求，危险化工品对安全、仓储设备的要求。这些要求的差异往往是生产企业内部的物流系统所不能满足的，但却是第三方物流市场细分的基础。生产企业就可以将这些任务转交给第三方物流企业，由它们来提供具有针对性的定制化物流服务。

（2）降低物流设施和信息网络滞后对企业的影响。小企业的物流部门缺乏与外部资源的协调，当企业的核心业务迅猛发展时，需要企业物流系统快速跟上，这时企业原来的自营物流系统往往由于硬件设施和信息网络的局限而滞后，而第三方物流恰好可以突破这种资源限制的瓶颈。

3. 营运成本的优势

（1）第三方物流可降低生产企业运作成本。专业的第三方物流提供商利用规模生产的专业优势和成本优势，通过提高各环节资源的利用率实现费用节省，使企业能从分离费用结构中获益。对于生产性企业来说，物流成本在整体生产成本中占据了较大的比重。另外，由于企业使用外购物流作业，可以事先得到物流服务供应商申明的成本或费用，可变成本转变成不变成本，稳定的成本使得规划和预算手续更为简便，这也是物流外包的积极因素。

（2）第三方物流可以减少固定资产投资。现代物流领域的设施、设备与信息系统的投入是相当大的，企业通过物流外包可以减少对此类项目的建设和投资，变固定成本为可变成本，并且可以将由物流需求的不确定性和复杂性所带来的财务风险转嫁给第三方。尤其是那些业务量呈现季节性变化的公司，外包对公司资产投入的影响更为明显。

4. 客服方面的优势

（1）第三方物流的信息网络优势。第三方物流企业所具有的信息网络优势使得它们在提高顾客满意度上具有独特的优势。它们可以利用强大便捷的信息网络来加大订单的处理能力，缩短对客户需求的反应时间，进行直接到户的点对点的配送，实现商品的快速交付，提高顾客的满意度。

（2）第三方物流的服务优势。第三方物流企业所具有的专业服务可以为顾客提供更多、更周到的服务，加强企业的市场感召力。另外，设施先进的第三方物流企业还具有对物流全程监控的能力，通过其先进的信息技术和通信技术对在途货物实施监控，及时发现、处理配送过程中出现的意外事故，保证订货及时、安全送到目的地。

（3）加快市场反应速度。随着经济的不断发展，顾客对产品的个性需求越来越高，产品的生产者为了满足这种需求，对物流服务也提出了新的要求，这是物流增值服务的驱动力。采用第三方物流，有助于更快地对市场需求变化做出反应，适应产品生命周期越来越短的挑战。

5. 提高物流水平的优势

由于第三方物流的提供商都是专业的以物流为核心业务的企业，它们所提供的服务具有更高的效率和更高的水平。具体可以表现在以下几个方面：

（1）运用新技术。随着现代物流管理和技术水平的提高，物流领域的新技术、新设备层出不穷，第三方物流提供商为了提高自己的竞争能力和专业化水平，经常会采用最新的技术和手段。采用第三方物流，可以使企业在不增加投入的情况下，不断地获得最新的技术服务。

（2）熟悉法规与政策。目前在物流领域存在着一些政府的法规、政策的约束，作为一般的工商企业，对此并不一定能够应对自如。而利用第三方物流企业的专业优势，就可以帮助企业熟悉和适应政府的相关法规与政策，并与政府保持良好的关系。同时，对于某些还处于管制状态的物流区域，利用第三方物流服务，可以开展自身无法从事的物流业务。

（3）更强的信息处理能力。信息化是当前经济发展的重要趋势，信息的获得及处理和分析技术已经成为企业提高竞争能力的重要手段。第三方物流企业也将信息的挖掘和处理作为重要的新型增值服务项目。将物流外包给第三方，可以利用第三方物流的信息技术、信息分析管理的能力，将原始数据转化为可指导工作的有效信息。

6. 提升企业形象的优势

第三方物流提供商与客户之间是战略伙伴或者联盟的关系，它们从客户的角度出发管理物流业务，通过全球信息网络使客户的供应链管理完全透明化；它们利用完备的设施和训练有素的员工对整个供应链实现完全的控制，减少物流的复杂性；它们通过遍布全球的运送网络大大缩短了客户的交货期，帮助客户改进服务，树立自己的品牌形象；它们为客户定制低成本高效率的物流方案使其在同行业中脱颖而出，为企业在竞争中取胜创造了有利的条件。

5.3.2 第三方物流的弊

不难看出，第三方物流确实能给企业带来多方面的利益，但这并不意味着物流外包就是所有企业的最佳选择，事实上，第三方物流也不可避免地存在以下弊端。

1. 生产企业对物流的控制能力降低

由于第三方的介入，企业自身对物流的控制能力下降，在双方协调出现问题的情况下，可能会出现物流失控的风险，从而使其客服水平降低。另外，由于外部服务商的存在，企业内部更容易出现相互推诿的局面，影响效率。

2. 客户关系管理风险加大

（1）企业与客户的关系被削弱。由于生产企业是通过第三方来完成产品的配送与售后服务的，同客户的直接接触少了，这对建立稳定密切的客户关系非常不利。

（2）客户信息泄露风险。客户信息对企业而言是非常重要的资源，但第三方物流企业并不只面对一个客户，在为企业竞争对手提供服务的时候，企业的商业机密被泄露的可能性将增大。

3. 经营风险加大

企业与第三方物流是一种长期的合作关系，如果服务商自身经营不善，则可能影响企业的经营，解除合作关系又会产生较高的成本，因为稳定的合作关系是建立在较长时间的磨合期上的。

4. 公司战略机密泄露的风险加大

物流是一个企业发展战略的重要组成部分，第三方服务商由于承担着执行这一战略的职能，通常对企业的战略都会有很深的认识，从采购渠道的调整到市场策略，从经营现状到未来预期，从产品转型到客户服务策略，第三方服务商都可能得到相关的信息。因此，用第三方物流，企业核心战略被泄露的风险会有所增加。

相关链接

从国美和苏宁来看外包物流和自营物流的优劣势

苏宁电器大张旗鼓采购了200辆轻卡，宣布自建物流体系；国美电器随即与大田签署了合作协议，将手机配送业务外包。两种完全不同的物流模式运行效果如何？是否适应企业各自的发展？是否达到了预期的目的？近日记者就此进行了追踪采访。

苏宁：送货不及时率大大降低

苏宁电器华北区老总范志军对半年来区内的物流运作相当满意，“运行效果是相当不错的，达到了我们的预期目标。”范志军表示，首先就体现在服务质量上，这么短时间的运作，服务质量的提高是看得见的，送货的及时率有了很大提高，不及时率由原来的千分之八左右降为现在的千分之二。同时，管理成本费用也有大幅度降低。范志军认为，拥有了自己的车队和专业的配送人员，无形中缩小了“管理半径”，管理成本也随之降低。对于初期的大笔投入，范志军表示，都在预算之内，几年后收回成本没有问题。

苏宁自建物流体系的目的最终还是“服务”。在家电零售连锁业竞争激烈的今天，价格竞争已经很难取得成功，注重长久而优质的服务才是取胜之道。“所以，我们接下来还会坚持走这条路，进一步提高服务质量，而且不考虑将所建的物流体系用于对外营利。”据范志军介绍，目前的车辆主要是为客户提供商品配送服务的，以后根据业务的发展还将会有所增加。

国美：寻找服务与成本之间的平衡点

国美将手机配送业务外包给大田的时候，大田曾给予承诺：将使国美的城际物流成本降低20%，目前是否实现了这一目标？国美售后服务中心物流部经理乔艳华说，这一目标已经实现。乔艳华表示，大田采取资源整合的方式，成本上占有绝对优势。目前，与大田的合作业务还仅限于城市之间的干线运输。

“在市内为客户提供的配送服务，我们采取介于自己和外包第三方之间的方式，尽可能地运用第三方物流的资源。”乔艳华表示，国美的配送车辆和司机都是用第三方的，但管理权掌握在自己手中，国美有一套完整的送货服务标准化手册，而且送货员和驾驶员要经过培训并考核，达到标准才能上岗作业，由此保证服务质量。

“为我们提供服务的承运商不止一个，这样它们之间才会有竞争，有竞争才能更好地保证我们的服务质量。所以我们并不会因为业务外包给第三方而担心服务质量下降。”乔艳华表示，他们对承运商的选择也是有针对性的，“就全国范围内来看，我们都会挑选当地实力比较强的运输公司，并会严格考核它的资质，因为大公司会更注重服务质量。”

家电零售业的运力需求淡旺季差别很大，如果配适应平时销售需求的车辆，旺季时候就很难有足够的配送队伍应付；如果配够旺季的运力，在平时又是一种浪费。将配送业务外包后，国美如何能保证淡季时合适的运力能满足旺季的需要呢？乔艳华告诉记者，原来他们只签约承运商三分之一或四分之一的车辆作为常备车，并对所有的运力循环培训，以保证旺季时都可以上。“这是我们为确保服务质量、控制经营风险而决定的。”乔艳华表示。

据了解，国美也有自己的配送车辆，但仅限于门店之间大批量的配送，因为这些货值比较高，而且成批次的配送是有计划性的，用自己的车配送成本就比别人少得多。

“我们有一个理念，花同样的钱，谁的服务好用谁；如果别人都不能保证服务质量，自己能做下来，并且花同样的钱，肯定是自己做；如果别人能保证质量，而且成本比国美的低，国美肯定用别人的。我们花同样的钱，肯定要得到最好的服务。”乔艳华表示，国美一直在寻找服务和成本两者之间的平衡点，“说白了就是性价比，就像人们都愿选择性价比较高的商品一样。”

没有最好只有最适合，两种截然不同的物流配送模式，目的却是大同小异，都紧紧地围绕着服务与成本做文章，而且两家企业不约而同地都对自己选择的物流模式表示满意。

由此看来，家电零售连锁企业对于物流模式的选择，没有最优的选择，只有相对比较合适的选择，原因在于不同企业追求的重点不同。苏宁更注重对服务质量的提升，短期内在增加成本的基础上，希望获得满意度的提升，进而获得长期的收益；国美基于对承运商强有力的控制，自然希望能够获得成本与服务的双赢。总之，不同的企业都在根据自己企业的具体情况，选择适合自己的物流模式，达到经济效益与社会效益的最大化。但现有的并不是固定不变的，随着企业发展阶段的不同，以及整体经济形势的变化，企业对自己的物流模式也可以进行调整，以适应变化。

对于总体规模在 4 000 亿元左右的国内家电流通市场，即便是国美，也不过只占有 5% 的市场份额，国内家电渠道市场发展空间仍然很大。而获取市场的再发展，物流无疑是其中相当重要的一环，知名零售连锁企业的成功无不依赖高效的物流体系支撑。

随着市场经济的发展以及加入 WTO 以后国外领先企业的不断涌入，中国企业面临着越来越复杂多变的市场环境，在市场竞争的巨大压力下，企业开始将目光转向物流，希望通过高效的物流管理来提高整个供应链运行效率。然而国内生产企业在学习和借鉴国外物流管理经验的同时，必须针对国内的宏观环境、结合自身的经营现状和特点来决定其物流管理模式。目前物流管理模式可以分成三大类：第三方物流、自营物流以及第三方和自营相结合的混合模式。据中国仓储协会第三次全国物流需求状况调查显示，有43%的生产企业从事自营物流，36%的生产企业采取第三方物流和自营物流的混合模式，而把物流全部交给第三方的生产企业只有21%。可见，生产企业物流管理模式是多样化的，这是国内生产企业客观选择的必然。

资料来源：司秋波，周娟娟．电子商务物流配送瓶颈的解决方案——以苏宁国美网上商城为例．科教导刊：电子版，2013（23）.

课后练习

一、判断题

1. 由于第三方物流有巨大的优越性，所以生产型企业都应该选择第三方物流。（　　）

2. 第三方物流服务商的专业化、信息化确实使企业的物流成本大幅降低，选择合适的物流服务商最重要的点是树立双赢的思想。（　　）

3. 第三方物流提供者利用规模生产的专业优势和成本优势，通过提高各环节能力的利用率实现节约成本，减少车辆空载率，缩短商品在途时间，减少商品周转过程的损失，使企业能从分离费用结构中获益。（　　）

4. 各类生产企业、商业机构和各大公司面对日趋激烈的竞争，不得不将主要精力放在物流业务上，以降低物流成本。（　　）

5. 第三方物流是通过契约形式来规范物流经营者与物流消费者之间关系的。（　　）

二、单项选择题

1. 简单普通的外包型物流运作模式是第三方物流企业（　　）一家或多家生产商或经销商的部分或全部物流业务，订单由产销双方完成，第三方物流只完成承包服务，不介入企业的生产和销售计划。

A. 共同承包　　B. 个体承包　　C. 独立承包　　D. 多家共同承包

2. 对第三方物流服务商的评估应该从确立一个（　　）开始。最初的标准应该包括质量、费用、能力和递送能力。

A. 盈利思想　　B. 绩效考核方法　　C. 挑选准则　　D. 熟悉行业的物流商

3. 按照企业的（　　），是自行完成和承担物流业务，还是委托他人进行操作，还可将物流企业分为物流自理企业和物流代理企业。

A. 运作方式　　B. 资产状况　　C. 所有者形式　　D. 经济状况

4. 所谓（　　）第三方物流企业，是指本身拥有仓库、运力等一种或多种有形物流资产，并依托其资源提供核心服务的企业。

A. 非资产　　B. 轻资产　　C. 无资产　　D. 资产型

5.（　　）运作模式就是第三方物流包括运输、仓储、信息经营者等以契约形式结成战略联盟，内部信息共享和信息交流，相互间协作，形成第三方物流网络系统。

A. 联盟型物流　　B. 独立型物流　　C. 国际物流　　D. 跨国物流

三、多项选择题

1. 第三方物流的运作特点有（　　）。

A. 关系契约化　　B. 服务个性　　C. 功能专业化　　D. 管理系统化

E. 信息网络化

2. 按照物流企业完成的物流业务范围的大小和所承担物流功能不同，可将物流企业分为（　　）。

A. 管理型物流企业　　B. 单向型物流企业

C. 综合型物流企业　　D. 技术型物流企业

3. 运用第三方物流的策略在实际操作时，企业可以视自身的具体情况来采购第三方物流服务，既可以是（　　），也可以是（　　）。

A. 合作型　　B. 逐步外包　　C. 掌控型　　D. 彻底外包

4. 第三方物流的作用有（　　）。

A. 有利于企业降低作业成本　　B. 有利于企业致力于核心业务

C. 有利于重新整合供应链　　D. 有利于企业拓展国际业务

5. 综合物流企业或集团必须根据自己的实际情况选择网络组织结构。现在主要的两种网络结构是（　　）。

A. 大物流中心加小配送网点的模式　　B. 自建信息系统

C. 控制连锁经营的模式　　D. 外包信息系统

四、简答题

1. 简述第三方物流的概念。

2. 简述企业选择第三方物流的影响因素。

3. 简述第三方物流的利与弊。

实践与实训

实地调研一家第三方物流公司，说说其工作流程。

项目6

国际物流

学习导航

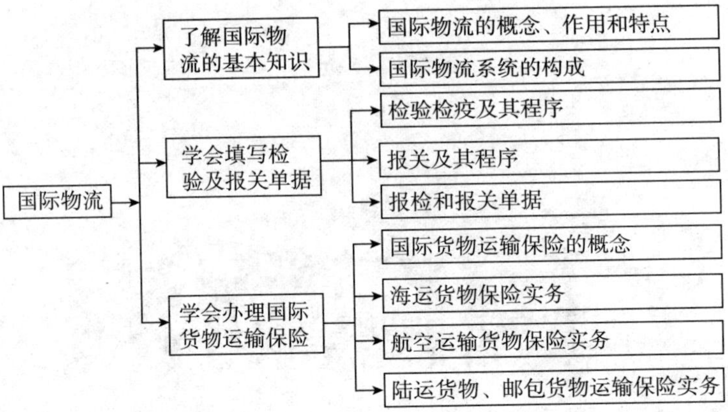

项目简介

王红是一名大学生，她大二暑期进入×××国际物流有限公司实习，刚到公司的第一天，部门张经理首先介绍了公司的基本情况，之后王红又通过阅读有关的资料和网站信息，掌握了该公司的基本状况。这家公司成立于1994年，是经批准的国际物流企业，总部设在宁波。

但王红初到工作岗位也有些迷惘，国际物流与传统的物流有什么区别呢？国际物流需要办理哪些特殊手续？王红开始查阅大量的资料，向公司里的老同事请教……

6.1 任务：了解国际物流的基本知识

经过近一个星期的查阅资料、求教于公司同事，王红明白了国际物流与传统物流的不同之处，并参加了公司人力资源部对新员工的培训。之后，王红来到业务部实习。她的实习老师是公司资深的能手张师傅，在张师傅的带领下，王红接触到公司的一些业务，通过耳闻目睹，王红渐渐熟悉了国际物流这一领域。

请问什么是国际物流？国际物流有哪些特点？

相关知识

6.1.1 国际物流的概念、作用和特点

1. 国际物流的概念

国际物流是指货物（含原材料、半成品和制成品等）及物品（包括邮品、展品、捐赠物资等）在不同国家间流动或转移，是相对于国内物流而言的，国际物流是国内物流越过国界在全球范围内开展的物流。

2. 国际物流的作用

（1）国际物流是国际贸易的重要组成部分。随着经济的全球化，国际贸易活动日趋频繁。越来越多的大型企业经营和交易活动的范围不再仅仅局限于其所在国界内，它们要么将自己生产的产品销往国外，要么需要从国外进口物美价廉的原材料。为了消除生产者与消费者之间的时空差异，就需要国际物流使货物从卖方的处所物理性地移动到买方处所，实现货物所有权的跨国转移，并最终完成国际交易。可见，国际物流是国际贸易的重要组成部分，如果没有了国际物流，国际贸易就无法实现。

（2）国际物流实现了资源跨国界的有效配置。国际物流的不断发展，实现了世界资源在全球范围的流通和使用。它扩大了国际贸易，提高了跨国公司的竞争力和成本优势，加强了与世界各国的联系，使产品能尽早、尽快地打入国际市场。对于需求方或消费者而言，可以在本国内就享受到来自国外的优质产品。所以说，国际物流实现了资源跨国界的有效配置。

（3）国际物流提高了经济运行的效率。现代物流采用先进的物流技术，极大地提高了物流服务效率，加速了商品周转、资金流动，减少了库存和资金占压，加速了国际流通，提升了企业竞争力。良好的物流管理是提高经济效益的“第三利润源泉”。

（4）国际物流为国际经济合作提供了方便。国际物流的发展为国际贸易的顺利实现提供了基础，并不断促进国际贸易的发展，实现了国家间的物资交流。

尽管国际物流有很多的好处，但国际物流活动必须按照国际商务交易活动的要求来开展。国际组织出台了各种关于物流合理化的规定，各国政府都可以为了国际物流的顺利流转进行交流和探讨。国际物流的合理发展必将有利于维护健康的国际经济新秩序。

3. 国际物流的特点

国际物流是不同国家的物流系统相互“接轨”，因而与国内物流相比，具有以下几个特点：

（1）环境复杂。国际物流的复杂性远远高于一国的国内物流环境。造成这种物流环境

复杂性的原因是多方面的，例如，不同国家或地区的生产力水平和科学技术发展程度不同，适用的法律法规不同，物流基础设施、物流规程和技术标准不同，自然环境、人文环境不同，消费水平不同，等等。正是由于物流环境的复杂性，完整、高效的国际物流系统很难形成。

（2）系统范围广。物流本身的功能要素、系统与外界的沟通已经很复杂，国际物流在此基础上增加了不同的国家要素，使得国际物流系统涉及的地域范围和空间范围更广阔、内外因素更多，需要更长的时间。

（3）风险性高。国际物流活动涉及不同国家，因此风险性大大增加。国际物流的风险性主要包括政治风险、经济风险和自然风险。政治风险主要是指由于所经过的国家政局动荡带来的风险，如罢工、战争等原因造成货物可能受到损害或灭失。经济风险可分为汇率风险和利率风险，是指由于资金流动所带来的风险。自然风险是指在物流过程中由于自然因素引起的风险，如台风、洪灾等引起的风险。

（4）必须有国际化信息系统支持。国际化信息系统是国际物流非常重要的手段。由于参与国际物流运作的物流服务企业及政府管理部门众多，国际物流所面对的市场变化多、稳定性差，所以对信息的提供、收集与管理提出更高的要求，因此建立技术先进的国际化信息系统是发展国际物流的关键所在。

（5）标准化要求较高。可以说，如果没有统一的标准，国际物流水平是无法提高的，要使国际物流畅通，统一标准是非常重要的。目前，美国、欧洲基本实现了物流工具、设施的统一标准，如托盘采用 1 000 × 1 毫米，集装箱的几种统一规格及条码技术等，这样一来，降低了转运的难度，大大降低了物流费用，而不向这些标准靠拢的国家，必然在转运、换车底等许多方面要多耗费时间和费用，从而降低其国际竞争能力。

6.1.2 国际物流系统的构成

1. 国际物流运输子系统

国际物流运输子系统是国际物流系统的核心之一，通过国际物流运输可以实现商品由卖方向买方的转移，克服商品生产地和消费地之间的空间距离，创造商品的空间效益。国际物流运输既是国内运输的延伸和扩展，又是衔接出口货物运输和进口国货物运输的桥梁和纽带。相对国内物流运输来说，国际物流运输具有运输线路长、环节多、涉及面广、手续繁杂、风险性大、时间性强等特点。运输费用在国际贸易商品价格中占有较大的比重。

2. 国际物流储存子系统

商品流通是一个由分散到集中，再由集中到分散的过程。作为国际物流系统另一核心，国际物流储存子系统使进出口商品在流通过程中处于一种或长或短的相对停滞状态，克服了进出口商品使用价值在时间上的差异，创造商品的时间价值。

国际贸易货物的储存一般是在各国的保税区与保税仓库中进行的。由于商品在储存过程中其使用价值有可能降低，而且需要消耗管理资源，因此从物流角度看，必须尽量缩短储存时间，减少储存数量，加快商品和资金周转速度，实现国际物流系统的良性循环。

3. 国际物流商品包装子系统

在国际物流系统中，商品包装的主要作用是保护商品、便利流通、促进销售。国际市场和消费者是通过商品来认识企业的，商品的商标和包装是企业的面孔，反映了一个国家的综合科技文化水平。

在对出口商包装进行设计及具体包装作业中，应将运输、储存、包装、装卸、搬运等各环节进行系统分析，全面规划，实现现代国际物流系统所要求的“包、储、运一体化”，即从商品开始包装时，就要考虑储存的方便、运输的快捷，以加速物流进度，方便储运，减少物流费用，从而提高整个物流系统的效率。

4. 国际物流商品装卸搬运子系统

国际物流系统中，商品的装卸搬运指垂直运输和短距离运输，是衔接物流其他环节的纽带和桥梁。货物的装船、卸船、进库、出库以及在库内的搬、倒、清点、查库、转运、装运等都是装卸搬运的重要内容。提高装卸搬运的作业质量和作业效率，可以有效减少国际物流各个环节之间的摩擦，提高国际物流系统的效率，降低国际物流成本。

5. 国际物流商品流通加工子系统

通过国际物流商品流通加工子系统，不仅可以保证并提高进出口商品的质量、促进商品销售，而且可以提高物流效率和资源利用率。流通加工的具体内容包括分装、配装、拣选、贴标签、混装、刷标记等出口贸易商品服务，也包括套裁、组装、改装、剪断、平整、打孔、折弯、服装烫熨等生产性外延加工。这些加工不仅能最大限度地满足客户的多元化需求，还能实现商品的增值。

6. 国际物流商品检验子系统

国际贸易所具有的投资大、风险高、周期长等特点，使得商品检验检疫成为国际物流系统中的重要组成部分。通过商品检验，对卖方交付的商品的品质和数量等进行鉴定，以确定交货的品质、数量和包装等是否与合同的规定一致。一旦发现问题，有利于分清责任，向有关方面索赔。

国际贸易中的商品检验，主要是对进出口商品的品质、规格、数量以及包装等实施检验。对某些商品进行检验以确定其是否符合安全、卫生的要求；对动植物及其产品实施病虫害检疫；对进出口商品的残损状况进行鉴定；对某些商品的运输工具进行检验等。

7. 国际物流通关子系统

国际物流的一个重要环节是货物需要跨越关境，必须办理商品的出入境通关手续。由于各国海关的规定不完全相同，严重影响了国际物流的效率，增加了物流成本。

8. 国际物流信息子系统

信息子系统的主要功能是采集、处理和传递国际物流和商流的信息情报。没有功能完善的信息系统，国际贸易和跨国经营将寸步难行。国际物流信息主要包括进出口单证的作业过程、支付方式信息、客户资料信息、市场行情信息和供求信息等。

国际物流信息系统的特点是信息量大、交换频繁、传递量大、时间性强、环节多、点多、线长。所以需要建立技术先进的国际物流信息系统，建设信息高速公路，促进国际物流信息的流动。

国际物流系统的子系统之间相互协作、发挥各自的功能，由此减少国际物流系统的物流费用，提高客户服务水平，最终实现国际物流系统整体效益最大的目标。

6.2 任务：学会填写检验及报关单据

王红在 ××× 国际物流有限公司实习一个多月了，经常会随张师傅接单、录单、跑海关申报。有一次王红在进口方委托银行开出的信用证上看到“卖方必须提交商品检验检疫证书”字样，张师傅告诉她，一般进出口商应向商检机构申请检验，填写报验申请单，同时提交合同、信用证、成交样品及其他必要的资料，出口报验的时间一般在发运前 7~10 天，对于鲜货应在发运前 3~7 天申报。

对于张师傅说的这些检验检疫证书、报检申请单，王红并不是很了解，王红带着疑惑问师傅：办理检验检疫的程序是怎样的？办理完检验检疫以后办理进出口报关的流程是怎样的？检验检疫单据和报关单据该如何填写？

相关知识

6.2.1 检验检疫及其程序

1. 出入境商品的检验检疫制度

（1）出入境商品检验检疫的概念。出入境商品检验检疫是指在国际贸易活动中，对买卖双方成交的商品由商品检验检疫机构对商品的质量、数量、重量、包装、安全、卫生以及装运条件等进行检验，并对涉及人、动物、植物的传染病、病虫害、疫情等进行检疫的工作。

进出口商品检验检疫的对象，包括进出口商品、动植物产品、旅客、旅客行李物，以及运载这些商品、动植物和旅客及其行李物品的交通工具、运输设备。

（2）出入境商品检验检疫的作用。第一，作为报关验放的有效证件；第二，作为买卖双方结算货款的依据；第三，作为计算运输、仓储等费用的依据；第四，作为办理索赔的依据；第五，作为计算关税的依据；第六，作为证明情况、明确责任的证件；第七，作为仲裁、诉讼举证的有效文件。

（3）出入境商品检验检疫的依据。法定检验的依据是根据保护人类健康和安全、保护动物或植物的生命和健康、保护环境、防止欺骗行为、维护国家安全的原则，由国家检验检疫部门负责制定、调整必须实施检验的进出口商品目录。具体的依据主要包括：货物原产地规则、安全规范、卫生法则标准、动植物检疫法规、环保法则标准、劳动保护法规标准等。

实行商品检验鉴定的依据主要是买卖双方签订的进出口合同和相关一些单证，主要包括买卖合同、信用证、租船合同、海运提单、保险合同等。

（4）出入境商品检验检疫的主管机关。主管机关是海关总署。

（5）出入境商品检验检疫的地点。检验地点的选择有三种：在出口国检验；在进口国检验；在出口国检验，在进口国复验。

2. 出入境商品检验程序

我国进出口商品的检验程序主要包括报检、抽样、检验和签发证书。

（1）报检。报检的范围包括：国家法律法规规定必须由出入境检验检疫机构检验检疫的，如列入《出入境检验检疫机构实施检验检疫的出入境商品目录》的商品；输入国家或地区规定必须凭检验检疫机构出具的证书才准入境的；有关国际条约规定必须检验检疫的；申请签发原产地证明书或普惠制原产地证明书的。

报检时限和地点：对入境货物，应在入境前或入境时向入境口岸、指定的或到达站的检验检疫机构办理报检手续；入境的运输工具及人员应在入境前或入境时申报。

（2）抽样。常用的抽样方式有：登轮抽样，甩包抽样，翻垛抽样，出厂、进仓时抽样，包装前抽样，生产过程中抽样，装货时抽样，开沟抽样，流动间隔抽样。

（3）检验。出口商品需要检验机构进行检验，经检验合格后，签发“出口商品检验换证凭单”；当商品的装运条件确定后，外贸经营单位持检验机构签发的“出口商品检验换证凭单”，向口岸检验机构申请查验放行。

（4）签发证书。商检证书的种类主要有：品质证书、数量或重量证书、卫生证书或健康证书、消毒证书、熏蒸证书、价值证书、测温证书等。

出口商品检验换证凭单是出口商品经发运地的检验机构检验合格后对内签发的，商品出口时申请人凭此单向口岸检验机构申请出口检验换证。

3. 出入境运输工具、集装箱的检验检疫

（1）出入境运输工具的检验检疫。装载货物出口的运输工具的一般规定：出境运输工具的检验检疫在最后离境口岸实施，但装载货物出口的运输工具在装货前要由检验检疫机构作适装性检查。

（2）出入境集装箱的检验检疫主要包括以下六项。

①法定验箱：对装运出口易腐烂变质食品、冷冻品的集装箱进行清洁、卫生、冷藏效能、密固性能等项检验；②装箱检验：集装箱货物的监视装箱；③封识检验：集装箱的监视加封和启封；④拆箱检验：集装箱货物的监视拆箱；⑤承租鉴定；⑥退租鉴定。

6.2.2　报关及其程序

报关指进出口货物收发货人、运输工具负责人、物品所有人或其代理人按照海关的规定，办理货物、物品、运输工具进出境及相关海关事务的手续和步骤。

在我国，货物的进出境必须经过海关审单、查验、征税、放行四个作业环节，进出口货物收发货人或其代理应办理进出口申报、配合查验、缴纳税费、提取或装运货物等手续。进出境货物可分为一般进出口货物、保税货物、特定减免税货物、暂准进出境货物、其他进出境货物等。

报关按时间先后可分为前期阶段、进出境阶段、后续阶段。

1. 报关过程与报关人

报关过程是指申请和接受货物、物品和运输工具办理进出境手续的整个过程。报关的全过程：申报→接受申报→查验→征税→放行→后续管理→结关。

报关人是指向海关办理报关手续的人，包括报关单位和报关员。

报关单位是指向海关提出书面申请，经海关审核同意，拥有海关颁发的报关注册登记证书，有权办理进出口货物及运输工具报关手续的境内法人。报关单位分为自理报关企业、代理报关企业、专业报关企业。

2. 一般进出口货物报关程序

一般进出口货物是指在进出口环节缴纳了应征的进出口税费并办结了所有必要的海关手续，海关放行后不再进行监管的进出口货物。一般进出口货物的报关程序如下。

（1）进出口申报。

申报地：进口货物应当由收货人或代理人在货物的进境地海关申报；出口货物应当由发货人或代理人在货物的出境地海关申报。

申报期限：进口货物申报期限为自装载货物的运输工具申报进境之日 14 日内（集中申

报的进口货物，延长至1个月）；出口货物申报期限为货物运抵海关监管区后、装货的24小时之前；未按规定期限向海关申报的，由海关按规定征收滞报金，超过规定期限3个月的，货物由海关提取依法变卖处理。

申报的具体步骤：①准备申报单证。申报单证分为主要单证和随附单证，主要单证就是报关单，随附单证包括基本单证、特殊单证和预备单证。②申报前看货取样。③申报。

（2）配合查验。海关查验是指海关依法确定进出境货物的性质、价格、数量、原产地等是否与报关单上已申报的内容相符，对货物进行实际检查的行政行为；径行开验是指海关在进出口货物收发货人或其代理人不在场的情况下，自行开拆货物进行查验，海关会通知货物存放场所的管理人员或其他见证人到场，并在海关的查验记录上签字。

（3）缴纳税款。对进出口货物必须按照国家相关部门的规定缴纳税款，否则将构成偷税漏税的违法行为。

（4）提取或装运货物。凭加盖有海关放行章戳记的进口提货凭证提取进口货物，或凭加盖有海关放行章戳记的出口装货凭证将货物装上运输工具。

3. 保税货物报关程序

保税货物是指经海关批准未办理纳税手续进境，在境内储存、加工、装配后复运出境的货物。保税货物从进境之日起就必须置于海关的监管之下，它在境内的运输、储存、加工、装配，都必须接受海关监管，直到复运出境或改变性质、办理正式进口手续为止。保税货物一旦决定不复运出境，应办理相应的进口手续。

保税货物分为储存类保税货物和加工装配类保税货物。

保税货物报关程序：比一般进出口货物报关程序增加了备案申请保税阶段和报核申请结案阶段，进出境报关时保税货物暂缓纳税，不进入纳税环节。

4. 特定减免税货物报关程序

特定减免税货物是指海关根据国家的政策规定准予减免税进境使用于特定地区、特定企业、特定用途的货物。其在特定条件下减免进口关税、进口环节增值税，不免进口环节消费税；一般应提交进口许可证件；进口后在特定的海关监管期限内接受海关监管。

特定减免税货物的报关程序包括减免税申请（特定地区、特定企业、特定用途）和进出口报关两个程序。

减免税货物进口报关与一般进出口货物报关的不同之处主要有三点：一是需向海关提交进出口货物征免税证明；二是一般应提交进口许可证件；三是需注意报关单上备案号栏目的填写。

5. 暂准进出境货物报关程序

暂准进出境货物是指为了特定的目的经海关批准暂时进境或暂时出境，并在规定的期限内复运出境或复运进境的货物。

这类货物的特征是：有条件的暂时免予缴纳税费；一般免予提交进出口许可证件；规定期限内按原状复运进出境；按货物实际使用情况办结海关手续。

按照我国海关的监管方式，暂准进出境货物可以归纳为四种。

（1）使用 ATA 单证册报关的暂准进出境货物。

暂准进口单证册简称 ATA 单证册，是指世界海关组织通过的《货物暂准进口公约》及其附约 A 和《ATA 公约》中规定使用的，用于替代各缔约方海关暂准进出口货物报关单和税费担保的国际性通关文件。

①进境申报：向进境海关提交纸制 ATA 单证册、装货单等。

②出境申报：向出境地海关提交国家主管部门的批准文件、纸制 ATA 单证册、装货单等。

③过境申报：不必填制过境货物申报单，只需提交过境单证、ATA 单证册。

④担保和许可证件：一般不需向海关提交进出口许可证件，也不需另外提供担保。

⑤ ATA 单证册必须使用英文或法语，也可以同时使用第三种语言印刷；我国海关接受中文或英文填写的 ATA 单证册的申报。

（2）展览品。

展览品的暂准进出境期限：进境展览品的暂准进境期限是 6 个月，如需要延长的，延长期限最长不超过 6 个月；出境展览品的暂准出境期限是 6 个月。

展览品的进出境申报程序如下。

①进境申报：展览品进境之前，展览会主办单位将举办展览会的批准文件连同展览品清单一起送展出地海关，办理登记备案手续。

②出境申报：展览品出境申报手续应在出境地海关办理，应向海关提交批准文件、报关单、展览品清单等单证。

进出境展览品的核销结关方式和程序如下。

①复运进出境：海关签发报关单证明联，展览品所有人或代理凭此向主管海关办理核销结关手续。

②转为正式进出口：进境展览品在展览期间被人购买的，由展览品主办单位或代理向海关办理进口申报、纳税手续，属于许可证管理的，还应提交进口许可证证件；出境展览品在境外参加展览会后被购买的，由海关核对展览品清单后，要求企业补办有关正式出口手续。

③展览品放弃或赠送：进境展览品所有人决定将展览品放弃给海关的，由海关变卖后将款项上缴国库；接受放弃展览品的单位应当向海关办理进口申报、纳税手续；展览品的所有人决定将展览品赠送的，受赠人应当向海关办理进口手续，海关根据进口礼品或经贸往来赠送品的规定办理。

④展览品毁坏、丢失、被窃：对于毁坏的展览品，海关根据毁坏程度估价征税；对于

丢失或被窃的展览品，海关按照进口同类货物征收进口税；因不可抗力遭受损毁或灭失的，海关根据受损情况，减征或免征进口税。

（3）集装箱箱体。

暂准进出境的集装箱箱体报关有两种情况。

①境内生产的集装箱及我国营运人购买进口的集装箱，在投入国际运输前，营运人应当向其所在地海关办理登记手续。海关准予登记，并符合规定的集装箱箱体，无论是否装载货物，海关准予暂时进境和异地出境，营运人或代理无须对箱体单独报关。

②境外集装箱箱体暂准进境，无论是否装载货物，承运人或其代理应当对箱体单独向海关申报，并应当于入境之日起 6 个月内复运出境，如需延长，延长期不能超过 3 个月。

（4）暂时进出口货物。

暂时进出口货物的期限：应自进境或出境之日起 6 个月内复运出境或进境，如需延长，延长期不能超过 6 个月。

核销结关方式和程序如下。

①复运进出境：进出口货物收发货人或代理必须保留由海关签章的复运进出境的报关单，以备报核。

②转为正式进口：进口货物收货人应向海关提出申请，提交有关许可证件，办理货物正式进口的报关纳税手续。

③放弃：货物所有人可向海关声明将货物放弃，海关按放弃货物的有关规定处理。

6. 其他进出境货物

（1）过境货物是指从境外启运，在我国境内不论是否换装运输工具，通过陆路运输，继续运往境外的货物。过境货物的过境期限为 6 个月，如需延长，延长期不能超过 3 个月。

（2）转运货物是指由境外启运，通过我国境内设立海关的地点换装运输工具，而不通过境内陆路运输，继续运往境外的货物。

（3）通运货物是指由境外启运，由船舶、航空器载运进境，并由原运输工具载运出境的货物。

6.2.3 报检和报关单据

1. 报关单据的填制

出口商在货物装运前，应向当地的海关办理出口货物报关手续。海关核准无误后征收关税，并在出口货物报关单上加盖放行章。此后，船运公司才可将货物装运至船上，并签发提单。

报关、装运阶段的单证流转如图 6–1 所示。

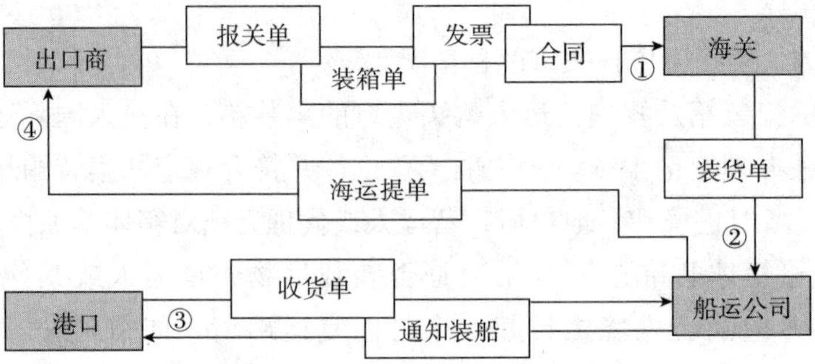

说明：

①出口商将填制好的报关单会同发票等相关单证向海关进行出口报关。

②海关核准无误后，收讫关税，在报关单和装货单上盖放行章。

③港口以盖有放行章的装货单作为装船的依据，并进行装船，装船后，由船长或大副向船运公司签发收货单。

④船运公司凭收货单或通过货代向出口商签发海运提单。

图 6–1　报关、装运阶段的单证流转

2. 出口商缮制出口货物报关单

出口报关单是由海关总署统一格式印制，由出口企业在装运前填制，经海关审核、签发后生效的法律文书。出口报关单是海关依法监管货物出口、征收关税、编制海关统计以及处理其他海关业务的重要凭证，出口报关单样例如表 6–1 所示。

《中华人民共和国海关出口货物报关单》在海关规范中采用“报关单”“出口报关单”的提法。报关单各栏目的填制规范如下：

（1）预录入编号。

预录入编号指预录入报关单的编号，一份报关单对应一个预录入编号，由系统自动生成。

（2）海关编号。

海关编号指海关接受申报时给予报关单的编号，一份报关单对应一个海关编号，由系统自动生成。

（3）境内发货人。

填报在海关备案的对外签订并执行出口贸易合同的中国境内法人、其他组织名称及编码。编码填报 18 位法人和其他组织统一社会信用代码，没有统一社会信用代码的，填报其在海关的备案编码。

表 6–1　　　　　　　　　　中华人民共和国海关出口货物报关单

预录入编号：　　　　　　　　　　　　　　　　海关编号：　　　　　　　　　　　　　　　页码 / 页数：

<table>
<tr><td>境内发货人</td><td colspan="2">出境关别</td><td colspan="2">出口日期</td><td colspan="2">申报日期</td><td>备案号</td></tr>
<tr><td>境外收货人</td><td colspan="2">运输方式</td><td colspan="2">运输工具名称及航次号</td><td colspan="3">提运单号</td></tr>
<tr><td>生产销售单位</td><td colspan="2">监管方式</td><td colspan="2">征免性质</td><td colspan="3">许可证号</td></tr>
<tr><td>合同协议号</td><td colspan="2">贸易国（地区）</td><td colspan="2">运抵国（地区）</td><td colspan="2">指运港</td><td>离境口岸</td></tr>
<tr><td>包装种类</td><td>件数</td><td>毛重（千克）</td><td>净重（千克）</td><td>成交方式</td><td>运费</td><td>保费</td><td>杂费</td></tr>
<tr><td colspan="8">随附单证
随附单证 1：　　　　　　　　　　随附单证 2：</td></tr>
<tr><td colspan="8">标记唛码及备注</td></tr>
</table>

项目	商品编号	商品名称及规格型号	数量及单位	单价 / 总价 / 币制	原产国（地区）	最终目的国（地区）	境内货源地	征免
1								
2								
3								
4								
5								
6								
7								

<table>
<tr><td colspan="2">特殊关系确认：　　　　价格影响确认：　　　　支付特许权使用费确认：　　　　自报自缴：</td></tr>
<tr><td>报关人员　　　报关人员证号　　　电话　　　兹申明以上内容承担如实申报、依法纳税之法律责任

申报单位　　　　　　　　　　　　　　　　申报单位（签单）</td><td>海关批注及签单</td></tr>
</table>

（4）出境关别。

根据货物实际出境的口岸海关，填报海关规定的《关区代码表》中相应口岸海关的名称及代码。

（5）出口日期。

出口日期指运载出口货物的运输工具办结出境手续的日期，在申报时免予填报。无实际进出境的货物，填报海关接受申报的日期。

（6）申报日期。

申报日期指海关接受出口货物收发货人、受委托的报关企业申报数据的日期。以电子数据报关单方式申报的，申报日期为海关计算机系统接受申报数据时记录的日期。以纸质报关单方式申报的，申报日期为海关接受纸质报关单并对报关单进行登记处理的日期。本栏目在申报时免予填报。

（7）备案号。

填报出口货物发货人、生产销售单位在海关办理加工贸易合同备案或征、减、免税审核确认等手续时，海关核发的《加工贸易手册》、海关特殊监管区域和保税监管场所保税账册、《征免税证明》或其他备案审批文件的编号。

（8）境外收货人。

境外收货人通常指签订并执行出口贸易合同中的买方或合同指定的收货人。

（9）运输方式。

运输方式包括实际运输方式和海关规定的特殊运输方式，前者指货物实际出境的运输方式，按出境所使用的运输工具分类；后者指货物无实际出境的运输方式，按货物在境内的流向分类。

（10）运输工具名称及航次号。

填报载运货物出境的运输工具名称或编号及航次号。填报内容应与运输部门向海关申报的舱单（载货清单）所列相应内容一致。

（11）提运单号。

填报出口货物提单或运单的编号。一份报关单只允许填报一个提单或运单号，一票货物对应多个提单或运单时，应分单填报。

（12）生产销售单位。

生产销售单位填报出口货物在境内的生产销售单位的名称。

（13）监管方式。

监管方式是以国际贸易中出口货物的交易方式为基础，结合海关对出口货物的征税、统计及监管条件综合设定的海关对出口货物的管理方式。其代码由 4 位数字构成，前两位是按照海关监管要求和计算机管理需要划分的分类代码，后两位是参照国际标准编制的贸易方式代码。

根据实际对外贸易情况按海关规定的《监管方式代码表》选择填报相应的监管方式简称及代码。一份报关单只允许填报一种监管方式。

（14）征免性质。

根据实际情况按海关规定的《征免性质代码表》选择填报相应的征免性质简称及代码，持有海关核发的《征免税证明》的，按照《征免税证明》中批注的征免性质填报。一份报关单只允许填报一种征免性质。

（15）许可证号。

填报出口许可证、两用物项和技术出口许可证、两用物项和技术出口许可证（定向）、纺织品临时出口许可证、出口许可证（加工贸易）、出口许可证（边境小额贸易）的编号。

免税品经营单位经营出口退税国产商品的，免予填报。

一份报关单只允许填报一个许可证号。

（16）合同协议号。

填报出口货物合同（包括协议或订单）编号。未发生商业性交易的免予填报。

免税品经营单位经营出口退税国产商品的，免予填报。

（17）贸易国（地区）。

发生商业性交易的出口填报售予国（地区）。未发生商业性交易的填报货物所有权拥有者所属的国家（地区）。

按海关规定的《国别（地区）代码表》选择填报相应的贸易国（地区）中文名称及代码。

（18）运抵国（地区）。

运抵国（地区）填报出口货物离开我国关境直接运抵或者在运输中转国（地区）未发生任何商业性交易的情况下最后运抵的国家（地区）。

（19）指运港。

指运港填报出口货物运往境外的最终目的港；最终目的港不可预知的，按尽可能预知的目的港填报。

（20）离境口岸。

离境口岸填报装运出境货物的跨境运输工具离境的第一个境内口岸的中文名称及代码。

离境口岸类型包括港口、码头、机场、机场货运通道、边境口岸、火车站、车辆装卸点、车检场、陆路港、坐落在口岸的海关特殊监管区域等。按海关规定的《国内口岸编码表》选择填报相应的境内口岸名称及代码。

（21）包装种类。

填报出口货物的所有包装材料，包括运输包装和其他包装，按海关规定的《包装种类代码表》选择填报相应的包装种类名称及代码。运输包装指提运单所列货物件数单位对应的包装，其他包装包括货物的各类包装，以及植物性铺垫材料等。

（22）件数。

填报出口货物运输包装的件数（按运输包装计）。

不得填报为零，裸装货物填报为“1”。

（23）毛重（千克）。

填报出口货物及其包装材料的重量之和，计量单位为千克，不足一千克的填报为“1”。

（24）净重（千克）。

填报出口货物的毛重减去外包装材料后的重量，即货物本身的实际重量，计量单位为千克，不足一千克的填报为“1”。

（25）成交方式。

根据进出口货物实际成交价格条款，按海关规定的《成交方式代码表》选择填报相应的成交方式代码。

无实际出境的货物，出口填报 FOB。

（26）运费。

填报出口货物运至我国境内输出地点装载后的运输费用。

免税品经营单位经营出口退税国产商品的，免予填报。

（27）保费。

填报出口货物运至我国境内输出地点装载后的保险费用。

免税品经营单位经营出口退税国产商品的，免予填报。

（28）杂费。

填报成交价格以外的、按照《中华人民共和国进出口关税条例》相关规定应计入完税价格或应从完税价格中扣除的费用。

免税品经营单位经营出口退税国产商品的，免予填报。

（29）随附单证及编号。

根据海关规定的《监管证件代码表》和《随附单据代码表》选择填报除本规范第十六条规定的许可证件以外的其他出口许可证件或监管证件、随附单据代码及编号。

本栏目分为随附单证代码和随附单证编号两栏，其中代码栏按海关规定的《监管证件代码表》和《随附单据代码表》选择填报相应证件代码；随附单证编号栏填报证件编号。

（30）标记唛码及备注。

填报标记唛码中除图形以外的文字、数字，无标记唛码的填报 N/M。

（31）项号。

分两行填报。第一行填报报关单中的商品顺序编号；第二行填报备案序号，专用于加工贸易及保税、减免税等已备案、审批的货物，填报该项货物在《加工贸易手册》或《征免税证明》等备案、审批单证中的顺序编号。

（32）商品编号。

填报由 10 位数字组成的商品编号。前 8 位为《中华人民共和国进出口税则》和《中华人民共和国海关统计商品目录》确定的编码；9、10 位为监管附加编号。

（33）商品名称及规格型号。

分两行填报。第一行填报进出口货物规范的中文商品名称，第二行填报规格型号。

（34）数量及单位。

分三行填报。第一行按出口货物的法定第一计量单位填报数量及单位，法定计量单位以《中华人民共和国海关统计商品目录》中的计量单位为准；凡列明有法定第二计量单位的，在第二行按照法定第二计量单位填报数量及单位，无法定第二计量单位的，第二行为空；成交计量单位及数量填报在第三行。

（35）单价。

填报同一项号下出口货物实际成交的商品单位价格。无实际成交价格的，填报单位货值。

（36）总价。

填报同一项号下出口货物实际成交的商品总价格。无实际成交价格的，填报货值。

（37）币制。

按海关规定的《货币代码表》选择相应的货币名称及代码填报，如《货币代码表》中无实际成交币种，需将实际成交货币按申报日外汇折算率折算成《货币代码表》列明的货币填报。

（38）原产国（地区）。

原产国（地区）依据《中华人民共和国进出口货物原产地条例》《中华人民共和国海关关于执行〈非优惠原产地规则中实质性改变标准〉的规定》以及海关总署关于各项优惠贸易协定原产地管理规章规定的原产地确定标准填报。同一批出口货物的原产地不同的，分别填报原产国（地区）。出口货物原产国（地区）无法确定的，填报“国别（地区）不详”。

按海关规定的《国别（地区）代码表》选择填报相应的国家（地区）名称及代码。

（39）最终目的国（地区）。

最终目的国（地区）填报已知的出口货物的最终实际消费、使用或进一步加工制造国家（地区）。不经过第三国（地区）转运的直接运输货物，以运抵国（地区）为最终目的国（地区）；经过第三国（地区）转运的货物，以最后运往国（地区）为最终目的国（地区）。同一批出口货物的最终目的国（地区）不同的，分别填报最终目的国（地区）。出口货物不能确定最终目的国（地区）时，以尽可能预知的最后运往国（地区）为最终目的国（地区）。

按海关规定的《国别（地区）代码表》选择填报相应的国家（地区）名称及代码。

（40）境内货源地。

境内货源地填报出口货物在国内的产地或原始发货地。出口货物产地难以确定的，填报最早发运该出口货物的单位所在地。

（41）征免。

按照海关核发的《征免税证明》或有关政策规定，对报关单所列每项商品选择海关规定的《征减免税方式代码表》中相应的征减免税方式填报。

（42）特殊关系确认。

根据《中华人民共和国海关审定进出口货物完税价格办法》（以下简称《审价办法》）第十六条，填报确认出口行为中买卖双方是否存在特殊关系。

（43）价格影响确认。

根据《审价办法》第十七条，填报确认纳税义务人是否可以证明特殊关系未对进口货物的成交价格产生影响。出口货物免予填报。

（44）支付特许权使用费确认。

根据《审价办法》第十一条和第十三条，填报确认买方是否存在向卖方或者有关方直接或者间接支付与进口货物有关的特许权使用费，且未包括在进口货物的实付、应付价格中。

出口货物免予填报，加工贸易及保税监管货物（内销保税货物除外）免予填报。

（45）自报自缴。

出口企业、单位采用“自主申报、自行缴税”（自报自缴）模式向海关申报时，填报“是”；反之则填报“否”。

（46）申报单位。

自理报关的，填报出口企业的名称及编码；委托代理报关的，填报报关企业名称及编码。编码填报 18 位法人和其他组织统一社会信用代码。

报关人员填报在海关备案的姓名、编码、电话，并加盖申报单位印章。

（47）海关批注及签章。

供海关作业时签注。

6.3　任务：学会办理国际货物运输保险

王红在实习中很快掌握了报检和报关的程序，也学会了如何填制相关单据。此时王红又遇到了新的问题，王红心想，在货物出口后漫长的海运过程中，装载进出口货物的船舶漂洋过海，要在海上经过漫长的航程才能到达目的港，货物随时都有遭受灭失或损坏的可能。同时，货物在装船前要从发货人的工厂或仓库运进港口，再在港口经过储存、装卸的过程，在这个过程中，货物同样会遭受各种可能遇到的风险。买卖双方如何处理这样的风险呢？如果向保险公司投保，应该投保什么样的险种？如何办理保险手续？

张师傅告诉王红，办理出口货运保险是国际货运工作的重要环节。例如 ×× 公司与国外客户以 CIF 价格条款成交，所以 ×× 公司就需要办理出口货物运输保险手续，这家公司又将业务委托我们公司代为办理。为此，张师傅告诉王红需要根据出口货运情况填制投保单，并随附发货人开具的商业发票向中保财产保险有限公司上海分公司进行投保。保险公司核准投保申请后，收取保险费，签发保险单。

相关知识

6.3.1　国际货物运输保险的概念

国际货物运输保险是以对外贸易货物运输过程中的各种货物作为保险标的的保险。外贸货物的运送有海运、陆运、空运以及邮政送递等多种途径。国际货物运输保险可根据其保险标的的运输工具种类相应分为四类：海运货物保险、航空运输货物保险、陆运货物保险、邮包保险。

有时一批货物的运输全过程需要使用两种或两种以上的运输工具，这时，往往以货运全过程中主要的运输工具来确定投保何种国际贸易运输保险种类。

货物运输保险单如表 6–2 所示。

表 6–2 货物运输保险单

××××保险股份有限公司

××××Company limited

地址： 邮编：

ADD：

电话（TEL）： 传真（FAX）：

货物运输保险投保单

APPLICATION FORM FOR CARGO TRANSPORTATION INSURANE

被保险人

Insured：________________________________

发票号（INVOICE NO.）：

合同号（CONTRACT NO.）：

信用证号（L/C NO.）：

发票金额（INVOICE AMOUNT）： 投保加成（PLUS）：

兹有下列物品向 ×××× 保险公司北京市分公司投保。（INSURANCE IS REQUIRED ON THE FOLLOWING COMMODITIES：）

标记 MARKS & NOS.	包装及数量 QUANTITY	保险货物项目 DESCRIPTION OF GOODS	保险金额 AMOUNT INSURED

启运日期： 装载运输工具：

DATE OF COMMENCEMENT：________________PER CONVEYANCE：________________

自 经 至

FROM________________VIA________________TO________________

提单号： 赔款偿付地点：

B/L NO.：________________CLAIM PAYABLE AT________________

投保险别：（PLEASE INDICATE THE CONDITIONS &/OR SPECIAL COVERAGES：）

To be covered by the seller against all risks and war risk for 110% of invoice value

请如实告知下列情况：（如“是”在 [ ] 中打“√”，“不是”打“×”）IF ANY，PLEASE MARK “√” OR “×”：

1. 货物种类：袋装 [ ] 散装 [ ] 冷藏 [ ] 液体 [ ] 活动物 [ ] 机器 / 汽车 [ ] 危险品等级 [ ]

GOODS：BAG/JUMBO BULK REFRIGERATOR LEQUID LIVE ANIMAL MACHINE/AUTO DANGEROUS CLASS

2. 集装箱种类：普通 [ ] 开顶 [ ] 框架 [ ] 平板 [ ] 冷藏 [ ]

CONTAINER：ORDINARY OPEN FRAME FLAT REFRIGERATOR

3. 转运工具：海轮 [ ] 飞机 [ ] 驳船 [ ] 火车 [ ] 汽车 [ ]

BY TRANSIT：SHIP PLANE BARGE TRAIN TRUCK

4. 船舶资料： 船籍 [ ] 船龄：[ ]

PARTICULAR OF SHIP: RIGISTRY AGE

备注：被保险人确认本保险合同条款和内容已经完全了解。投保人（签名盖章）APPLICANT S SIGNATURE
THE ASSURED CONFIRMS HEREWITH THE TERMS
AND CONDITIONS OF THESE INSURANCE CONTRACTS
FULLY UNDERSTOOD.____________________

电话：（TEL）
投保日期：（DATE）____________________ 地址：（ADD）

本公司自用（FOR OFFICE USE ONLY）

费率：
RATE：____________ 保费：
PREMIUM ____________ 备注：
经办人：
BY____________ 核保人：
____________ 负责人：
____

相关链接

如何办理国际货物运输保险

办理国际货物运输保险的步骤如下：

1.确定保险金额

保险金额是计算保险费的依据，也是发生损失后计算赔款的依据，因此这是投保前首先要考虑确定的。按照保险市场的习惯，一般是按照货物发票的CIF价另加10%的预期利润作为保险金额。在实际工作中，如已有成本价，要算出CIF价格，可先计算出运费与成本相加的和，得出成本加运费价CFR，然后再按公式计算出CIF价。

2.选择投保险别

保险金额确定后，在具体填写投保单前，要选择投保险别。投保险别选择不当，就会造成货物受损时得不到应有的赔偿，或因投保了不必要的险别而多支出了保险费用。一般来说，选择投保险别要考虑货物的性质、包装、用途、运输工具、运输路线和货物的残损规律等。例如，冷藏货物要保冷藏货物险，玻璃器皿或陶瓷要保碰损破碎险，陆、空、邮运的货物要分别投保陆、空、邮包运输险。由于运输线路的不同，要根据起运地、中转地和目的地的具体情况，考虑是否要加保受潮、受热、偷窃险。由于货物的残损规律是根据大量的以往货物受损情况的累计统计，经过分析而得出的规律，这可作为选择险别的参考。例如，散装货物要选择短量险；钢轨表面生锈不影响其使用，可不保锈损险；笨重不易丢失或损坏的钢铁制品可不必投保一切险等。总之，保险险别必须明确、合理，在成交时双方即需商定。

3.填写投保单

投保单上须填明货物名称、保险金额、运输路线、运输工具、起运日期和投保险别等事项后，正式向货物保险人提出保险请求。保险人接受申请并审核，如同意被保险人的请求，则保险合同成立，保险人向货物被保险人签发保险单或保险凭证。货物运输保险合同经双方协商一致即告成立，而不以签发保险单或保险凭证或交付保险费为成立条件。

4. 交付保险费

保险费是根据保险金额和保险费率算出的。保险费率是由保险人依据货物保险市场的综合因素，在货物损失率、赔付率的基础上，参照国际保险市场保险费水平经精确计算而确定，并报保险监管机构批准后公开实施的。保险人都备有保险费率表，被保险人可从费率表上查知准备保险货物的险别、运输区间、保险费率等，从而测算出保险费等重要事项。

现在，中国人民保险公司的保险费率是按照不同商品、不同目的地、不同运输工具和不同险别制定的。“一般商品费率表”按不同运输方式分为“海运”“陆运”“空运”“邮包”四类，再按不同国家、地区和港口分别制定费率。另有“指明货物加费费率表”，这是按外贸公司分类列出需要加费的商品名称和注意事项。凡表内列明的商品，除应按一般商品费率计算外，还要加上加费费率。除上述两表外，还有“战争险费率表”和“其他规定”。“其他规定”是解决上述三项费率表仍不能解决的问题，例如，舱面险、存仓险的计算，扩展责任的附加险等。

6.3.2 海运货物保险实务

在国际货物买卖业务中，业务量最大、涉及面最广的是海洋运输货物保险。

广义的海洋运输货物保险是以船舶及其附属品为保险标的的保险业务。根据船舶所处的状态分为船舶营运险、船舶建造险、船舶停航险、船舶修理险、拆船保险和集装箱保险等。

狭义的船舶保险就是指船舶营运险，其中又可以分为基本险、附加险和特殊附加险三种。集装箱保险的标的就是营运过程中的集装箱，其中也可以分为基本险和特殊附加险两种。基本险中也可分为全损险和一切险两种。

基本险分为平安险（free from particular average，简称 f.p.a.）、水渍险（with particular average，简称 wa 或 w.p.a.）和一切险（all risk）三种。

1. 平安险

平安险这一名称在我国保险行业中沿用甚久，其英文原意是指单独海损不负责赔偿。根据国际保险界对单独海损的解释，它是指保险标的物在海上运输途中遭受保险范围内的风险直接造成的船舶或货物的灭失或损害。因此，平安险的原来保障范围只赔全部损失。但在长期实践的过程中平安险的责任范围已经得到了补充和修订，当前平安险的责任范围已经超出只赔全损的限制。概括起来，这一险别的责任范围主要包括：

（1）在运输过程中，由于自然灾害发生意外事故而导致的被保险货物的实物的实际全损或推定全损。

（2）由于运输工具遭搁浅、触礁、沉没、互撞，与流域其他物体碰撞以及失火、爆炸等意外事故造成被保险货物的部分损失。

（3）只要运输工具曾经发生搁浅、触礁、沉没、焚毁等意外事故，不论这个事故发生之前或者以后曾在海上遭恶劣气候、雷电、海啸等自然灾害所造成的被保险货物的部分损失。

（4）在装卸转船过程中，被保险货物一件或数件落海所造成的全部损失或部分损失。

（5）运输工具遭自然灾害或意外事故，在避难港卸货所引起被保险货物的全部损失或部分损失。

（6）运输工具遭自然灾害或意外事故，需要在中途的港口或者在避难港口停靠，因而引起的卸货、装货、存仓以及运送货物所产生的特别费用。

（7）发生共同海损所引起的牺牲、公摊费和救助费用。

（8）发生了保险责任范围内的危险，被保险人对货物采取抢救、防止或减少损失的各种措施，因而产生合理施救费用。但是保险公司承担费用的限额不能超过这批被救货物的保险金额。施救费用可以在赔款金额以外的一个保险金额限度内承担。

2. 水渍险

水渍险的责任范围除了包括上述“平安险”的各项责任外，还负责被保险货物由于恶劣气候、雷电、海啸、地震、洪水等自然灾害所造成的部分损失。

3. 一切险

一切险的责任范围除包括上述“平安险”和“水渍险”的所有责任外，还包括货物在运输过程中因各种外来原因所造成的保险货物的损失。不论全损或部分损失，除对某些运输途耗的货物，经保险公司与被保险人双方约定在保险单上载明的免赔率外，保险公司都给予赔偿。

上述三种险别都有货物运输的基本险别，被保险人可以从中选择一种投保。此外，保险人可以要求扩展保险期，例如，对某些内陆国家出口货物，如在港口卸货转运内陆，无法按保险条款规定的保险期内到达目的地，即可申请扩展。经保险公司出立凭证予以延长，每日加收一定保险费。

4. 附加险

一般附加包括：

（1）偷窃提货不着险（risk of theft，pilferage and nondelivery）。保险有效期内，保险货物被偷走或窃走，以及货物运抵目的地以后，整件未交的损失，由保险公司负责赔偿。

（2）淡水雨淋险（risk of fresh water rain damage）。货物在运输中，由于淡水、雨水所造成的损失，保险公司都应负责赔偿。淡水包括船上淡水舱、水管漏水以及汗等。

（3）短量险（risk of shortage）。负责保险货物数量短少和重量的损失。通常包装货物的短少，保险公司必须查清外装包是否发生异常现象，如破口、破袋、扯缝等，如属散装货物，将装船和卸重量之间的差额作为计算短量的依据。

（4）混杂、沾污险（risk of intermixture & contamination）。保险货物在运输过程中，混进了杂质所造成的损坏。如矿石等混进了泥土、草屑等因而使质量受到影响。此外，保险货物因为和其他物质接触而被沾污，如布匹、纸张、食物、服装等被油类或带色的物质污染因而引起的经济损失。

（5）渗漏险（risk of leakage）。流质、半流质的液体物质和油类物质，在运输过程中因为容器损坏而引起的渗漏损换。例如，以液体装存的湿肠衣，因为液体渗漏而使肠发生腐烂、变质等损失，均由保险公司负责赔偿。

（6）碰损、破碎险（risk of clash & breakage）。碰损主要是对金属、木质等货物来说的，破碎则主要是对易碎性物质来说的。前者是指在运输途中，因为受到震动、颠簸、挤压而造成货物本身的损失；后者是在运输途中由于装卸野蛮、运输工具的颠震造成货物本身的破裂、断碎的损失。

（7）串味险（risk of odor）。例如，茶叶、香料、药材等在运输途中受到一起堆储的樟脑等异味的影响使品质受到损失。

（8）受热、受潮险（risk of damage caused by heating & sweating）。例如，船舶在航行途中，由于气温骤变，或者因为船上通风设备失灵等使舱内水汽凝结、发潮、发热引起货物的损失。

（9）钩损险（risk of hook damage）。保险货物在装卸过程中因为使用手钩、吊钩等工具所造成的损失，例如，粮食包装袋因吊钩钩坏而造成粮食外漏所造成的损失，保险公司应予赔偿。

（10）包装破裂险（risk of loss for damage by breakage of packing）。因为包装破裂造成物资的短少、沾污等损失。此外，对于因保险货物运输过程中续运安全需要而产生的候补包装、调换包装所支付的费用，保险公司也应负责。

（11）锈损险（risk of sofrust）：保险公司负责保险货物在运输过程中因为生锈造成的损失。不过这种生锈必须在保险期内发生，如原装时就已生锈，保险公司不负责任。

上述 11 种附加险，不能独立承保，它必须附属于主要险别下。也就是说，只有在投保了主要险别以后，投保人才允许投保附加险。投保“一切险”后，上述险别均包括在内。

5. 特别附加险

特别附加险也属附加险类内，但不属于一切险的范围之内。它与政治、国家行政管理规章所引起的风险相关联。目前，中国人民保险公司承保的特别附加险别有交货不到险（failure to delivery risk）、进口关税险（import duty risk）、黄曲霉素险和出口货物到香港（包括九龙在内）或澳门存仓火险责任扩展条款。此外，还包括战争险（war risk）和罢工险（strikes risk）等。

6.3.3 航空运输货物保险实务

航空货物运输保险是以航空运输过程中的各类货物为保险标的，当保险标的在运输过程中因保险责任造成损失时，由保险公司提供经济补偿的一种保险业务，凡在中国国内经航空运输的货物均可为本保险之标的。

下列货物非经投保人与保险人特别约定，并在保险单（凭证）上载明航空运输货物保险，不在保险标的范围以内：金银、珠宝、钻石、玉器、首饰、古币、古玩、古书、古画、邮票、艺术品、稀有金属等珍贵财物。

不在保险标的范围以内的货物：蔬菜、水果、活牲畜、禽鱼类和其他动物。

由于下列保险事故造成保险货物的损失，保险人负赔偿责任：

（1）火灾、爆炸、雷电、冰雹、暴风、暴雨、洪水、海啸、地陷、崖崩；

（2）因飞机遭受碰撞、倾覆、坠落、失踪（在三个月以上），在危难中发生卸载以及遭受恶劣气候或其他危难事故发生抛弃行为所造成的损失；

（3）因受震动、碰撞或压力而造成破碎、弯曲、凹瘪、折断、开裂的损失；

（4）因包装破裂致使货物散失的损失；

（5）凡属液体、半流体或者需要用液体保藏的保险货物，在运输途中因受震动、碰撞或压力致使所装容器（包括封口）损坏发生渗漏而造成的损失，或用液体保藏的货物因液体渗漏而致保藏货物腐烂的损失；

（6）遭受盗窃或者提货不着的损失；

（7）在装货、卸货时和港内地面运输过程中，因遭受不可抗力的意外事故及雨淋所造成的损失。

在发生责任范围内的灾害事故时，因施救或保护保险货物而支付的直接合理费用，但最高以不超过保险货物的保险金额为限。

由于下列原因造成保险货物的损失，保险人不负责赔偿：

（1）战争、军事行动、扣押、罢工、哄抢和暴动；

（2）核反应、核子辐射和放射性污染；

（3）保险货物自然损耗，本质缺陷、特性所引起的污染、变质、损坏，以及货物包装不善；

（4）在保险责任开始前，被保险货物已存在的品质不良或数量短差所造成的损失；

（5）市价跌落、运输延迟所引起的损失；

（6）属于发货人责任引起的损失；

（7）被保险人或投保人的故意行为或违法犯罪行为；

（8）由于行政行为或执法行为所致的损失；

（9）其他不属于保险责任范围内的损失。

6.3.4 陆运货物、邮包货物运输保险实务

1. 陆运货物保险

根据中国人民保险公司制定的《陆上运输货物保险条款》的规定，陆运货物保险的基本险别有陆运险（overland transportation risk）和陆运一切险（overland transportation all risk）两种。此外，还有陆上运输冷藏货物险，它也具有基本险性质。

陆运险的承保责任范围同海运水渍险相似，陆运一切险的承保责任范围同海运一切险相似。上述责任范围，均适用于火车和汽车运输，并以此为限。陆运险与陆运一切险的责任起讫，也采用“仓至仓”责任条款。

陆运货物在投保上述基本险之一的基础上，可以加作附加险，如投保陆运险，则可酌情加保一般附加险和战争险等特殊附加险。如投保陆运一切险，就只需加保战争险，而不需再加保一般附加险，陆运货物在加保战争险的前提下，再加保罢工险，不另收保险费。陆运货物战争险的责任起讫，以货物置于运输工具时为限。

我国陆运货物保险的基本做法如下：

陆运出口货物如由我方保险时，应按照有关规定及时向保险公司办理投保手续。陆运进口货物，则按同保险公司签订的陆运进口货物预约保险合同的规定办理投保手续。陆运货物如发生承保范围内的损失，应向保险公司提出索赔，其索赔时效，从被保险货物在最后目的地车站全部卸离车辆后起算，最多不得超过两年。

2. 邮包保险

邮包保险按其保险责任分为邮包险（parcel post risks）和邮包一切险（parcel post all risks）两种。邮包险与海洋运输货物保险水渍险的责任相似，邮包一切险与海洋运输货物保险一切险的责任基本相同。

（1）邮包险。负责赔偿被保险邮包在运输途中由于恶劣气候、雷电、海啸、地震、洪水等自然灾害或由于运输工具遭受搁浅、触礁、沉没、碰撞、倾覆、出轨、坠落、失踪，或由于失火、爆炸等意外事故所造成的全部或部分损失。此外，该保险还负责被保险人对遭受承保责任范围内危险的货物采用抢救、防止或减少损失的措施而支付的合理费用，但以不超过获救货物的保险金额为限。

（2）邮包一切险。除包括邮包险的责任外，还负责被保险邮包在运输途中由外来原因所致的全部或部分损失。

课后练习

一、判断题

1. 国际物流的复杂性表现在：不同国家或地区的生产力水平和科学技术发展程度不同，适用的法律法规不同，物流基础设施、物流规程和技术标准不同，自然环境、人文环境不同，消费水平不同，等等。(　　)

2. 国际物流活动涉及不同国家，因此风险性大大增加。国际物流的风险性主要包括政治风险、经济风险和战争风险。(　　)

3. 入境货物检验检疫的程序：先放行通关后进行检验检疫，即报检→受理报检并计费→签发《入境货物通关单》→通关→检验检疫。(　　)

4. 在国际货物买卖业务中，业务量最大、涉及面最广的是陆运货物保险。(　　)

二、单项选择题

1. 以邮包方式将货物发送到目的地可能通过海运，也可能通过陆上或航空运输，或者经过两种或两种以上的运输工具运送。不论通过何种运送工具，凡是以邮包方式将贸易货物运达目的地的保险均属(　　)。

A. 陆运货物保险　　B. 航空运输货物保险

C. 邮包保险　　D. 海运货物保险

2. 在国际货物买卖业务中，业务量最大、涉及面最广的是(　　)。

A. 陆运货物保险　　B. 航空运输货物保险

C. 邮包保险　　D. 海运货物保险

3. (　　) 是指在一定的时间和空间里，由所需位移的物资、包装设备、装卸搬运机械、运输工具、仓储设施、人员和通信联系等若干相互制约的要素所构成的具有特定功能的有机整体。

A. 物流信息系统　　B. 国际物流系统

C. 客户关系管理系统　　D. 国际货物海运系统

4. (　　) 的责任范围除了包括“平安险”的各项责任外，还负责被保险货物由于恶劣气候、雷电、海啸、地震、洪水等自然灾害所造成的部分损失。

A. 平安险　　B. 一切险　　C. 水渍险　　D. 特别附加险

5. 基本险分为平安险、水渍险和(　　) 三种。

A. 提货不着险　　B. 一切险　　C. 一般附加险　　D. 特别附加险

三、多项选择题

1. 进出口商品检验的对象，包括(　　)，以及运载这些商品、动植物和旅客及其行李物品的交通工具、运输设备。

A. 出口商品　　B. 动植物产品　　C. 旅客　　D. 旅客行李物

2. 我国进出口商品的检验程序主要包括（　　）和签发证书。

A. 报检　　B. 报关　　C. 抽样　　D. 检验

3. 报关按时间先后可分为（　　）。

A. 前期阶段　　B. 进出境阶段　　C. 中间阶段　　D. 后续阶段

4. 保税货物指经海关批准未办理纳税手续进境，在境内（　　）后复运出境的货物。

A. 储存　　B. 加工　　C. 交易　　D. 装配

5. 国际物流信息系统的特点是（　　）。

A. 信息量大　　B. 交换频繁　　C. 传递量大　　D. 时间性强

四、简答题

1. 简述国际物流的概念和特点。

2. 什么是暂准进出境货物？

3. 简述航空货物运输保险及对哪些货物有特殊规定。

实践与实训

报关单位所属人员从事报关业务的，报关单位应当到海关办理备案手续，海关予以核发证明。报关单位可以在办理注册登记手续的同时办理所属报关人员备案。请登录中国海关网站，查询报关人员备案、变更、注销的相关管理办法。

1. 法律依据；

2. 办理程序；

3. 提交资料。

| 项目7 |

供应链管理

学习导航

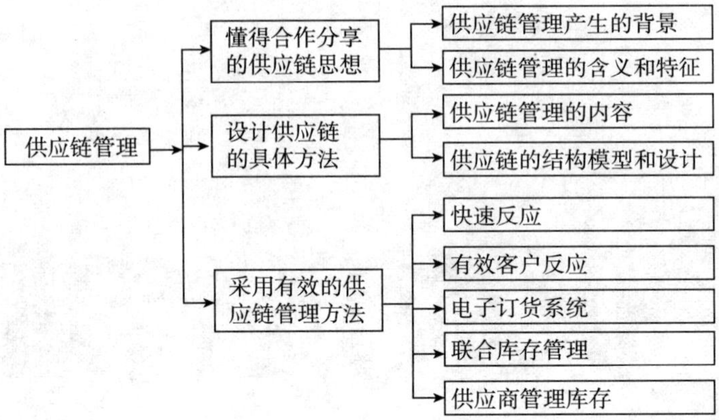

项目简介

A公司是一家美国消费日用品生产商，也是目前全球最大的日用品公司之一。总部位于美国俄亥俄州辛辛那提，全球员工近110 000人。2008年，该公司的市值进入世界上市值排列前十名，利润榜世界排名进入前十五位。同时，也是财富500强中第十大最受赞誉的公司。

20世纪80年代后期，A公司在广州成立了在中国的第一家合资企业，从此开始了在中国业务发展的历程。其大中华区总部设在广州，目前在广州、北京、上海、成都、天津、东莞及南平等地设有多家分公司及工厂，员工总数超过6 300人，在华投资总额超过10亿美元。

多年来，A公司在中国的业务取得了飞速的发展，主要表现在：建立了领先的大品牌，业务保持强劲的增长，建立了出色的组织结构，承诺做模范企业公民。

7.1 任务：懂得合作分享的供应链思想

A公司一直以来同供应商和销售商合作关系良好，但近段时间发现，部分合作伙伴转去和竞争对手B公司合作，A公司一方面采取了严厉的手段进行制止，另一方面开始从自身查找原因。

是不是在合作的过程中忽略了对方的利益？

相关知识

随着供应链管理成为学术界研究的重大热点之一，供应链管理思想在全球范围内受到越来越多的关注，比如宝洁、惠普、IBM、戴尔等一些国际知名企业都采用了供应链管理方法并取得了良好的效果。

7.1.1 供应链管理产生的背景

20世纪后半期特别是80年代以后，随着市场竞争的不断加剧，各种自动化和信息技术在制造业中的不断发展，提高制造生产率和制造加工过程本身的技术手段对提高整个产品竞争力的影响越来越小，企业的竞争动力从“产品制造推动”转向“客户需求拉动”，从原材料、生产制造到销售，整个供应链条上的企业活动都由最终客户需求拉动，包括人力资源、财务、采购订单、生产计划、库存运输和销售服务等；同时，随着全球经济一体化进程的不断加快，企业之间的合作正日益加强，企业之间跨地区甚至跨国合作制造生产的趋势日益明显，国际上越来越多的制造企业不断地将大量常规业务外包给发展中国家，本身只保留最核心的业务（如市场、关键系统设计和系统集成、总装配，以及销售）。在这些合作生产过程中，大量的物资和信息在广袤的地域间转移、储存和交换，这些活动费用构成了产品成本的重要组成部分，而且对满足客户的需求起到十分重要的作用，因此，有必要对企业的原材料、零部件和最终产品的供应、储存和销售系统进行总体规划、重组、协调、控制和优化，以加快物料的流动、减少库存，并使信息快速传递，时刻了解并有效地满足顾客需求，进而大大减少产品成本，提高企业效益。

由此，供应链管理作为一种新的学术概念也就应运而生，很多人对此开展研究，企业也在实践当中不断完善。这种管理模式就是企业集中资源进行优势经营，利用社会分工，将其他的业务或经营环节交给协作企业来完成，通过利用企业外部资源快速响应市场需求，同时减少了因市场波动带来的不确定性。世界权威杂志《财富》将供应链管理能力列为企业的一种重要战略竞争资源，在全球经济一体化的今天，从供应链管理的角度来考虑整个企业的生产经营活动，形成这方面的核心能力，对广大企业提高核心竞争力是十分必要的。

7.1.2 供应链管理的含义和特征

供应链管理最早是20世纪80年代末在企业实践过程中提出来，在美国迈克尔·波特提出的“价值链”基础上形成和发展起来的。《物流术语》中对供应链和供应链管理作了较为全面、科学的定义：供应链是“生产及流通过程中，涉及将产品或服务提供给最终用户活动的上游与下游组织所形成的网链结构”；供应链管理是“对供应链涉及的全部活动进行计划、组织、协调与控制”。

1. 供应链和供应链管理的含义

（1）供应链的含义。

供应链过去曾特指产品生产中的物料采购和供应过程，现在则指在产品生产过程中相互关联的业务流程及业务伙伴之间发生的，贯穿从产品设计、原材料采购、生产、加工制造到将产品提交给客户的整个过程，由物流、信息流和资金流构成的价值链。由于伴随物料移动的路线存在需求信息和供应信息两方面内容，因此供应链也常被称为供需链。扩展的供应链范畴还应包括产品售后服务阶段的内容。供应链的基本结构如图 7–1 所示。

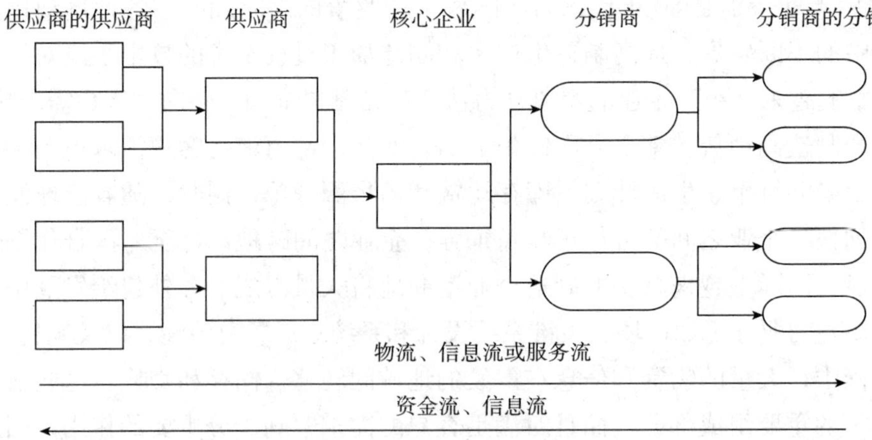

图 7–1 供应链的基本结构

目前，关于供应链的研究有很多，但其核心思想上是基本一致的，主要包括以下几点：

①供应链是由多级成员直接或间接组成的，在不同的成员之间存在信息流、物流和资金流。供应链管理的目标是有效地满足客户的需求，使总利润最大或总成本最小。

②供应链不是一个抽象的概念，它总是针对具体的客户需求，围绕某个企业（或产品）而产生的。每个企业均存在自己的供应链（包括内部和外部），而且相互间存在差异。

③供应链是一个动态的系统，随时间而不断地变化，不仅顾客需求和供应商供应能力随时间而变化，而且供应链成员之间的关系也会随时间变化而变化。供应链的效益来自伙伴之间资源的有效整合与合作，以此促进供应链整体运作流程的改善。在不确定环境下，供应链活动过程中存在的大量需要优化的问题，使用传统的确定性数学模型来描述很难取得满意的结果。所以，了解并降低不确定性，对供应链进行整体优化，以定量的手段对供应链管理决策提供支持，是一项非常具有研究价值的课题，也是当前供应链管理的重要

议题。

（2）供应链管理的含义。

供应链管理是一种新的管理哲学理念，一种管理思维的创新，有效的供应链管理已经成为企业赢得竞争优势的重要源泉。目前，国际上还没有公认的供应链管理的定义，国内外的不同学者对此也有各种不同的看法。比较主流的观点是立足于管理思想和方法的角度，认为供应链管理是执行供应链中从供应到最终用户的物流的计划和控制等职能，供应链管理是一种集成的管理思想和方法。

伊文斯（Evans）认为，供应链管理是通过前馈的信息流和反馈的物料流及信息流，将供应商、制造商、分销商、零售商，直到最终用户连成一个整体的管理模式。

飞利浦（Phillip）则认为供应链管理不是供应商管理的别称，而是一种新的管理策略，它把不同企业集成起来以提高整个供应链的效率，注重企业之间的合作。

美国供应链管理专业协会认为，供应链管理贯穿于整个渠道来管理供应与需求、原材料与零部件采购、制造与装配、仓库与存货跟踪、订单录入与管理、分销以及向顾客交货。

供应链管理就是围绕从基本原料供应到产成品（也可能是回收再利用的物资）的物资/供应的管理活动。供应链管理就在于如何利用供应商的加工、技术和能力去增强企业的竞争优势。它是一种管理哲学，它通过将最优化和有效性作为共同目标把贸易合作伙伴联系在一起，从而将传统的企业内部行为加以扩展。

供应链管理的概念建立在效率能够通过上下游企业之间的信息共享和协同运作得以提高的理念之上。供应链管理使上下游企业之间抛弃了传统的单纯竞争的方式，向合作方向发展。上下游企业之间通过建立相互信任的伙伴关系，以供应链的整体最优为目标，利用现代信息技术，加强企业之间的合作，减少企业之间的内耗，提高供应链的整体竞争力和经济效益，最终使供应链中所有的成员都得到实惠。

（3）供应链管理的本质。

从20世纪六七十年代的订货点法和MRP（material requirement planning，物资需求计划），到20世纪80年代的MRP Ⅱ，再到20世纪90年代的ERP，工业企业在几十年内经历了企业管理理念的几代演变过程。伴随着世界经济全球化的趋势，企业经营管理模式从过去“纵向一体化”转向跨行业、跨地域的“横向一体化”协同作业。因此，企业经营管理的范围也从企业内部资源转变为企业和合作伙伴之间通过供应链建立广泛的业务联系，使各个相关企业达到优势互补，为用户提供最有竞争力的产品和服务。经营管理的重点也转移到采用先进的生产模式以及对整个供应链管理过程的优化上来。在此基础上，企业可以根据顾客的需求快速反应，缩短新产品上市的时间，从而降低产品成本（采购成本、库存成本、交易成本、运输成本等），以此提高企业竞争力。

供应链管理的本质就是从系统的观点出发，以集成思想对供应链中的物流、资金流、信息流进行设计、规划和控制，最大限度地减少供应链中各成员的内耗和浪费，通过整体最优来提高全体成员的竞争力或福利水平，实现全体成员的共赢。供应链管理集中体现了以下几个基本思想：

①系统的观念。不再封闭孤立地看待企业的采购、生产和销售等经营活动和过程，而是突破企业界限束缚，将企业的产、供、销与其他市场经济实体及其活动建立外部联系，将供应商、生产商、分销商以及消费者视作一个有机联系的整体，通过集体目标统一协调所有成员的信息流、物流和资金流，取得企业之间超越组织界限的集成和整合。

②共同的目标。最终消费者对价格、质量、服务等的相关要求，应成为供应链中的所有参与者共同的绩效考核目标，这样才会使利润最大化。供应链管理在本质上是建立在合作和共赢的信念上的，建立在互信、互利及长期发展基础上的信息共享和合作行动，将最终消费者的需求转化为所有参与者的集体行动。每一个经济主体都从事产品制造和提供过程所必需的一部分活动，不但可以在相互支持、配合和协调中实现整体利益最大化，也会使每一个参与者从中获益。

③主动积极的管理。对在供应链中增加价值的以及与成本有关的所有联系体（内部的或外部的、直接的或间接的）进行积极主动的管理，不再把库存看做是供应链中供应与需求不平衡时的首选方案，这也就对库存管理提出更高的要求。

④新型的企业与企业关系。在企业主动关注整个供应链及其管理的同时，供应链中各成员之间的业务伙伴关系便得到了强化，通过仔细地选择业务伙伴，减少供应商数目，变过去企业与企业之间的敌对关系为紧密合作的业务伙伴关系，这种新型关系主要体现在共同解决难题与信息共享等方面。

⑤核心的竞争能力。只有企业本身具有核心竞争能力，供应链业务伙伴关系才会持久。所以，供应链业务伙伴关系的形成不能以丧失企业的核心竞争能力为代价，应做到借助其他企业的竞争能力来形成、维持，甚至强化自己的核心竞争能力。

供应链管理的目的就在于确立诚信、对市场需求信息的交换、开发新产品、将供应商基地减少到一个特殊的 OEM（原始设备制造商），从而释放管理资源来建立长久的合作关系。

实际上，对供应链实施管理的目标就是将客户所需的指定产品能够在恰当的时间按照确切的数量、满意的质量和良好的状态，以合适的价格送到指定的地点并实现总成本最小。

2. 供应链管理的特征

（1）全过程的管理。传统的管理是分散管理，往往由于职能部门之间性质、目标不同等造成相互之间的矛盾和利益冲突，很难实现整体目标。供应链管理以供应商、制造商、分销商、销售商、客户和服务商组成的供应链为基础，将相关节点企业都看成一个有机整体，并要求各个节点企业之间实现信息共享、风险共担、利益共存，并从战略的高度来统筹全局，从而真正实现整体的有效管理。

（2）全新的库存理念。传统库存思想认为库存是维系生产和销售的必要措施，是一种必要的成本。供应链管理使企业与上下游企业之间在不同的市场环境下实现了库存的转移，即从间断模式转变为连续模式，从而降低了企业的库存成本。这也要求供应链上的各个企业成员建立战略合作关系，通过快速反应降低库存成本。

（3）以最终客户为中心。供应链管理以最终客户为中心，这也是供应链管理的经营导向。因为客户需要和期望变化相对迅速，供应链应该快速和敏捷，而不是缓慢和僵化，而且，也只有让客户和最终消费者的需求得到满足，才能有供应链的更大发展。

（4）长期定位。运作良好的供应链从整体上提高单个公司和供应链的长期绩效。对长期绩效的强调表明供应链应该与供应商、制造商、分销商、销售商、客户和服务商等不同的参加者采取长期而不是短期合作。重要的是，长期定位更看重关系型交换，而短期交换倾向于交易型交换。

（5）跨组织沟通。因为整条供应链包含供应商、制造商、分销商、销售商、客户和服务商等，依靠大量的实时信息来组织活动，因此信息能够在组织间无缝地传递非常必要。

（6）组织间协作。供应链管理的一个主要目标是从整体上优化供应链的绩效，而不是优化单个企业的绩效，因此供应链的参加者之间的协同作用非常重要。

通过以上对供应链管理的特征分析可以看出，相对于传统依赖自然资源、资金和新产品技术的管理模式，以最终客户为中心，将客户服务、客户满意、客户成功作为供应链管理的内容的确有很多优势。但是由于供应链是一种网状结构，一旦某一局部出现问题，就会扩散到整条供应链，所以供应链管理的运作就要求各个节点企业对市场信息的收集与反馈要及时、准确，以做到快速反应。

7.2 任务：设计供应链的具体方法

A公司设计新供应链的目的不光是将商品销售给零售商，更要让零售商将商品销售给消费者。

假如A公司与一家零售商开始了电子订单的商业行为，A公司将会设计一套运算方法，与零售商预测商品的库存并将其稳定在一个合理的水平。在双方达成一致条件之后，A公司就会将运算方法规划为一个策略性的软件，并将这种软件安装在零售商的运营系统之内。零售商就可以使用软件对库存进行计算，自动生成订单，发送给A公司。同时，A公司的系统也就会自动生成配送订单，安排为零售商配送商品。这样整体的订单流通就会更准确、更有效率，避免了很多环节可能造成的错误。

请针对A公司对零售商所做出的改进策略，谈谈供应链管理的内容和设计原则。

相关知识

7.2.1 供应链管理的内容

供应链管理作为供应链中各节点企业相关运营活动的协调平台，包括六大基本内容，即计划管理、库存管理、采购管理、制造管理、配送管理和退货管理，如图 7–2 所示。

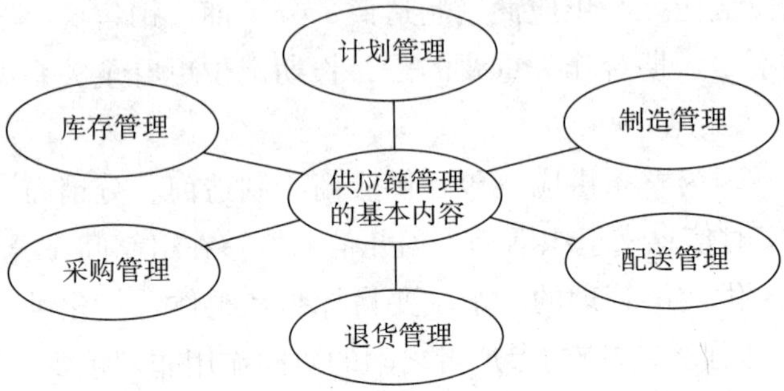

图 7–2 供应链管理的基本内容

1. 计划管理

计划管理是供应链管理的策略性部分。供应链需要有一个策略来管理所有的资源，以满足客户对产品的需求。好的计划是建立一系列的方法监控供应链，使它能够有效、低成本地为客户递送高质量和高价值的产品或服务。

2. 库存管理

供应链管理中的库存管理就是利用先进的信息和网络技术，收集供应链中各方及市场需求方面的变化信息，减少需求预测的误差，用实时、准确的信息控制物流，减少甚至取消库存（实现库存的“虚拟化”或零库存管理），从而降低库存的持有成本。

3. 采购管理

采购管理是选择能为供应链提供产品或服务的供应商，和供应商建立一套定价、配送和付款流程并创造方法来监控和改善管理，同时把对供应链提供的产品或服务的管理流程结合起来，包括提货、核实货单、转送货到相关企业制造部门并批准对供应商的付款等。

4. 制造管理

制造管理是指安排生产、测试、打包和准备送货所需的活动，是供应链中测量内容最多的部分，包括质量水平、产品产量和工人的生产效率等的测量。

5. 配送管理

配送管理是调整用户的订单收据，建立仓库网络，派递送人员提货并送货到客户手中，建立货品计价系统，接受付款系统等。

6. 退货管理

退货管理是供应链管理中的问题处理和售后服务部分。建立完善的退货信息网络，接受客户退回的次品和多余产品，并在客户使用产品出现问题时提供及时支持和帮助。

从供应链管理的具体运作来看，供应链管理主要涉及以下几个领域：供应管理、生产计划、物流管理、需求管理（见图 7–3），具体而言，包含以下内容：

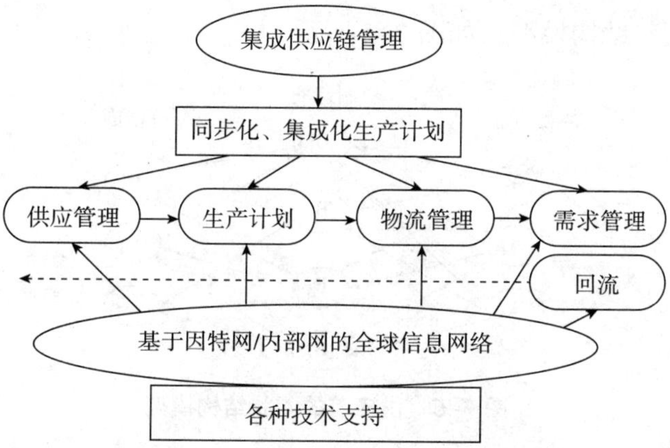

图 7–3　供应链管理涉及的领域

· 物料在供应链上的实体流动管理；
· 战略性供应商和客户合作伙伴关系管理；
· 供应链产品需求预测和计划；
· 供应链的设计（全球网络的节点规划与选址）；
· 企业内部与企业之间物料供应与需求管理；
· 基于供应链管理的产品设计与制造管理、生产集成化计划、跟踪和设计；
· 基于供应链的客户服务和物流（运输、库存、包装等）管理；
· 企业间资金流管理（汇率、成本等问题）；
· 基于因特网 / 内部网的供应链交互信息管理。

7.2.2　供应链的结构模型和设计

1. 供应链的结构模型

（1）供应链的基本结构模型。一条完整的供应链一般来说包括供应商（原材料供应商和零配件供应商）、制造商（加工厂或装配厂）、分销商（代理商或批发商）、零售商（百货商场、超市、专卖店、便利店等）以及最终客户，这就是供应链的基本结构，如图 7–4 所示。供应链的基本结构模型只是一个简单的静态模型，仅仅反映供应链的基本组成和轮廓，不是一成不变的。

图 7–4　供应链的基本结构模型

（2）供应链的网状结构模型。供应链在现实的社会中，由于产品的复杂性、客户需求的多变性，以及企业之间的合作日益繁杂，一个供应商往往会与多个制造商相互联系。同样，一个制造商可能会给多个分销商提供商品，这样供应链的基本模型就转变为一个网状模型，即供应链的网状结构模型，如图 7–5 所示。

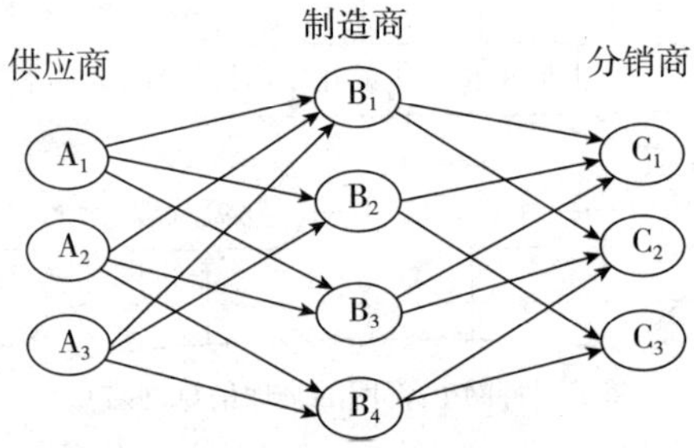

图 7–5　供应链的网状结构模型

（3）虚拟企业。当市场出现新机遇时，具有不同资源与优势的企业为了共同开拓市场，共同对付其他的竞争者，就会在信息网络基础上组织共享技术与信息、分担费用、互利的企业联盟体，这个联盟组织就是虚拟企业。虚拟企业是在经济交往中，一些独立企业为了共同的利益和目标在一定时间内结成的相互协作的利益共同体。虚拟企业组建和存在的目的就是获取相互协作而产生的效益，一旦这个目的完成或利益不存在，虚拟企业也就不复存在。虚拟企业追求一种完全靠自身能力达不到的超常目标，即这种目标要高于企业运用自身资源可以达到的限度。因此企业自发地要求突破自身的组织界限，与其他对此目标有共识的企业实现全方位的战略联盟，共建虚拟企业，以实现这一目标。

2. 供应链设计

（1）供应链设计的基本内容。

①选择供应链成员及合作伙伴。一个供应链是由各个供应链成员组成的。供应链成员包括为了满足客户需求，从原产地到消费地，供应商或客户直接或间接地相互作用的所有公司和组织。因为一级级叠加起来的成员总数可能会很大，所以这样的供应链是非常复杂的。选择供应链成员及合作伙伴是供应链管理的研究重点。

②把握整体网络结构设计。供应链网络结构主要由供应链成员、网络结构变量和供应

链间工序连接方式三方面组成。为了使非常复杂的网络更易于设计和合理分配资源，有必要从整体出发进行网络结构的设计。

③遵循供应链运行的基本规则。供应链上节点企业之间的合作是以信任为基础的。信任关系的建立和维系除了各个节点企业的真诚和行为之外，必须有一个共同平台，即供应链运行的基本规则，其主要内容包括：协调机制、信息开放与交互方式、生产物流的计划与控制体系、库存的总体布局、资金结算方式、争议解决机制等。

相关链接

供应链集成系统——企业资源计划

《物流术语》将企业资源计划（enterprise resource planning，ERP）定义为：“在MRP Ⅱ（制造资源计划）的基础上，通过前馈的物流和反馈的信息流、资金流，把客户需求和企业内部的生产经营活动以及供应商的资源整合在一起，体现完全按用户需求进行经营管理的一种全新的管理方法。”ERP的概念，是美国Gartner Group公司于1990年提出的，其定义为：MRP Ⅱ下一代的制造业系统和资源计划软件。除了MRP Ⅱ已有的生产资源计划、制造、财务、销售、采购等功能外，还有质量管理，实验室管理，业务流程管理，产品数据管理，存货、分销与运输管理，人力资源管理和定期报告系统。ERP应用成功的标志是：（1）系统运行集成化，软件的运作跨越多个部门；（2）业务流程合理化，各级业务部门根据完全优化后的流程重新构建；（3）绩效监控动态化，绩效系统能即时反馈以便纠正管理中存在的问题；（4）管理改善持续化，企业建立一个可以不断自我评价和不断改善管理的机制。

（2）供应链的设计原则。

一个有效的供应链，对供应链上的相关节点企业至关重要，它不仅可以使企业减少不必要的损失和浪费，提高用户服务水平，达到成本与服务之间的有效平衡，而且可以提高企业竞争力和柔性，抢占新的市场，提高工作效率，赢得竞争优势。在供应链的设计过程中，为保证供应链的设计和重建能满足供应链管理思想，应遵循如下设计原则：

①自顶向下和自底向上相结合的设计原则。系统建模设计中存在两种设计方法，即自顶向下和自底向上的方法。自顶向下的方法是从全局走向局部的方法，自底向上的方法是从局部走向全局的方法；自顶向下是系统分解的过程，相反，自底向上则是一种集成的过程。在设计一个供应链系统时，往往是先由高层做出战略规划与决策，规划与决策的依据来自市场需求和企业发展规划，然后由下层部门实施决策，因此供应链的设计是自顶向下和自底向上的综合考虑。

②简洁性原则。简洁性是供应链设计的一个重要原则，为了使供应链具有灵活、快速响应市场的能力，供应链的每个节点都应是精简的、具有活力的，能实现业务流程的快速

组合。比如，供应商的选择就应以少而精的原则，通过和少数的供应商建立战略伙伴关系，减少采购成本，降低风险，以推动实施 JIT 采购法和准时生产。生产系统的设计更是应以精细思想为指导，努力实现从精细的制造模式到精细的供应链这一目标。

③集优化原则。供应链的各个节点的选择应遵循强强联合的原则，达到实现资源外用的目的，每个企业只集中精力于各自核心的业务过程并具有自我组织、自我优化、面向目标、动态运行和充满活力的特点，这样才能够实现供应链业务的快速重组。

④协调性原则。和谐用来描述系统形成了充分发挥系统成员和子系统的能动性、创造性及系统与环境的总体协调性。只有和谐的系统才能发挥最佳的效能。供应链业绩好坏取决于供应链合作伙伴关系是否和谐，因此建立战略伙伴关系的合作企业关系模型是实现供应链最佳效能的保证。

⑤动态性原则。不确定性的存在会导致需求信息的扭曲，因此要预见各种不确定因素对供应链运作的影响，减少信息传递过程中的信息延迟和失真，增加透明性，减少不必要的中间环节，提高预测的精度和时效性是极为重要的。

⑥创新性原则。创新设计是系统设计的重要原则，没有创新性思维，就不可能有创新的管理模式，因此在供应链的设计过程中，创新性是很重要的一个原则。要产生一个创新的系统，就要打破各种陈旧的思维模式，用新的角度、新的视野审视原有的管理模式和体系，进行大胆的创新设计。进行创新设计，要注意几点：第一，创新必须在企业总体目标和战略的指导下进行，并与战略目标保持一致；第二，要从市场需求的角度出发，综合运用企业的能力和优势；第三，发挥企业各类人员的创造性，集思广益，并与其他企业共同协作，发挥供应链整体优势；第四，建立科学的供应链和项目评价体系及组织管理系统，进行技术经济分析和可行性论证。

⑦战略性原则。供应链的建模应具有战略性观点，以减少不确定的影响。从供应链的战略管理的角度考虑，战略性原则还体现在供应链发展的长远规划和预见性方面，供应链的系统结构发展应和企业的战略规划保持一致，并在企业战略指导下进行。

企业供应链是一个复杂的系统，其组成的企业和部门相互作用、相互影响、相互制约，其组成和结构也具有一定的规律，运行也具有相似性。在进行供应链设计时，必须认识到企业供应链具有整体性、相关性、结构性、动态性、目的性、环境适应性等系统特征，必须从系统的角度进行设计和优化。

（3）供应链的设计步骤。

有效的供应链在提高企业用户服务水平、达到成本和服务之间的平衡等方面都具有明显的优势，而供应链设计不当会造成不必要的浪费甚至导致失败。不同类型的供应链在设计过程中关键环节也有所不同，一般情况下，供应链设计基本包含以下几个关键性的步骤，如图 7–6 所示。

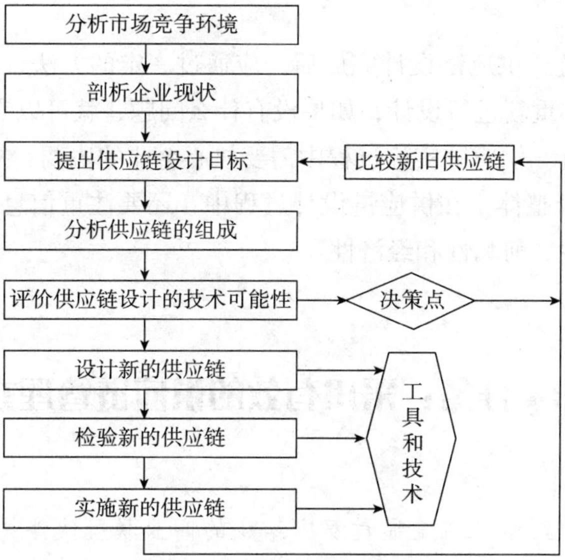

图 7-6　供应链设计步骤模型图

①分析市场竞争环境。分析市场竞争环境的目的是要找到供应链设计的目标产品市场，了解目前市场的产品需求、产品类型和产品特征等信息。影响市场竞争环境的因素有很多，主要包括市场上急需的产品、需求量的大小、决定开发功能性产品还是革新性产品、竞争对手的实力如何、目前市场上的产品是什么、未来产品的趋势怎样、本产品未来可能的市场占有率以及客户需求偏好等。

②剖析企业现状。主要分析企业当前的管理状况和企业现有供应链的发展状况。该步骤的主要目的是研究供应链开发的方向，分析并总结企业存在的问题及影响供应链设计的阻力等因素。

③提出供应链设计目标。针对企业存在的问题提出供应链设计的必要性。同时要了解产品，围绕着供应链"可靠性"和"经济性"两大核心要求，提出供应链设计的目标，这些目标首先包括在提高服务水平和降低库存之间实现平衡，以及降低成本、保障质量、提高效率、提高客户满意度等。

④分析供应链的组成。供应链中的成员组成分析主要包括制造工厂、设备、工艺和供应商、制造商、分销商、零售商及最终客户的选择及其定位，确定选择与评价的标准，并提出组成供应链的基本框架。

⑤评价供应链设计的技术可能性。这是指在可行性分析的基础上，结合本企业的实际情况为开发供应链提出技术选择建议和支持。这也是一个决策的过程，要从供应链的角度出发，评价供应链设计的重要性和合适性。如果认为方案可行，就可进行下面的设计；如果不可行，则需要重新设计供应链，调整节点企业或建议客户更新产品设计。

⑥设计新的供应链。在供应链设计中，要广泛地应用许多方法和技术，包括归纳法、集体解决问题、流程图、模拟和设计软件等。设计过程中需要各节点企业的参与交流，以

便于以后的有效实施。

⑦检验新的供应链。供应链设计完成后，应通过一定的方法、技术进行测试检验或试运行，如不行，返回并重新进行设计；如果没有什么问题，就可以实施供应链管理。

⑧实施新的供应链。供应链实施过程中需要核心企业的协调、控制和信息系统的支持，使整个供应链成为一个整体。在供应链设计过程中，还要注重信息工具和技术的应用，保证供应链设计的先进性、前瞻性和经济性。

7.3 任务：采用有效的供应链管理方法

A公司对零售商的策略其实是通过双方结成的商业联盟伙伴关系进行的，A公司会与伙伴签订保密协定，双方共享库存数据。A公司可以根据伙伴的库存水平，有针对性地制订合理的生产计划。这样一来，随着生产计划准确性的提高，供应链的效率就会相应提高，库存水平就会降低，整体的物流水平就会相应地降低。

由此，节约的成本便可以转移给消费者，提高消费者的价值，让消费者获得更大的利益。同时，零售商也因此让物流变得更顺畅，从而提高资金的留用效率。零售商可以通过加快资金流的效率，而将原来占压在物流链的资金转移出来进行新的业务拓展。

请问：A企业是如何对市场做出快速反应的？采用了哪些有效的供应链管理方法？

相关知识

供应链管理的方法有很多，下面主要介绍快速反应（quick response，QR）、有效客户反应（efficient consumer response，ECR）和电子订货系统（electronic ordering system，EOS）的基本理论。

7.3.1 快速反应

快速反应最先是指以条形码扫描仪和EDI为基础，只在供应商和零售商之间建立的JIT供应补充系统。沃尔玛对QR的应用是把零售点的POS机与生产厂家发货部门直接相连，以减小分销库存。《物流术语》将快速反应定义为：“供应链成员企业之间建立战略合作伙伴关系，利用EDI等信息技术进行信息交换与信息共享，用高频率小数量配送方式补充商品，以实现缩短交货周期，减少库存，提高顾客服务水平和企业竞争力为目的的一种供应链管理策略。”

随着对QR研究的深入，可以总结为：快速反应是通过共享信息资源，建立一个快速供应体系来实现销售额增长，以达到顾客服务的最大化及库存量、商品缺货、商品风险最小化的目的。主要意义是将买方的需求信息与供应方的供给信息对接起来，以实现生产与销售之间商品与信息的高效率传送，对消费者的需求做出快速反应。目的是减少从原材料到销售点的时间和整个供应链上的库存，最大限度地提高供应链的运作效率。

1. 快速反应策略

从 QR 实现技术上来说，QR 的主要策略有：商品单元条码化、利用 EDI 传输订购单报文和发票报文、自动化仓库管理、采用电子商务方式交易等。从 QR 应用于管理来说，可以将其与其他管理方法相结合，主要策略有融入了 JIT 的 QR 策略、融入供应链管理的 QR 策略、将 QR 策略与补偿策略相结合等。

2. 快速反应应用领域

现在，企业对快速反应技术应用的需求越来越迫切，根据应用的侧重点不同，快速反应技术有许多代名词，如基于时间的竞争、时间压缩技术、快的反应、快的周期、提前期缩减、快速产品导入、导入市场时间研究以及最近的快速反应制造。这些叫法虽然有所不同，但其本质意义都是要减少由非增值行为带来的提前期。据研究，在制造业中，这些非增值行为在整个制造过程中占 95%~99.5% 的时间。在产品制造、产品开发、销售以及办公操作中使用 QR，可减少 50% 以上的提前期。当应用于整个组织时，QR 可以在关键流程上选择组织工作的基本结构，减少提前期，根据客户需求快速设计和制造产品，消灭非增值行为带来的浪费，快速响应顾客需求；其主要目标就是在合适的地点、合适的时间以合理的价格提供合适的产品。快速反应应用于一个组织时，有以下几个方面：

（1）产品开发。使用严格的工程变化单来控制协调各个部门，以保证材料供应、路线选择、销售订单等的正常运作。能够及时通知其他部门，避免材料和时间的浪费，减少提前期。

（2）销售和服务。使用销售自动化可以为企业提供准确和及时的信息；使用供应商管理库存可以缩短制造商和顾客之间的距离，减少顾客从订货到取货之间的时间；系统通过预定义模型、选项、条件规则、路径选择和定价能加速工艺和销售以及制造之间的信息传递。

（3）制造。许多时间压缩技术被应用于这个领域，如小批量生产、面向对象设施布置、JIT 和看板等。主要方法在于简化操作、减少纸张工作并在部件层次集成高层次的 MRP 计划。

（4）电子商务。和整个供应链结合的最热的电子商务技术策略是电子采购、产品集成和知识接口。

（5）办公室操作。通过减少重复输入数据和在线通知等方式减少办公人员的繁忙时间；在办公室环境中采用 E-mail 和 EDI 以及电子货币传输可加速顾客下订单到货物发运的过程。

（6）评估和跟踪。制造提前期管理支持对运作的监测，并提供工厂运作流程的全貌，以减少制造的提前期；监控器可以监测到实际时间和提前期预设目标之间的差异（所谓监控器是指一个信息的动态窗口，可以不受用户的干扰动态地显示和刷新数据）；销售商业绩评估帮助企业选择好的供应商；自动数据输入和门店数据搜集可让企业更及时和准确地掌握一手的信息及订单完成状况。

由此可见，快速反应在企业的应用范围很广，对提高企业市场需求反应能力有很大的帮助，对解决我国物流企业目前面临的问题有实际的应用意义。

相关链接

实施 QR 需遵循的五大原则

1. 革新企业意识和组织架构，充分利用供应链各方资源提高效率，零售商及时反馈信息是 QR 战略的起点和原动力，提升事务处理自动化程度。

2. 开发和应用信息技术是 QR 战略的前提条件，信息技术包括条形码技术、无线射频识别技术、连续主动补货技术等。

3. 与供应链相关企业建立有效的分工协作框架。

4. 将销售、库存、产能等信息与供应链伙伴实时共享，改造传统的相关信息相互保密的做法。

5. 制造企业必须尽可能缩短生产周期，降低库存水平。

7.3.2 有效客户反应

有效客户反应是在 QR 的基础上，从美国食品杂货行业发展起来并形成的一种新型的商品流通模式，它的产生可归结于 20 世纪商业竞争的加剧、消费者权利增大和信息技术的发展。20 世纪 80 年代特别是 90 年代以后，美国日杂百货业零售商和生产厂家的交易关系由生产厂家占据支配地位转换为零售商占主导地位，在供应链内部，零售商和生产厂家为取得供应链主导权，为商家品牌（PB）和厂家品牌（NB）占据零售店铺货架空间的份额展开激烈的竞争，使得供应链各个环节间的成本不断转移，供应链整体成本上升。

1. 有效客户反应的定义

自 ECR 被提出后，零售商和制造商积极地参与实践，它的出现促进了整个商品流通过程的观念创新、组织创新和信息技术创新，这种变革意义深远，西方经济学家将其称为“第二次产业革命”。不同的国家所处行业的业态分布不同，对 ECR 的定义也就不同。

根据ECR欧洲执行董事会的定义："ECR是一种通过对制造商、批发商和零售商各自经济的活动加以整合，以最低的成本，最快、最好地实现消费者需求的流通模式。"

日本学者认为ECR是基于从生产厂家到零售商供应链上的全部企业协同作业，以提高供应链整体的效率的想法，将业务流程在整个日杂百货业内标准化、统一化以使合作作业顺利进行的经营体制改革运动。

《物流术语》将有效客户反应定义为："以满足顾客要求和最大限度降低物流过程费用为原则，能及时做出准确反应，使提供的物品供应或服务流程最佳化的一种供应链管理策略。"

综合以上定义可以看出，ECR的指导思想是通过生产厂家、批发商和零售商等各方相互协调和合作，来满足消费者日益增长的需求，主要强调的是降低供应链中的成本和效率问题。

2. 有效客户反应的特点

有效客户反应具有三个方面特点：

（1）重视采用新技术和方法。ECR体现在两个方面：一方面，ECR采用了先进的信息技术，在生产企业与流通企业之间开发了一种利用计算机技术的自动订货系统（computer assisted ordering，CAO）。CAO通常与电子收款系统（point of sale，POS）结合使用，利用POS系统提供的商品销售信息把有关订货要求自动传向配送中心，由该中心自动发货，这样就可能使零售企业的库存降至为零状态，并减少了从订货至交货的周期，提高了商品鲜度，减少了商品破损率，还可使生产商以最快捷的方式得到自己的商品在市场是否适销对路的信息。另一方面，ECR系统还采用了两种新的管理技术和方法，即品类管理和空间管理。品类管理的基本思想是不从特定品种的商品出发，而是从某一种类的总体上考虑收益率最大化。比如，对软饮料而言，不考虑其品牌，而是从软饮料这一大类上考虑库存、柜台面积等要素，按照投资收益率最大比原则去安排品种结构。其中有些品种能赢得购买力，另一些品种能保证商品收益，通过相互组合，既满足了顾客需要，又提高了店铺的经营效益。空间管理指促使商品布局、柜台设置最优化。过去许多零售商也注意此类问题，不同点在于ECR系统的空间管理是与品类管理相结合的，通过两者的结合实现单位销售面积的销售额和毛利额的提高。因而，可以取得更大的效果。

（2）注重建立稳定的伙伴关系。在传统的商品供应体制上，生产者、批发商、零售商相互间联系不紧密，每一次订货都有很大的随机性，这就造成生产与销售之间商品流动的极其不稳定性，增加了商品的供应成本。而ECR的建立恰恰克服了这些不足，在生产者、批发商和零售商之间建立了一个连续的、闭合式的供应体系，改变了相互不信任的心态，使它们结成相对稳定的伙伴关系，克服了商业交易中的钩心斗角，实现了共存共荣，是一种新型的产销同盟和产销合作模式。

（3）实现了信息及时共享和无纸化办公作业。ECR充分利用了信息处理技术，使产购销各环节的信息迅速传递共享并实现无纸化办公。无论是企业内部的传票处理，还是企业之间的订货单、价格变更、出产通知等文书都通过计算机间的数据交换系统进行自动处理。由于利用了电子数据交换技术，生产企业在出产的同时，就可以把出产的内容电传给进货方，作为进货方的零售企业只要在货物运到后，扫描集运架或商品上的条码就可以完成入库验收等处理工作。由于全面采用了电子数据交换技术，可以根据出产明细自动地处理入库，从而使处理时间接近为零，这对于迅速补充商品、提高预测精度、大幅降低成本起到了很大的促进作用。

3. 有效客户反应的应用原则

美国食品市场营销协会的报告中提出应用 ECR 时必须遵守以下五项指导原则：

（1）ECR 的目的是以低成本向消费者提供高价值服务。这种高价值表现在向供应链客户提供产品性能更优、质量更好、品种更全、现货服务更多及更加便利的服务等方面。ECR 通过整个供应链整体的协调和合作来达到该目的。

（2）ECR 要求供需双方关系必须从传统的输赢交易关系向双赢型的联盟关系转变，要达到这种效果，必须要求企业的组织文化与经营策略进行必要的改革。

（3）ECR 要求及时准确的信息必须在市场营销、生产制造、物流配送等决策方面起重要的战略决策作用，要求企业通过 EDI 在供应链上进行信息交换和共享，它将影响以计算机信息为基础的系统信息的有效利用。

（4）ECR 要求即时配送、交叉配送、自动的连续补货和店铺直送等，以保证在适当的时候可以得到适当的产品。

（5）ECR 要求必须建立与供应链匹配的绩效评估体系，它着眼于系统整体的效益，公平地分配这些收益。

7.3.3 电子订货系统

最早把电子订货系统引入商业的是连锁店，其目的是追求分店与总店的相互补货之间的合理化。后来发展为企业间利用通信网络（VAN 或互联网）和终端设备以在线连接方式进行订货作业和订货信息交换的系统。目前，EOS 因包含了很多先进的管理手段，在国际上使用非常广泛，并且越来越受到商业界的青睐。

《物流术语》将电子订货系统定义为："不同组织间利用通信网络和终端设备进行订货作业与订货信息交换的体系。"EOS 按应用范围可分为各企业内的 EOS（如连锁店经营中各个连锁分店与总部之间建立的 EOS），零售商与批发商之间的 EOS 以及零售商、批发商和生产商之间的 EOS。

相关链接

实施 EOS 后的优势

相关资料表明，相关企业间实施 EOS 之后在以下方面可以带来很大的改善，如表 7–1 所示。

表 7–1 EOS 的优势

零售业	· 降低库存量 · 减少交货失误 · 改善订货业务 · 建立商店综合管理系统
批发业	· 提高客户服务质量 · 建立高效的物流体系 · 提高工作效率 · 销售管理科学系统化

1. EOS 的特点和在企业物流管理中的作用

（1）EOS 的特点。

① EOS 使商业企业内部计算机网络具有完善的应用功能，能及时产生订货信息。

② EOS 与 POS 高度结合，产生高质量的订货和需求信息。

③ EOS 能满足零售商和供应商之间的信息传递。

④ EOS 直接通过网络传输订货信息。

⑤ EOS 使信息传递更及时、准确。

⑥ EOS 是许多零售商和供应商之间的整体运作系统，在零售商和供应商之间建立起了一条高速通道，使双方的信息及时得到沟通，使订货过程的周期大大缩短，既保障了商品的及时供应，又加速了资金的周转，实现了零库存战略。

（2）EOS 在企业物流管理中的作用。

EOS 能及时准确地交换订货信息，它在企业物流管理中的作用如下：

① EOS 可以缩短从接到订单到发出订货的时间，缩短订货商品的交货期，减少商品订单的出错率，节省人工费用。

② EOS 有利于减少企业库存持有水平，提高企业的库存管理效率，避免商品特别是畅销商品缺货现象的出现。

③通过 EOS 分析零售商的商品订货信息，能准确判断畅销商品和滞销商品，有利于企业调整商品生产和销售计划。

④ EOS 有利于提高企业物流信息系统的效率，使各个业务信息子系统之间数据交换更

加便利和迅速，丰富企业的经营信息。

2. EOS 的基本结构

EOS 是由多个零售商和批发商组成的庞大运作系统，方便信息的快速传递和共享，其基本结构如图 7–7 所示。其中商业增值网络中心（value added network，VAN）是公共的信息中心，它通过通信网络把不同机构的计算机或各种终端相连，促进信息的收发，它是更加便利的一种共同的信息处理中心。实际上，在这个流通网络中，VAN 也发挥着巨大的功能。VAN 不仅负责信息的转换工作，也可以与国内外其他地域 VAN 相连并交换信息，从而扩大了客户资料交换的范围。

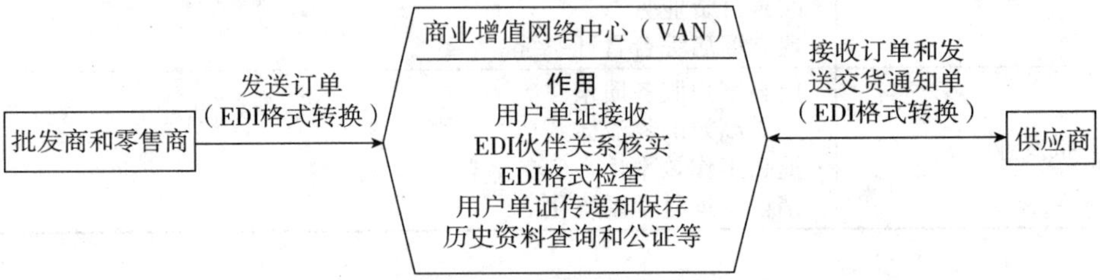

图 7–7　EOS 的基本结构

从图 7–7 可看出，EOS 中的批发商、零售商、供应商以及商业增值网络中心在整个物流交货中都有各自的角色和作用。

（1）批发商、零售商的作用。采购人员根据 MIS 系统提供的功能，收集并汇总各机构要货的商品名称、数量以及供应商的可供商品货源、供货价格、交货期限和信誉等资料，并向指定的供应商下达采购指令。采购指令按照商业增值网络中心的标准格式填写，经商业增值网络中心提供的 EDI 格式转换系统而转为标准的 EDI 单证，经由通信界面将订货资料发送至商业增值网络中心，然后等供应商发回有关信息。

（2）商业增值网络中心的作用。不参与交易双方的交易活动，只提供用户连接界面，每当接收到用户发来的 EDI 单证时，自动进行 EOS 交易伙伴关系的核查，只有互为伙伴关系的才能进行交易，否则视为无效交易；确定有效的交易还必须进行 EDI 单证格式检查，只有交易双方均认可的单证格式，才能进行单证传递；对每笔交易进行长期保存，供用户今后查询或在交易双方发生贸易纠纷时，可以将商业增值网络中心所储存的单证内容作为司法追究证据。

（3）供应商的作用。将商业增值网络中心传来的 EDI 单证，通过商业增值网络中心提供的界面和 EDI 格式转换系统，转换成为一张标准的商业订单。根据订单内容和供应商的 MIS 系统提供的相关信息，供应商可及时安排出货，并将出货信息通过 EDI 传递给相应的批发商和零售商，从而完成一次基本的发货作业。

当然，交易双方交换的信息不仅仅是订单和交货通知，还包括订单更改、订单回复、变更通知、提单、对账通知、发票、退换货等其他信息。

3. EOS 系统的流程

EOS 系统的基本流程如图 7-8 所示。

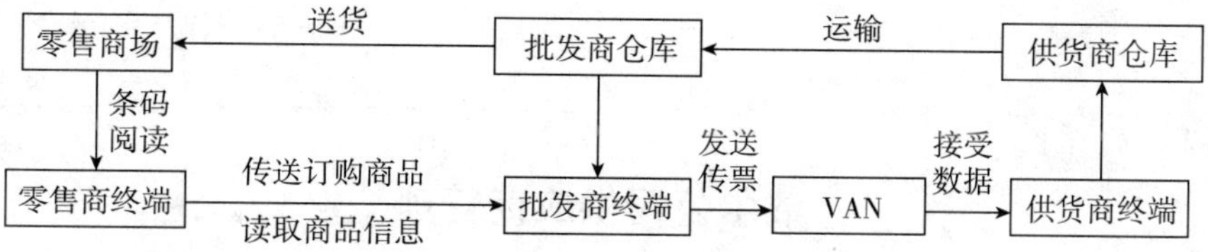

图 7-8　EOS 系统的基本流程

①在零售商的终端利用条码阅读器获取准备采购的商品条形码，并在终端机上输入订货材料；利用电话线通过调制解调器传到批发商的计算机中。

②批发商开出提货传票，并根据传票，同时开出拣货单，实施拣货，然后依据送货传票进行商品发货。

③送货传票上的资料便成为零售商的应付账款资料及批发商的应收账款资料。

④接到应收账款系统中去。

⑤零售商对送到的货物进行检验后，便可以陈列和销售了。

7.3.4　联合库存管理

所谓联合库存管理（jointly managed inventory，JMI），就是建立起整个以供应链核心企业为主的库存系统，具体地说，一是要建立起一个合理分布的库存点体系，二是要建立起一个联合库存控制系统。

联合库存管理分布一般是供应商企业取消自己的成品库存，而将自己的成品库存直接设置到核心企业的原材料仓库中，或者直接送到核心企业的生产线。

联合库存管理不但适用于各个供应商和核心企业，原理上也适合于核心企业与分销企业。在运用核心企业与分销商的情况下，核心企业要站在供应商的立场上，对各个分销企业实行分布库存，将货物直接存于各个分销仓库，并且直接掌握各个分销库存，采用配送等方式实现小批量、多频次送货。

联合库存系统除了需要建立上述联合库存分布之外，还要建立起统一的库存控制系统。只要建立好了联合库存分布体系，联合库存管理库存控制系统问题也就不难解决了。

7.3.5　供应商管理库存

供应商管理库存（vendor managed inventory，VMI），是供应链管理理论出现以后提出的一种新的库存管理方式，它是供应商掌握核心企业库存的一种库存管理方式，是对传统的由核心企业自己从供应商采购物资、自己管理、自己消耗、自负盈亏模式的一种革命性改变。实施 VMI，由供应商掌握库存，可以实现核心企业和供应商企业的“双赢”，不但对核心企业，而且对供应商企业自身都有很大的好处。

案例

戴尔公司供应商管理

戴尔公司（DELL）的供应链管理一直被视为全球的典范之一。从 1984 年成立以来，DELL 公司一直致力于为用户提供量身设计的产品及服务，并在全球高技术行业以及个人电脑制造业普遍不景气的大环境下，仍然占据全球个人电脑销售额的头牌位置。

关于 DELL 成功的原因，可以分为以下两大方面。

一、DELL 公司通过供应链管理平台整合外部资源

DELL 公司的高层管理者将 DELL 公司的成功归功于独特的直接运营模式及其背后支撑的基于现代化的高效供应链，认为这个供应链管理平台使 DELL 公司在供应商、客户之间构筑一个“虚拟整合的平台”，保证整个供应链的无缝集成。DELL 公司前期本希望通过实施 ERP 来达到这一目的，在投入了 2 亿美元巨资，经历了 2 年努力之后，发现 ERP 项目并不能帮助 DELL 公司实现外部资源整合的目标，于是毅然决定中止 ERP 项目，转而投巨资建设了全球著名的供应链管理平台。目前超过 50% 的客户订单是通过互联网发出的，在客户发出订单 50 秒内，供应链管理平台控制中心就会收到信息。工作人员借助供应链管理平台，把收到的订单信息迅速传递给各个配件供应商，通知它们 DELL 公司所需配件的数量、规格、型号以及装配和运输，供应商则根据相关信息迅速组织运货到装配厂，从而保证在最短的时间、以最少的开支制造出更好的产品。通过供应链管理平台，DELL 公司已经把客户、配件生产商、供应商、装配线等连结成一个整体。

二、DELL 公司将渠道流程优化作为供应链管理的实现策略

DELL 公司的供应链管理为什么成功？根本原因在于其供应链管理始终以渠道流程优化为核心实现策略。具体表现在以下三个方面：

第一，直销原则。直销在 DELL 公司具体体现为基于最终客户需求的模式，就是由 DELL 公司建立一套与客户联系的渠道，由客户直接向 DELL 公司发订单。订单中可以详细列出所需的配置，然后公司“按单生产”。这是 DELL 公司供应链管理的第一个特点，实质上就是基于客户需求的渠道扁平化。虽然大多数人把 DELL 公司的直接模式简单地理解成“直销”，但实际上 DELL 公司的真正成功绝不仅仅是直销，其真正的优势和独特之处在于整个管理上的先进，而这种先进的管理思想和方法就是基于供应链管理平台的渠道流程优化，“虚拟整合”了供应商和顾客，使得企业的效率大大高于竞争对手，这才是 DELL 公司真正的制胜之道。

第二，以信息代替存货。DELL 公司为什么敢提出“零库存”这个大胆的理念？主

要就是因为公司基于其强大的渠道流程优化能力，通过处理信息资源创造价值。传统分销代理渠道是存贮货物的水渠，厂商的库存是压在分销渠道中的，这样一来很难做到“零库存”。DELL公司通过供应链流程的简化和优化，信息反馈速度的提高，加强库存管理能力及与零件供应商的协作关系，达到了“以信息代替存货”的目标。目前DELL公司与全球170多个国家5万多家供应商和配件生产厂保持着联系，并掌握它们的库存和生产信息，保证按时、按质送货到位。因此，DELL公司能够在竞争对手的库存周期大都还徘徊在30~40天时，就将自己的库存周期降至4~5天，极大地降低了库存和物料成本。DELL公司在销售和采购环节的零库存，效益显而易见。DELL公司的运营成本比例不断下降，现在仅为10%，而惠普是21%，盖特威（GATEWAY）是25%，思科则高达46%，DELL公司的竞争优势可见一斑。这也是为什么电脑行情跌入低谷时，DELL公司仍然保持着较高收益的真实原因。

第三，价值整体创造。价值整体创造在DELL公司被具体化为“与客户结盟”的战略，DELL公司打破了传统意义上“厂家”与“供应商”之间的供需配给，始终保持与客户的实时互动，及时得到第一手的客户反馈和需求，然后根据客户需求接受订单，再进行以客户需求为导向的产品制造。这样就能保证按照客户需求提供产品。这是一个良性循环的过程。

正是通过基于供应链管理平台的渠道流程优化，DELL公司能够实现在合适的时间把合适的产品以最优的价格送到合适的地点，从而使公司的生产成本大大下降而效益大幅提高。

资料来源：李燕，刘志学．戴尔的敏捷物流管理模式．中国物流与采购，2006（06）．

课后练习

一、判断题

1. 供应链管理最先是在美国迈克尔·波特提出的“价值链”基础上形成和发展起来的。(　　)

2. 很多“圈内人”将采购管理称为物流。(　　)

3. 剖析企业现状的目的是要找到供应链设计的目标产品市场，了解目前市场的产品需求、产品类型和产品特征等信息。(　　)

4. 产品制造、产品开发、销售以及办公操作中使用QR，可减少50%以上的提前期。(　　)

5. EOS可以缩短从接到订单到发出订货的时间，缩短订货商品的交货期，减少商品订单的出错率，节省人工费用。(　　)

二、单项选择题

1. 供应链管理包括六大基本内容，其中不包括的是（　　）。

A. 计划管理和库存管理　　B. 销售管理和运输管理

C. 采购管理和制造管理　　D. 配送管理和退货管理

2. 供应链管理的概念建立在（　　）能够通过上下游企业之间的信息共享和协同运作得以提高的信念之上。

A. 质量　　B. 服务　　C. 成本　　D. 效率

3. 快速反应是通过共享（　　）资源，建立一个快速供应体系来实现销售额增长，以达到顾客服务的最大化及库存量、商品缺货、商品风险最小化的目的。

A. 服务　　B. 质量　　C. 信息　　D. 成本

4. ECR 的指导思想是通过生产厂家、批发商和零售商等各方相互协调和合作，来满足消费者日益增长的需求，主要强调的是降低供应链中的（　　）。

A. 质量和服务问题　　B. 销售和质量问题

C. 成本和效率问题　　D. 成本与服务问题

5. 下列选项中，不是 EOS 的典型特点的是（　　）。

A.EOS 直接通过网络传输订货信息　　B.EOS 能满足零售商和供应商之间的信息传递

C.EOS 重视采用新技术和方法　　D.EOS 使信息传递更及时、准确

三、多项选择题

1. 供应链管理体现的基本思想包括（　　）。

A. 系统的观念和共同的目标　　B. 主动积极的管理

C. 新型的企业与企业关系　　D. 核心的竞争能力

2. 构成的价值链三流为（　　）。

A. 商流　　B. 物流　　C. 信息流　　D. 资金流

3. 供应链设计的基本原则包括（　　）。

A. 自顶向下和自底向上相结合的设计原则

B. 简洁性原则和集优化原则

C. 协调性原则和动态性原则

D. 创新性原则和战略性原则

4. 供应链管理的方法有很多，下面属于其方法的是（　　）。

A. 快速反应（QR）　　B. 准时制供应（JIT）

C. 有效客户反应（ECR）　　D. 电子订货系统（EOS）

5. 商业增值网络中心（VAN）是 EOS 的组成部分，其主要作用有（　　）。

A. 用户单证接收　　B. EDI 伙伴关系核实和 EDI 格式检查

C. 用户单证传递和保存　　D. 历史资料查询和公证

四、简答题

1. 简述供应链管理的概念和主要特征。
2. 简述供应链的结构和设计的原则、步骤。
3. 简述 EOS 的特点和作用。

实践与实训

上网下载一个 ERP 软件试用，体会整个供应链管理的流程（见图 7–9）。

提示：ERP 软件提供商会将该软件放在网上提供免费下载，下载的是单机版，也就是数据不能共享，但可在一台机上模拟供应链运行全过程。

工作步骤：

1. 下载软件。
2. 注册。
3. 运作流程。

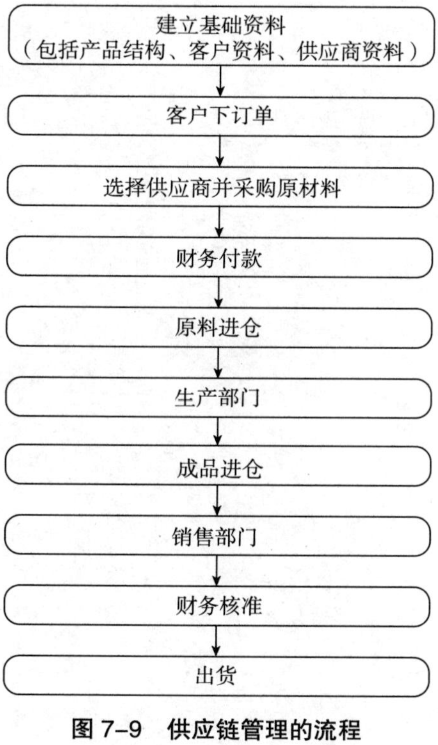

图 7–9　供应链管理的流程

项目8

物流信息系统

学习导航

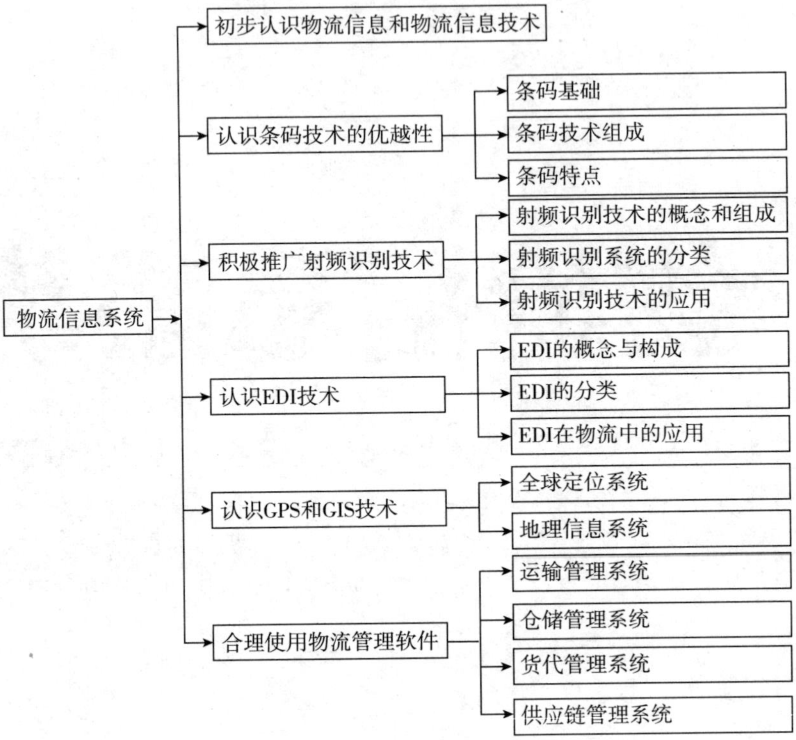

项目简介

ABC 公司是一家美国的世界性连锁企业，以营业额计算为全球超大型公司之一，总部位于美国阿肯色州的本顿维尔。ABC 公司主要涉足零售业，在全球 15 个国家开设了超过 8 000 家商场，下设 53 个品牌，员工总数 210 多万人，每周光临该公司的顾客 2 亿人次。该公司是世界上雇员最多的企业之一，连续三年在美国《财富》杂志全球 500 强企业中居于前三名。

ABC 公司作为世界上最大的零售企业，每天销售的商品成千上万，它是如何准确、快速、及时地完成这些产品的采购、销售、配送等流程操作以及庞大的数据信息处理的呢？这些都应该归功于信息技术的灵活运用。

8.1 任务：初步认识物流信息和物流信息技术

ABC 公司取得的极大成功，很大程度上是因为它至少比竞争对手提前 10 年将尖端科技和物流系统进行了巧妙搭配。

ABC 公司一直崇尚采用最现代、最先进的系统，进行合理的运输安排。早在 20 世纪 70 年代，ABC 公司就开始使用计算机进行管理；接着，ABC 公司采用一种叫做 UNIX 的配送系统，并采用传送带和非常大的开放式平台，还采用产品代码自动补货系统和激光识别系统，所有这些为 ABC 公司节省了相当多的成本，使其获得了最终的成功。

这些先进技术当中，物流技术包括哪些？分别起到了什么作用？

相关知识

物流信息是反映物流各种活动内容的知识、资料、图像、数据、文件的总称。《物流术语》对物流技术的定义是，“物流活动中所采用的自然科学与社会科学方面的理论、方法，以及设施、设备、装置与工艺的总称”。在计算机网络技术应用越来越普及的今天，物流技术中综合了许多现代信息技术，如条码技术（bar code）、射频识别技术（RFID）、电子数据交换（EDI）、地理信息系统（GIS）、全球定位系统（GPS）等。物流信息技术是指现代信息技术在物流领域各个作业环节中的应用，高速发展的计算机网络技术的应用使物流信息技术达到了一个崭新的水平。

物流信息技术是物流现代化的重要标志，也是物流技术中发展最快的领域，从数据采集的条形码系统，到办公自动化系统中的计算机、互联网，各种终端设备等硬件以及计算机软件都在日新月异地发展。同时，随着物流信息技术的不断发展，产生了一系列新的物流理念和新的物流经营方式，推进了物流的变革。在供应链管理方面，物流信息技术的发展也改变了企业应用供应链管理获得竞争优势的方式，成功的企业通过应用信息技术来支持它的经营战略并选择它的经营业务，通过利用信息技术来提高供应链活动的效率性，增强整个供应链的经营决策能力。

8.2　任务：认识条码技术的优越性

ABC 公司的配送中心完全实现了自动化，每种商品都有条码，数千米的传送带输送商品，由激光扫描器和电脑追踪每种商品的储存位置及运送情况。繁忙时，传送带每天能处理 20 万箱的货物，许多商品在配送中心停留的时间总计不超过 18 小时。

ABC 公司通过条码技术的使用，代替了大量手工劳动，不仅缩短了顾客结账时间，更可以利用跟踪商品从进货到库存、配货、上架、售出的全过程，及时掌握商品销售和运行信息。计算机系统能自动分析并建议采购量，使得自动补货系统更加准确、高效，降低了成本，加速了商品流转以满足顾客需要。

条码技术有哪些组成部分？具有什么特点？

相关知识

条码技术是在计算机的应用实践中产生和发展起来的一种自动识别技术。它是为了实现对信息的自动扫描而设计的，是实现快速、准确而可靠的采集数据的有效手段，条形码技术的应用解决了数据录入和数据采集的“瓶颈”问题，为供应链管理提供了有力的技术支持。

8.2.1　条码基础

条形码简称条码，是由一组规则排列的条、空及其对应字符组成的，用以表示一定信息的标识。条码中的条、空分别由深浅不同且满足一定光学对比度的要求的两种颜色（通常为黑、白色）表示。条为深色，空为浅色，这些条和空可以有各种不同的组合方法，从而构成不同的图形符号，即各种符号体系，也称码制，以适用不同的场合。

1. 条码的结构

条码中的一组黑白相间、粗细不同的条状符号隐含着数字信息、标志信息、符号信息等，主要用于表示商品的名称、产地、价格、种类，是国际通用的商品代码的表述方法。条码中的条纹是由若干黑色“条”和白色“空”的单元组成，因为黑色“条”对光的反射率低而白色“空”对光的反射率高，加上条与空的宽度不同，使得扫描光线产生不同的反射接收效果，在光电转换设备上转换成不同的电脉冲，形成不同的电子信息。

一个完整的条码结构组成次序为：静空区（前），起始符，数据符（中间分割符，主要用于 EAN 码），校验符，终止符，静空区（后），如图 8-1 所示。

图 8-1　条码的结构

2. 条码的分类

目前，国际上广泛使用的条码种类有 EAN 码、UPC 码、UCC/EAN-128 码、Code39、ITF25 码、Code Bar 码等。上述条码均属于一维条码，具体描述如表 8-1 所示。二维条码是将一维条码存储信息的方式在二维空间上扩展，从而存储更多的信息，故称为二维条码。二维条码也在迅速发展，并在许多领域得到了应用。常用的二维条码码制有：Data Matrix，Maxi Code，Aztec Code，QR Code，Vericode，PDF417，Ultracode，Code 49，Code 16K 等，如图 8-2 所示。

表 8-1　　一维条码的种类

条形码种类	图示	描述
EAN 码	6 901234 567892	是国际物品编码协会制定的一种商品用条码，通用于全世界
UPC 码	0 89600 12456 9	是美国统一代码委员会制定的一种商品用条码，主要在美国和加拿大使用
UCC/EAN-128 码	Aux(124)-TR	由国际物品编码协会、美国统一代码委员会和自动识别制造商协会共同设计，是物流条码
Code 39 码	*123ABC*	主要用于工业、图书及票证的自动化管理领域
ITF25 码	1234567890	在物流管理中应用较多
Code Bar 码	a000800a	主要用于医疗卫生、图书情报、物资等领域

Data Matrix　Maxi Code　Aztec Code　QR Code　Vericode

PDF417　Ultracode　Code 49　Code 16K

图 8–2　常用的二维条码码制

3. 条码的识读装置

条码识读装置主要有：光笔扫描器、台式扫描器、卡式阅读器、手持式扫描器、固定式光电及激光快速扫描器、便携式数据采集器等，具体描述如表 8–2 所示。

表 8–2　条码的识读装置

名称	图片	描述
光笔扫描器	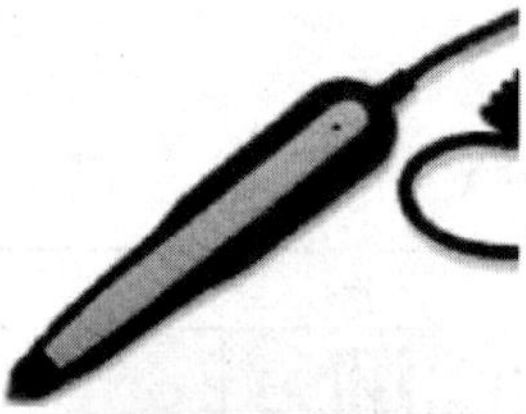	一种在光学仪器及工具中使用的，似笔形的往返光电扫描器
台式扫描器	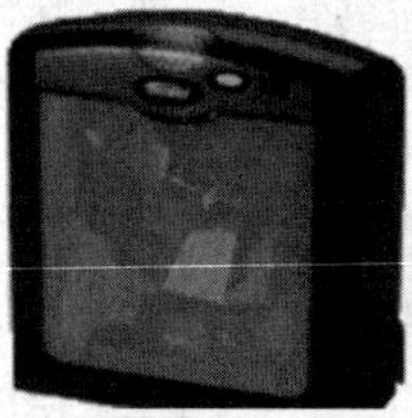	固定的扫描装置，通过手持带有条码的卡片或证件在扫描器上移动完成扫描
卡式阅读器		将有条码的卡式证件插入滑槽区，自动沿轨道做直线运动，在卡片前进过程中，扫描光线将条码信息读入
手持式扫描器	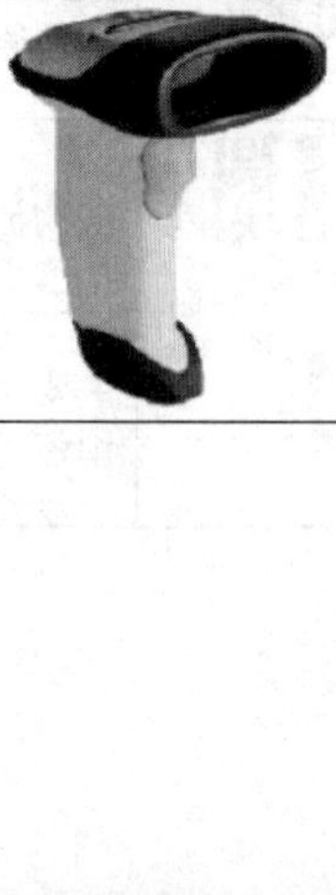	能手持使用和移动使用的较大的扫描器，常用于静态物品扫描

续前表

名称	图片	描述
固定式光电及激光快速扫描器		由光电扫描器和光电转换器组成，是现在物流领域应用较多的固定式扫描设备，安装在物品运动的通道边，对物品进行逐个扫描
便携式数据采集器		又叫数据采集终端或盘点机，根据使用用途不同，可分为两类：在线式和便携式。在线式又可分为台式和连线式，它们大部分直接由交流电源供电，一般是非独立使用的

8.2.2　条码技术组成

条码技术是运用条码进行自动数据采集的技术，主要包括符号表示技术、识读技术、条码应用系统设计、编码技术、生成与印刷技术等，是实现计算机管理和电子数据交换不可或缺的技术。条码技术的核心内容是利用光扫描设备识读条码符号，从而实现机器的自动识别，并快速准确地将信息录入计算机进行数据处理，以达到自动化管理的目的。条码是生产厂家、批发商、零售商、运输业者等经济主体进行订货和接受订货、销售、运输、保管、出入库检查等活动的信息源，它是企业实行管理自动化的基础，条形码的主要系统有 EAN 码和 UPC 码。

1. 符号表示技术

符号表示技术主要研究各种码制条码的编码规则、特点及应用范围，以及条码符号的设计及制作、条码符号印刷质量的控制等。

2. 识读技术

识读技术主要由条码扫描和译码两部分构成。

3. 条码应用系统设计

条码应用系统由条码、识读设备、计算机及通信系统组成。系统设计主要考虑三个因素：条码设计、符号印制和识读设备。

8.2.3 条码特点

在信息输入技术当中，采用的自动识别技术种类繁多。条码作为其中一种图形识别技术，与其他识别技术相比，具有以下特点：

1. 简单

条码标签易于制作，对印刷技术设备和材料也无特别要求，被称为“可印刷的计算机语言”。

2. 信息采集速度快

普通计算机的键盘录入速度是每分钟 200 字符，而利用条码扫描录入信息的速度是键盘录入的 20 倍。

3. 采集信息量大

利用条码扫描一次可以采集十几位字符的信息，而且可以通过选择不同码制的条码增加字符密度，使录入信息量成倍增加。

4. 可靠性高

键盘录入数据，误码率为三百分之一，利用光学字符识别技术（optical character recognition，OCR），误码率是万分之一，而采用条码扫描录入方式，误码率仅为百万分之一，首读率可达 98% 以上。

5. 设备结构简单，成本低

与其他自动化识别技术相比，推广应用条码技术所需费用较低。

6. 灵活、实用

条码符号作为一种识别手段可以单独使用，也可以和有关设备组成识别系统实现自动化识别，还可和其他控制设备联系起来实现整个系统的自动化管理。同时，在没有自动识别设备时，也可实现手工键盘输入。

7. 自由度大

识别装置与条码标签相对位置的自由度要比光学字符识别技术大得多。条码通常只在一维方向上表达信息，而同一条码上所表示的信息完全相同并且连续，这样即使是标签有部分欠缺，仍可以从正常部分输入正确信息。

8.3 任务：积极推广射频识别技术

早在 2004 年，ABC 公司就要求其前 100 家供应商在 2005 年 1 月之前向其配送中心发送货盘和包装箱时使用无线射频识别（RFID）技术。ABC 公司供应商现在每年使用超过 50 亿张电子标签，在全世界已安装了约 5 000 个 RFID 系统，实际年销售额约为 9.64 亿美元。

射频识别技术的出现给 ABC 公司带来了很大的便利，消费者在购物时，无须再等待收银员逐件扫描商品价格，只需推着手推车，在识别器前走过，商品价格、真伪、出厂日期等信息将全部出现在电脑里。

那么，什么是射频识别技术？它有哪些明显的优势呢？

相关知识

射频识别技术是无线电频率识别的简称，是从 20 世纪 80 年代兴起并逐渐走向成熟的一项自动识别技术。随着超大规模集成电路技术的发展，射频识别系统的体积大大缩小，应用也越来越广泛。

8.3.1 射频识别技术的概念和组成

射频识别技术是指通过射频信号识别目标对象并获取相关数据信息的一种非接触式的自动识别技术。它的基本原理是电磁理论，利用无线电波对记录媒体进行读写。射频识别卡具有可读写能力，可携带大量数据，难以伪造和智能化。射频识别系统是由射频标签、识读器、计算机网络和应用程序及数据库组成的数据采集系统，它具有条形码不具备的防水、防磁、耐高温、使用寿命长、读取距离大、标签上数据可以加密、储存数据容量更大、存储信息更改方便等优点。

射频识别系统在具体的应用过程中，根据不同的应用目的和应用环境，系统的组成会有所不同，但从射频识别系统的工作原理来看，系统一般由信号发射机、信号接收机、编程器、发射接收天线等部分组成。

1. 信号发射机

在射频识别系统中，信号发射机就是通常所说的标签，它由耦合元件及芯片组成，标签含有内置天线，用于存储需要识别传输的信息并和射频天线间进行通信。标签一般是带有线圈、天线、储存器与控制系统的集成电路。根据工作方式可分为主动式（有源）和被动式（无源）两大类。

2. 信号接收机

在射频识别系统中，信号接收机一般又称为阅读器、询问器，是对 RFID 标签进行读/写操作的设备，主要包括射频模块和数字信号处理单元两部分。其功能是提供与标签之间进行数据传输的途径。

3. 编程器

具有可读写标签的系统才需要编程器，它是向标签写入数据的装置。

4. 发射接收天线

天线是 RFID 标签和读写器之间实现射频信号空间传播和建立无线通信连接的设备。RFID 系统中包括两类天线：一类是 RFID 标签上的天线，它已经和 RFID 标签集成为一体；另一类是读写器天线，既可以内置于读写器中，也可以通过同轴电缆与读写器的射频输出端口相连。

信号发射机（典型形式就是标签）进入磁场后，接收信号接收机（阅读器）发出的射频信号，凭借感应电流所获得的能力发送出储存在芯片中的产品信息（无源标签或被动标签），或者主动发送某一频率的信号（有源标签）；阅读器读取信息并解码后，送至中央信息系统进行有关数据处理，其基本原理如图 8–3 所示。

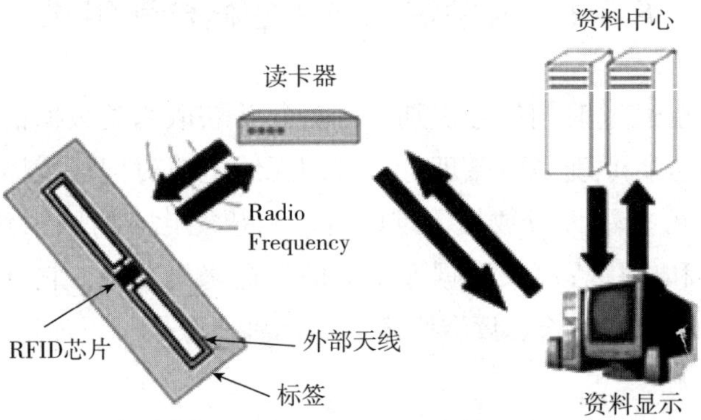

图 8–3　RFID 的工作原理

8.3.2　射频识别系统的分类

根据 RFID 系统完成的功能不同，可以粗略地把 RFID 系统分成四种类型：电子商品防窃系统、便携式数据采集系统、物流控制系统和定位系统。

1. 电子商品防窃系统

电子商品防窃（electronic article surveillance，EAS）系统是一种设置在需要控制物品出入的门口的 RFID 技术。这种技术的典型应用场合是商店、图书馆、数据中心等地方，当未被授权的人从这些地方取走物品时，EAS 系统会发出警告。典型的 EAS 系统一般由三部分组成:（1）附着在商品上的电子标签，电子传感器;（2）电子标签灭活装置，以便授权商品能正常出入;（3）监视器，在出口造成一定区域的监视空间。EAS 系统的工作原理是：在监视区，发射器以一定的频率向接收器发射信号。发射器与接收器一般安装在零售店、图书馆的出入口，形成一定的监视空间。当具有特殊特征的标签进入该区域时，会对发射器发出的信号产生干扰，这种干扰信号也会被接收器接收，再经过微处理器的分析判断，就会控制警报器的鸣响。

2. 便携式数据采集系统

便携式数据采集系统使用带有 RFID 阅读器的手持式数据采集器采集 RFID 标签上的数据。这种系统具有比较大的灵活性，适用于不宜安装固定式 RFID 系统的应用环境。手持式阅读器（数据输入终端）可以在读取数据的同时，通过无线电波数据传输方式实时地向主计算机系统传输数据，也可以暂时将数据存储在阅读器中，再一批一批地向主计算机系统传输数据。

3. 物流控制系统

在物流控制系统中，RFID 阅读器分散布置在既定的区域，并且阅读器直接与数据管理信息系统相连，信号发射机是移动的，一般安装在移动的物体或人上面。当物体或人经过阅读器时，阅读器会自动扫描标签上的信息并把数据信息输入数据管理信息系统存储、分析、处理，达到控制物流的目的。

4. 定位系统

定位系统用于自动化加工系统中的定位以及对车辆、轮船等进行运行定位支持。阅读器放置在移动的车辆、轮船上或者自动化流水线中移动的物料、半成品、成品上，信号发射机嵌入操作环境的地表下面。信号发射机上存储有位置识别信息，阅读器一般通过无线的方式或者有线的方式连接到主信息管理系统。

8.3.3 射频识别技术的应用

1. 高速公路自动收费及交通管理

高速公路自动收费系统是 RFID 技术的成功应用之一。射频技术运用于高速公路的收费，可以实现不停车收取费用，车辆可以高速地通过收费站点而系统自动完成收费过程。RFID 技术应用在高速公路收费上能充分体现它的非接触识别的优势。

2. 门禁保安

运用 RFID 技术，可以提高检查效率，减少保安人数。只要人们都佩戴了射频卡，出入的自动识别与非法闯入报警都能由系统完成。

3. RFID 卡收费

利用 RFID 卡收费适用环境范围广，可以减少现金收费的不安全性，并可实现一卡多用，方便人们的生活。

8.4 任务：认识 EDI 技术

ABC 公司在 1985 年就建立了电子数据交换系统，进行无纸化作业，所有信息全部在电脑上运作。ABC 公司要求其核心供应商也使用 EDI 技术，这样双方企业通过 EDI 和卫星通信实现联网，借助于信息系统，供应商除了能迅速知晓 ABC 公司物流中心内的商品库存情况外，还能及时了解商品在 ABC 公司商铺的销售量、库存量、价格等数据，这样不仅能使供应商及时制订出符合市场需求的生产和研发计划，同时也能对 ABC 公司商铺的库存进行单品管理，做到连续补货，防止出现商品结构性机会成本（即滞销商品库存过多，而同时畅销商品断货）。

那么，EDI 是什么？有哪些作用呢？

相关知识

电子数据交换是 20 世纪 80 年代发展起来的一种电子化贸易工具，是计算机、通信和现代管理技术相结合的产物。它通过计算机通信网络将贸易、运输、保险、银行和海关等行业信息，用一种国际公认的标准格式，实现各有关部门或企业之间的数据交换与处理，并完成以贸易为中心的全部过程。

8.4.1 EDI 的概念与构成

EDI 是指通过电子方式，采用标准化的格式，利用计算机网络进行结构化数据的传输和交换（《物流术语》）。它是一种在公司之间传输订单、发票等作业文件的电子化手段。

国际标准化组织（ISO）将 EDI 描述成“将贸易（商业）或行政事务处理按照一个公认的标准变成结构化的事务处理或信息数据格式，从计算机到计算机的电子传输”。有时 EDI 也被人们通俗地称为“无纸贸易”。美国国家标准局 EDI 标准委员会对 EDI 的解释是：“EDI 指的是在相互独立的组织机构之间所进行的标准格式、非模糊的具有商业或战略意义的信息的传输。”

从 EDI 的定义不难看出，EDI 包含了三个方面的内容，即计算机应用、通信网络和数据标准化。其中计算机应用是 EDI 的条件，通信网络是 EDI 应用的基础，标准化是 EDI 的特征。这三方面相互衔接、相互依存，构成 EDI 的基础框架。EDI 系统工作原理的实现过程就是用户将相关数据从自己的计算机信息系统传送到有关交易方的计算机信息系统的过程，如图 8-4 所示。

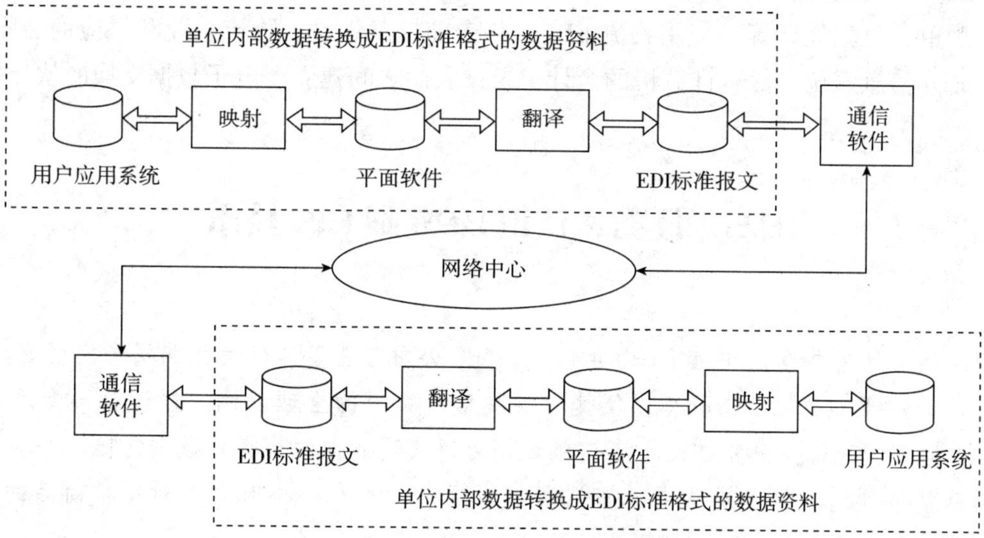

图 8-4　EDI 系统工作原理

8.4.2　EDI 的分类

1. 按照功能分类

（1）订货信息系统，又称为贸易数据互换系统，它用电子数据文件来传输订单、发货票和各类通知。

（2）电子金融汇兑系统，即在银行和其他组织之间实行电子费用汇兑。

（3）交互式应答系统，可应用在旅行社或航空公司作为机票预订系统。

（4）带有图形资料自动传输的 EDI 技术。

2. 按照通信网络分类

（1）直接型的 EDI。直接型的 EDI 系统是通过用户与用户之间直接相连而构成的。

（2）基于增值网的 EDI。所谓增值网，是指能提供额外服务的计算机网络系统。

（3）基于因特网的 EDI。通过因特网来实现公司之间传输订单、发票等作业文件。

8.4.3 EDI 在物流中的应用

EDI 在物流中的应用很广，是现代物流的一个重要发展方向。现代物流中所用的电子数据交换范围包括制造商、配送中心、运输商、批发商、零售商，具体应用于订购、进货、出货、送货、配送、对账、结账等业务，往来的数据交换单据主要有订单、出货单、催款单、对账单、收款凭证等。使用物流 EDI 的三个前提条件是：物流企业和供应商、零售商都拥有 EDI 信息系统；都有计算机的会计记录；它们之间建立了电子数据交换的伙伴关系。

8.5 任务：认识 GPS 和 GIS 技术

为了实现信息共享，20 世纪 80 年代初，ABC 公司花费了 4 亿美元购买了商用卫星，借助自己的商用卫星，ABC 公司可以便捷地实现信息系统的全球联网。通过公司专用的 GPS 卫星通信系统，总部、分销中心和各店铺之间可以实现双向的声音和数据传输，全球 4 000 多家门店能够通过自己的终端与总部进行实时通信，可在一小时之内对每种商品的库存、上架、销售量全部盘点一遍，以便及时补货。

同时，内外部信息系统的紧密联系使 ABC 公司能与供应商每日交换商品销售、运输和订货信息，实现商店的销售、订货与配送保持同步。

请问：GPS 是什么？如何看待 GPS？

相关知识

8.5.1 全球定位系统

全球定位系统（global positioning system，GPS）是由一组卫星所组成、24 小时提供高精度的全球范围的定位和导航信息的系统。它从 20 世纪 70 年代初由美国在“子午仪卫星导航定位”技术上开始研制，1994 年建成，是具有在海陆空进行全方位实时三维导航与定位能力的卫星导航定位系统。

1. GPS 的组成

GPS 由空间卫星系统、地面监控系统、用户接收系统三大子系统构成，如图 8-5 所示。

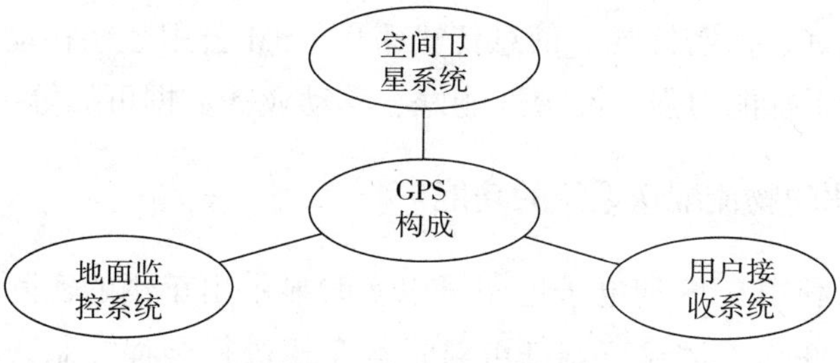

图 8-5　GPS 的构成

（1）空间卫星系统。GPS 的空间卫星系统由 21 颗工作卫星和 3 颗备用卫星组成，它位于距地表 20 200 千米的上空，均匀分布在 6 个轨道面上（每个轨道面 4 颗），轨道倾角为 55°。卫星的分布使得在全球任何地方、任何时间都可观测到 4 颗以上的卫星，并能在卫星中预存导航信息。GPS 的卫星因为大气摩擦等问题，随着时间的推移，导航精度会逐渐降低。

（2）地面监控系统。地面监控系统由监测站、主控制站、地面天线所组成。监测站的主要任务是对每颗卫星进行观测，精确测定卫星在空间的位置，定时向主控站提供观测数据；主控制站拥有大型电子计算机，接收各监测站的 GPS 卫星观测数据、卫星工作状态数据、各监测站和注入站自身的工作状态数据。地面天线负责收集由卫星传回的信息，并计算卫星星历、相对距离、大气校正等数据。

（3）用户接收系统。用户接收系统即 GPS 信号接收机，其主要功能是能够捕获到按一定卫星截止角所选择的待测卫星，并跟踪这些卫星的运行。当接收机捕获到跟踪的卫星信号后，就可测量出接收天线至卫星的伪距离和距离的变化率，解调出卫星轨道参数等数据。根据这些数据，接收机中的微处理计算机就可按定位解算方法进行定位计算，计算出用户所在地理位置的经纬度、高度、速度、时间等信息。接收机硬件和机内软件以及 GPS 数据的后处理软件包构成完整的 GPS 用户设备。GPS 接收机的结构分为天线单元和接收单元两部分。接收机一般采用机内和机外两种直流电源。设置机内电源的目的在于更换外电源时不中断连续观测。在用机外电源时机内电池自动充电。关机后，机内电池为 RAM 存储器供电，以防止数据丢失。目前各种类型的接收机体积越来越小，重量越来越轻，便于野外观测使用。

2. GPS 系统特点

（1）全球地面连续覆盖。在全球任何位置均可进行车辆的位置监控工作，充分保障 GPS 所有用户的要求都能够得到满足。

（2）功能多、精度高。单机定位精度优于 10 米，采用差分定位，精度可达厘米级和毫米级。

（3）实时定位速度快。有力地保障了物流运输企业在业务运作上提高反应速度，降低车辆空驶率，降低运作成本，满足客户需要。

（4）抗干扰性能好、保密性强。信息传输采用GSM公用数字移动通信网，具有保密性强、系统容量大、抗干扰能力强、漫游性能好、移动业务数据可靠等优点。

3. 基于GPS应用的物流配送系统的功能

（1）车辆跟踪。利用GPS和电子地图可以实时显示出车辆的实际位置，实现多车辆同时跟踪。通过跟踪，使物流运输三方都可对货运车辆进行全程控制，实时掌握运输过程中的车货位置、货物状态、行车轨迹等相关信息，提前完成相应工作安排。

（2）线路的规划和导航。货物装车起运后，由司机确定起点和终点，系统自动规划出最佳行车路线，包括最快路线、最简单路线等，使货物快捷、准确地驶向目的地，同时最大限度地降低货物运输费，大大提高物流运输配送效率。

（3）指挥调度。运输公司监控中心可随时与被跟踪目标通话，提供帮助。

（4）信息查询。货物运输过程中，司机可在电子地图上实时查询道路的准确位置、路面状况、沿途设施（如加油站、商店、旅店）等信息。同时，物流运输各方也能通过互联网了解货物在运输过程中的具体细节，从而增强物流企业和货主之间的相互信任，提高物流企业的服务水平。

（5）紧急救援。通过GPS定位和监控管理系统，可以对遇有险情或发生意外事故的车辆进行紧急援助。监控中心的电子地图可显示求助信息和报警目标，从而快速规划出最优援助方案，由此保证行车安全，提高物流中心或企业的服务质量。

8.5.2 地理信息系统

地理信息系统（geographical information system，GIS）是20世纪60年代在人们研究计算机图形学的基础上发展起来的地理学研究成果。它是在生产实践活动中为描述和处理相关地理信息而逐步产生的软件系统。20世纪90年代后，地理信息系统在全球得到了空前迅速的发展，广泛应用于各个领域，产生了巨大的经济和社会效益。

1. GIS的概念

GIS是以地理空间数据库为基础，采用地理模型分析方法，适时提供多种空间的动态的地理信息，为地理研究和决策服务的计算机技术系统。《物流术语》中对GIS的定义是，“由计算机软硬件环境、地理空间数据、系统维护和使用人员四部分组成的空间信息系统。该系统可对整个或部分地球表层（包括大气层）空间中有关地理分布数据进行采集、储存、管理、运算、分析显示和描述。”GIS具有数据获取、数据存储、空间数据分析、空间数据推导、结果表示、导出结果不正确性的描述指标及对最终决策的影响等功能。

2. GIS 的组成

GIS 由五个主要部分组成，包括计算机硬件设备、计算机软件系统、地理空间数据、系统的组织管理人员和规范，如图 8-6 所示。

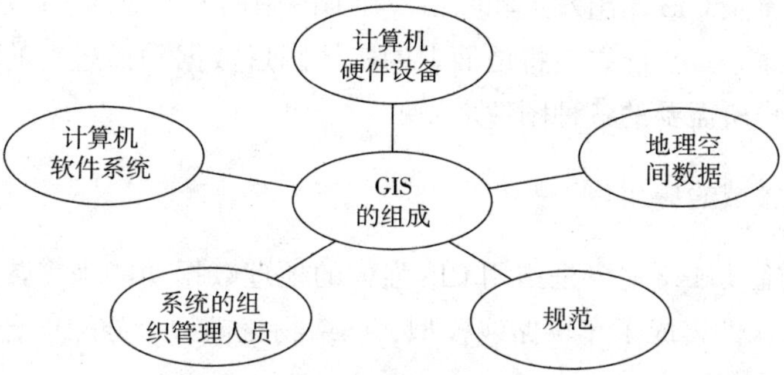

图 8-6　GIS 的组成

（1）计算机硬件设备。计算机硬件设备主要包括计算机和网络设备，存储设备，数据输入、显示和输出的外围设备等，它为 GIS 系统提供运行环境，用于储存、处理、输入输出数字地图及数据。

（2）计算机软件系统。计算机软件系统主要包括以下几类：操作系统软件、数据库管理软件、系统开发软件、GIS 软件等。它负责执行系统的各项操作与分析的功能，一般分为：信息数据输入和处理软件，数据库管理系统，空间查询、分析与视觉化工具，数据输入软件。

（3）地理空间数据。地理空间数据是 GIS 系统中最重要的部件，它反映了 GIS 的管理内容，是系统的操作对象和原料。

（4）系统的组织管理人员。系统的组织管理人员包括系统的建设管理人员和用户，管理人员是 GIS 系统设计、建库、管理、运行、分析、决策、处理问题的专门人员，是 GIS 系统中重要的组成部分，管理人员的技术水平和组织管理能力是决定系统建设成败的重要因素。

（5）规范。规范是 GIS 的标准，成功的 GIS 系统具有良好的设计计划和本身的规律。规范对一个企业来说是具体的、独特的操作实践。

3. GIS 的功能

（1）数据输入功能。地理数据必须转换成适当的数字格式才能用于 GIS，从图纸数据转换成计算机文件过程叫做数字化。目前，有很多的地理数据已经是 GIS 兼容的数据格式，可以直接从数据供应商那里得到并装入 GIS 中，无须再数字化。

（2）数据处理功能。数据处理功能就是将数据转换或处理成某种形式以适应系统的要求。这种处理可以是为了显示的目的而做的临时转换，也可以是为了分析所做的永久变换。

（3）数据管理功能。数据管理功能主要是用来构造和组织地理元素的位置、连接关系及属性数据，以便计算机能处理并构建数据库管理系统。地理对象通过数据输入和处理后，形成庞大的地理数据集，需要利用数据库管理系统来进行管理。

（4）查询分析功能。通过空间查询与空间分析得出决策结论，用以回答有关空间关系的查询和应用分析，是 GIS 的出发点和归宿，在 GIS 中属于专业性、高层次的功能。

（5）可视化功能。GIS 首先是将地面上的实体图形数据和描述它的属性数据输入数据库中，并能编制用户所需要的各种图件来显示。

4. GIS 在物流领域的应用

GIS 应用于物流领域，主要是指用 GIS 强大的地理数据功能来完善物流分析技术。完整的 GIS 物流分析软件集成了车辆路线模型、网络物流模型、分配集合模型和设施定位模型等。

（1）车辆路线模型。车辆路线模型主要用来解决一个起始点、多个终点的货物运输中如何降低物流作业成本，并保证物流服务质量的问题。它包括使用多少辆车、每辆车的行驶路线如何选择等。

（2）网络物流模型。网络物流模型一般用于解决最有效的分配货物路径问题，也就是物流网点布局问题。比如将若干货物从 N 个仓库转移运往 M 个商店，每个商店都有固定的需求量，因此需要确定由哪个仓库提货送给哪个商店的运输成本最低。

（3）分配集合模型。分配集合模型可以根据各个要素的相似点把同一层的所有或部分要素分为几个组，用以解决确定服务范围和销售市场范围等问题。比如某个公司要设立多个分销点，要求这些分销点覆盖某一个地区，而每个分销点的顾客数大概一致等。

（4）设施定位模型。该模型可以用于确定一个或多个设施的位置。在物流系统中，仓库和运输线共同组成了物流网络，仓库处于网络的节点上，节点决定线路，设施定位模型可以根据供求的实际需要，结合考虑经济效益等原则，在某一个区域设立一定数量的仓库，确定仓库的位置和规模，以及仓库之间的物流关系等。

8.6 任务：合理使用物流管理软件

ABC 公司采取了“无缝点对点”的物流系统。“无缝”指的是使整个供应链达到一种非常顺畅的联结。ABC 公司所指的供应链是说产品从工厂到商店的货架，这个过程应尽可能平滑，就像一件外衣一样是没有缝的。在供应链中，每一个供应者都是这个链当中的一个环节，公司的运输、配送以及对订单与购买的处理等所有的过程，都是一个完整网络中的一部分，这样大大降低了物流成本。

在衔接上游客户上，ABC 公司有一个非常好的系统，可以使供应商们直接进入 ABC 公司的系统，ABC 公司称之为“零售链接”。通过零售链接，供应商们就可以随时了解销售情况，对将来货物的需求量进行预测，以决定生产情况，这样产品成本也可以降低，从而使整个流程成为一个“无缝”的过程。

物流管理软件包括哪些？分别具有哪些功能？

相关知识

物流管理软件包括运输管理系统、仓储管理系统、货代管理系统、供应链管理系统等。

8.6.1 运输管理系统

运输管理系统（transportation management system，TMS）是一种“供应链”分组下的（基于网络的）操作软件。它能通过多种方法和其他相关的操作一起提高物流的管理能力，包括：管理装运单位，制订企业内、国内和国外的发货计划，管理运输模型、基准和费用，维护运输数据，生成提单，优化运输计划，选择承运人及服务方式，招标和投标，审计和支付货运账单，处理货损索赔，安排劳动力和场所，管理文件（尤其当国际运输时）和管理第三方物流。

1. 运输管理系统包含的模块

调度管理、车辆管理、配件管理、油耗管理、费用结算、人员管理、资源管理、财务核算、绩效考核、车辆跟踪、业务跟踪、业务统计、账单查询等。

2. 运输管理系统的功能特点

（1）建立统一的调度管理平台。

· 专门设立集卡调度中心和整车零担调度中心，使调度管理更具针对性；

· 智能化调度提醒，实现人性化的调度，全面提升企业车辆利用效率；

· 专门设置值班调度，整合 GPS 等数据，实时跟踪货物流向，及时调整并处理非正常业务运作；

· 通过符合运作要求的调度机制，根据不同区域、车型要求、报关要求、货物属性、特殊业务类型等多种角度支持调度，进行合理排班；

· 灵活的排班方式，支持订单拆分，支持对外委托派车处理，支持集中的派车单管理。

（2）建立基于网络的一体化业务操作流程。

· 建立快速、准确的订单处理机制，网上订单处理与内部 TMS 无缝连接；

· 统一委托受理平台、订单审核机制，保障业务数据的准确性；

· 随时获取关键指标：委托处理差错率、委托响应效率；

· 支持 Excel 等标准文档的信息读入；

· 自定义的订单处理流程。

（3）集中化的财务管理。

· 统一的合约管理，保证系统自动、准确地生成费用；

· 加强收付账款管理，完善的费用处理流程，备用金管理；

· 核销支持多种对冲、应收付等核销方式；

· 账龄分析、备用金结存情况分析；

· 统一的财务处理流程。

（4）完善的成本管理体系和预警管理。

· TMS 支持对额定费用、三大耗件库存、车辆维修以及进出库等相关成本费用的管理和预警，并且围绕运营业务，实现从维修到仓库进出库、业务到油料的全过程管理；

· 考核单车单司机配件、轮胎、事故违章等 KPI 指标；

· TMS 报表模块提供整体业务运营多角度、多方位的分析报告，并使用图形化的方式进行关键指标的直观图示。

8.6.2 仓储管理系统

传统的仓储管理运作包括收货、上架、补货、拣货、包装、发货。在目前的竞争环境下，企业必须不断改进以适应供应链竞争的需要。现代仓储管理已经转变成履行中心，它的功能包括：传统的仓储管理、交叉转运 / 在途合并、增值服务流程（组合 / 装配，包装 / 贴标，一对一营销等）、退货、质量保证和动态客户服务。

仓储管理系统（warehouse management system，WMS）是一个实时的计算机软件系统，它能够按照运作的业务规则和运算法则，对信息、资源、行为、存货和分销运作进行更完美的管理，使其最大化满足有效产出和精确性的要求。这里所称的“仓储”包括生产和供应领域中各种类型的储存仓库和配送中心。

仓库管理系统功能模块有以下几种。

1. 系统功能设定模块

自定义整个系统的管理规则，包括定义管理员及其操作口令的功能。

2. 基本资料维护模块

对每批产品生成唯一的基本条码序列号标签，用户可以根据自己的需要定义序列号，每种型号的产品都有固定的编码规则，在数据库中可以对产品进行添加、删除和编辑等操作。

3. 采购管理模块

（1）采购订单：当需要采购的时候，可以填写采购订单，此时并不影响库存。

（2）采购收货：当采购订单被批准，完成采购后到货的时候，首先给货物帖上条形码序列号标签，然后在采购收货单上扫描此条形码，保存之后，库存自动增加。

（3）其他入库：包括借出货物归还、退货等只需要填写采购收货单。

4. 仓库管理模块

（1）产品入库：采购入库或者其他入库，自动生成入库单号，货品即可选择，方便快捷，可以区分正常入库、退货入库等不同的入库方式。

（2）产品出库：销售出库或者其他出库，可以自动生成出库单号，可以区分正常出库、赠品出库等不同的出库方式。

（3）库存管理：不需要手工管理，当入库和出库时，系统自动生成每类产品的库存数量，查询方便。

（4）特殊品库：当客户需要区分产品时，可以建立虚拟的仓库管理需要区分的产品，各功能和正常品库一致。

（5）调拨管理：针对不同的库之间需要调拨，可以自动生成调拨单号，支持货品在不同的仓库中任意调拨。

（6）盘点管理：用户随时可以盘点仓库，自动生成盘点单据，使盘点工作方便快捷。

（7）库存上限报警：当库存数量不满足一个量的时候，系统报警。

5. 销售管理模块

（1）销售订单：当销售出库的时候，首先填写销售订单，此时不影响库存。

（2）销售出库单：当销售出库的时候，将销售出库产品序列号扫描至该出库单上，保存之后，库存报表自动减少该类产品。

6. 报表生成模块

月末、季度末以及年末销售报表、采购报表以及盘点报表的自动生成功能，用户自定义需要统计的报表。

7. 查询功能

可以进行采购单查询、销售单查询、单个产品查询、库存查询等（用户定义）。查询可按照某个条件，如条形码序列号、出库日期、出库客户等来查询。

8.6.3 货代管理系统

货代管理系统（freight management system，FMS），是针对货代行业所特有的业务规范和管理流程，利用现代信息技术以及信息化的理论和方法，开发出的能够对货代企业的操作层、管理层和战略决策层提供有效支持与帮助的管理系统。

1. 货代管理系统的特点

现代货代企业已经超越了传统意义上的业务范畴，逐步从单一的货运代理向综合物流服务延伸，更加关注建立综合型的货代服务模式，关注与客户、供应商、海外代理等合作伙伴之间的资源整合和应用集成。

货代管理系统提供的是一个功能完整，集操作、管理、服务为一体的解决方案，功能覆盖货代公司运营的各个方面，有效支持市场部门、业务运作部门、财务部门的业务操作和管理，形成统一的企业应用平台。货代业务覆盖海空运进出口业务、本地增值服务业务，支持空运一代、空运二代、海运出口整柜、拼箱业务、海运进口整柜、海运进口分拨等操作模式。

货代管理系统关注企业的集中化管理和货代服务模式的创新，以海空运进出口的服务和核心作业流程为主线，全面整合企业内外部的客户、合作伙伴、价格、业务和财务信息。

2. 货代管理系统的功能

（1）帮助集团化企业实现集中化管理。

①系统采用区域中心集中的管理模式，总部建立集团管理数据中心，各分公司实现本地的业务操作和结算管理，业务数据汇总到总部集中管理，实现全公司业务、财务数据的自动汇总和集中监控。

②系统帮助企业实现了集团结算中心，避免集团财务管理的延迟，提升准确性，提升资金的利用率。

③系统帮助集团化货代企业实现对客户的集中化管理，有效避免客户资源的私有化，更好地开拓集团客户。

④集中化管理和维护系统代码，为实现集团的集中管理和不同分公司之间业务协作和统一服务提供基础。

（2）更专业的业务处理，支持个性化的操作模式。

①系统提供直观的空运批量打板操作，帮助包板包舱的业务实现配舱利润最大化。

②系统为海运出口拼箱提供了完整的操作流程，并提供专业的配箱操作模式与智能提醒，支持拼箱计划、拼箱测算表、拼箱中转管理和拼箱利润分析，帮助提高配箱利润最大化，同时具备海运进口分拨操作流程，包括小提单制作、分拨仓库管理和库存分析等。

③系统对于信用控制与放单 / 放货 / 退单控制有特别处理，支持不同信用等级客户、不

同服务类型、不同代理实行不同的放货控制策略。

（3）实现与海外代理集中对账，缩短应收款周期。

①集团化货代企业的各个分支机构与同一家海外代理有业务往来，集团总部建立结算中心，由结算中心负责所有分支机构与海外代理的对账催账，极大提高了对账的准确性和及时性。

②减少了各分支机构之间的账单流转、重复录入、延误与差错，提高了对账工作的效率。

③结算中心不仅帮助集团化企业实现了统一的对外对账，同时明确和简化了集团内各分公司之间的内部结算。

（4）规范财务处理流程，保障财务管理及时、准确。

①系统建立应收款管理流程和应付款审批流程，有效规范了财务的处理过程。

②系统提供对财务处理流程的重点环节的审批和监控，有效控制和规避了一定的风险。

③系统可以通过直接凭证导出的方式与专业财务软件的总账系统进行连接，也可以通过应收应付单的形式，将票据导入专业财务软件的应收应付账系统，数据实现无缝连接，保障了及时性和准确性。

④系统在集团总部建立结算管理中心，系统自动定期将财务期间的票据和收付数据汇总到集团总部，基于汇总的财务数据，形成大量财务分析报表图线（包括分公司、业务类型、业务员、集团客户等的横向比较），提高了集团决策层对整个企业的财务状况了解的及时性、准确性。

（5）提高协作能力，建立稳固、双赢的协作网络。

①通过网上协作平台，将海外代理和本地合作伙伴连接起来，建立了共同的业务网络，提升了企业与外部合作伙伴之间的协作能力。

②通过网上平台的建立，一方面有利于集中进行供应商关系管理，与供应商（海外代理、本地服务提供商）之间建立长期、稳定、双赢的合作关系，另一方面有利于降低协作沟通成本，提升公司内部操作的效率和准确性。

③网上服务与协作平台改变了货代企业传统的被动式服务模式，提升了企业的整体形象，树立了企业的服务品牌。

8.6.4 供应链管理系统

略，详见项目 7。

案例

沃尔玛的核心——信息管理系统

沃尔玛总部信息中心共有员工近 3 000 名，其中有 300~400 名从事项目管理工作，约 800 名从事应用软件开发，还有 300~400 名系统维护人员。员工人数通常根据任务变化进行合理调配，一般 10~20 人为一组，例如，组建有国际财务组、会计组、E-mail 组等。

公司所有业务和信息系统管理完全按照高度中央集权方式进行矩阵式的组织管理。信息中心各职能部门负责提供项目资源需求，信息应用分部负责开发软件。例如，沃尔玛公司的客户关系管理系统开发项目由市场部同调查公司拟定 40~50 项指标，制成调查表交给 IT 部门，通过 E-mail 等散发到各门店来完成客户调查。如果开发新项目时公司信息中心开发小组技术力量不够，通常会采取业务外包的形式，特殊情况下也会请咨询公司帮助改进业务并提出软件开发需求，然后外包给软件公司。

在一套庞大复杂的系统下，沃尔玛的良性经营运转是需要完全契合的一套内部管理体制和操作流程的，因此从某种意义上说，沃尔玛的成功取决于其拥有一个优秀的首席信息室（CIO），取决于公司职员能完全按照一套操作简单、控制复杂、成本最低、赢利最大的系统管理模式工作。例如，沃尔玛的销售额比凯玛特高，但是信息部门的用工人数不到 3 000 人，而凯玛特为 5 000 多人；美国某家零售公司，8 位专业人员管理 50 多台 NT 服务器和 8 台 UNIX 服务器，而沃尔玛的 NT 服务器组却是 1 520 人管理 6 000~7 000 台 NT 服务器。通过对公司信息系统的开发管理，充分体现出沃尔玛公司和一个优秀 CIO 严谨的行事流程及管理风格。

1. 系统缺货分析

依据各店缺货率的高低，系统分析缺货商品状态与周期性，分析正常品 / 促销品的缺货原因和促销品的交货是否影响到正常品，分析不同产品缺货的百分比。系统为采购员提供并保存两年的销售历史记录，包括所有商品，并具体到每一个规格、颜色的单品销售数据，最近各周的销量、存货；系统可自动计算分析并存储店铺内所有销售记录及商品品类管理资料，提供单品的当前库存、已订货数量、由配送中心送货的数量、最近各周的销售数量、建议订货数量及销售终端所能提供的信息资料；系统提供相同的数据给供应商与沃尔玛采购员，使生产商能细致地了解哪些规格、哪种颜色的产品好销，然后按需组织生产。

2. 自动补货系统

沃尔玛实行的“天天平价”及“最低利润销售”的经营原则，曾经导致公司与其供应商合作伙伴之间的关系非常紧张。1986 年，由于美国国内的成衣制造周期过长（平均生产周期约为 125 天），造成生产供应存货成本、市场及零售终端缺货率过高，加剧了沃尔玛在行业内的不利位置。为了解决这一系列问题，沃尔玛开始研究如何从制造、配销、零售的过程中缩短中间运转周期，以降低存货成本、增加回转率及降低零售店的缺货率。为了减少不必要的中间采购环节，沃尔玛重新整合了采购供应链，直接与生产商建立供应关系。最关键的是，沃尔玛与IBM合作开发出自己专用的EOS系统，并同时采用了商品条形码代替了大量手工劳动。与合作伙伴之间架设起的EOS系统调整了当年美国国内制衣产业结构，也使原来商品的产销时程从125天减至30天。

今天，供应商坐在自己的办公室里，便可对其在沃尔玛店铺内的各类货物库存和销售情况了如指掌。它们可以随时通过网络发送补货单，实现商品销售情况跟踪及无纸化下采购订单等。这不仅方便了供应商对商品市场终端销售的掌控，大大降低了其物流通路的成本，同时也使沃尔玛商品货架空货率降低。

例如，沃尔玛与宝洁公司之间建立了自动补货系统，如图8–7所示。该系统将正式订单反馈进入ASI（American Software Inc.）的内部订单产生系统，自动进行批次作业，其中包括发票与交货明细通知单等相关文件。方便的系统维护管理功能和系统良好的接口能力，也是沃尔玛整套信息系统管理中最为关键的因素。

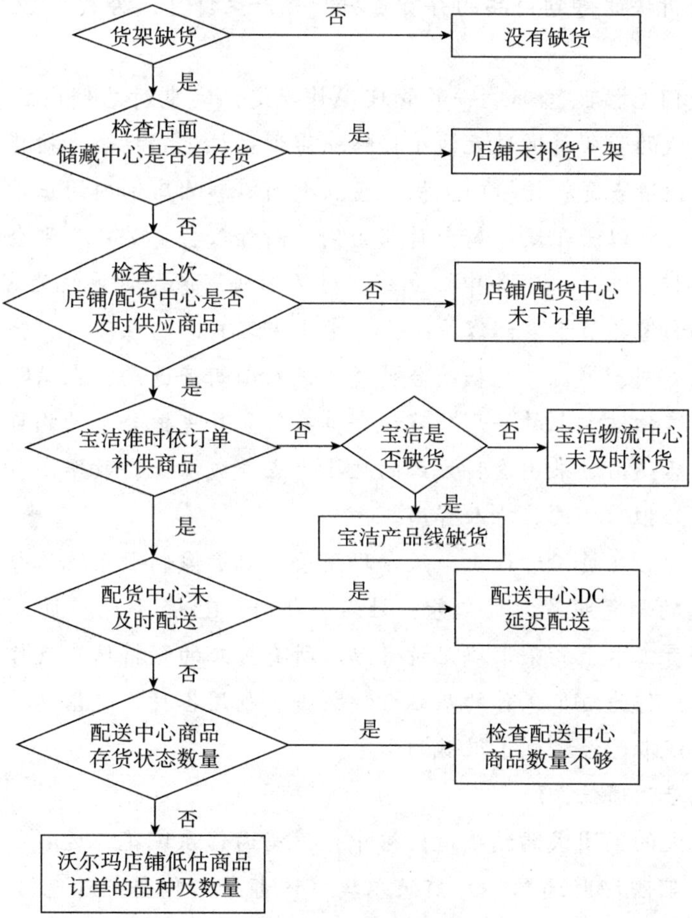

图8–7　与宝洁建立的自动补货系统

沃尔玛应用了无缝连接自动补货系统以后，其商品管理方面得到细化，与合作供应商之间在商品管理跟踪方面建立了及时与紧密的互动关系。对交易伙伴而言，最重要的是规范彼此的商业行为，以实事求是地评估双方的业务表现。因此，无缝连接自动补货系统的应用不仅完全改善了沃尔玛与其合作伙伴之间的关系，最重要的是明显降低了沃尔玛的销售管理成本，使销量提高了20%左右，保证其“天天平价”“让利客户”宗旨的体现。

3. POS与条形码应用系统

沃尔玛公司的POS与条形码系统是相辅相成、缺一不可的，其功能包括商品流通管理、客户管理、员工管理。

（1）商品流通管理。沃尔玛盘点系统主要分抽盘和整店盘点两部分。其中，抽盘分几次进行，由负责人根据需要了解的商品销售情况，通过公司统一的信息系统直接输入指示，营业员通过店铺内的电脑收到指令后，用无线手提终端扫描指定商品的条形码，确认商品后对其进行清点。然后，资料通过无线手提终端直接输入公司系统内。系统可以根据相关的分析快速得到商品的存货资料，并产生订货，再利用EOS系统向物流中心下订单。

整店盘点是门店按照总部统一的管理操作规定，定期对店铺内的所有商品进行盘点。由负责该区域的营业员通过无线手提终端得到主机上的指令，按指定的路线、顺序清点货品，然后把清点资料传输回主机。盘点期间不影响店铺内的正常运作。

（2）客户管理。以沃尔玛山姆会员店为例，新加入会员必须先到会员服务中心填写入会表格并办理相关手续，服务中心立刻通过条形码影像制卡系统为客户照相，并在8秒之内把条形码影像会员卡发到客户手上。卡上有客户的彩色照片、会员编号及其条形码、入会时间、类别、单位等资料。会员凭卡进入山姆店选购，在结账时必须出示此会员卡，收款员通过扫描卡上的条形码确认会员身份，并可把会员的购货信息储存到会员资料库，方便以后使用。采用这种方式的主要优点是成本低、效率高、资料准确，而且会员丢失卡后不必担心会被其他人冒用。

（3）员工管理。在员工管理上，沃尔玛用条形码影像制卡系统为每个员工制作员工卡，卡上有员工的彩色照片、员工号、姓名、部门、ID条形码。员工工作时必须佩戴员工卡，并使用员工卡上的条形码记录考勤。所有员工的资料信息及作业情况全部进入公司的信息系统，作为员工工作的基础考核数据。利用各种先进信息技术，沃尔玛在人力资源上的管理成本已经降到了很低的水平。

4. 卫星控制专用通信系统

在沃尔玛庞大的集团式购销渠道网络中，卫星通信系统花费近6亿美元，租赁的一颗人造卫星帮其实现即时通信。目前沃尔玛将这部分工作全部外包给AT&T负责，沃尔玛总公司直接与各管理事业部、远程虚拟办公室、本地卖场店铺、海外各地区卖场店铺、各配货中心、生产及供应商等，通过卫星通信运行统一的补货系统、EDI系统、库存管理系统、会员管理系统、收银系统等。

沃尔玛总部可在1小时内对全球4 000多家分店每种商品的库存量、上架量和销售量全部盘点一遍，还可以了解到任意一家门店的资料并进行管理调配。总部各事业管理部每天通过卫星通信网对全球各个地区的不同分店实行沃尔玛核心经营体制管理。总部不会由于管理面积庞大、业务信息传递不畅而被悬浮在上层，通过卫星通信系统可以达到对公司战略发展过程的灵活掌控和中央集权管理控制实际直接参与的目的。卫星通信系统的采用，是沃尔玛未来永续发展的战略性里程碑。

5. 库存配送控制

1970年，沃尔玛公司在其总部所在地建立了第一个配送控制中心，应用交叉入库作业（cross-docking）和电子数据交换两项技术进行商品配送管理。目前，公司总部在全球已建立了62个配送中心，为全球4 000多个店铺提供配送服务。配送中心提供的专业化物流服务，包括客户订单处理、供应商到货入库管理、仓库保管管理、补货管理、发货配送作业等。总部配送控制中心的IT系统具备支撑大范围物流整体运作的能力，支持沃尔玛全球不同区域的配送中心、各类配送中心的协同商务处理等。供应商把商品送到配送中心后，沃尔玛的检验部门运用多种技术手段对商品质量进行严格检验，以杜绝假冒伪劣商品进入卖场。

沃尔玛的配送中心从业务上看，主要是通过信息系统与供应商（制造商）直接联系，进行商品的采购与运输，并且负责商品的检验、储存、分拣、再加工或包装、重组及商品到各店铺的配送等一系列工作。因此从功能上看，沃尔玛的配送控制中心实际上是一个设施先进、配套完整、将商品仓储从静态变为动态的转送站。

供应商将货物运到配送中心，配送中心根据每个店面的需求量对货物进行重新打包。沃尔玛的价格标签和UPC（universal product code，统一产品码）条形码早已在供应商那里贴好，服装类商品都已经挂在衣架上。货物在配送中心的一侧作业完毕后，被运到另一侧准备送到各个店面里，也就是说，货物从“配”区运到了“送”区。配送中心配备几英里长的激光制导的传送带，货物成箱地被送上传送带，运送过程中条形码被扫描，这样，这些货物箱就能够在庞大的配送中心自动找到将要装运自己的卡车，而无须在配送中心停留存货。

配送中心共有5 500辆运输卡车，全部装备了卫星定位系统，每天24小时不停地作业。总部对此一目了然，可以根据实际情况合理安排运量和路程，最大限度地发挥运输潜力，提高工作效率。卡车每年的运输总量达到77.5亿箱，总行程6.5亿千米，物流成本被压到最低。

6. 最好的信息系统也隐藏危险

沃尔玛能够长期立于同业无法模仿的现代化科技管理模式，并保持绝对优势，来源于两项具有战略意义的举措：公司自行开发信息管理系统和卫星通信。但是，再先进的技术和管理也有问题存在，因此对于沃尔玛来说，它的最大危机隐患就来自这套成熟完整的信息系统。

入侵检测系统（intrusion detection system，IDS）技术是安全界富有争议的一个话题。IDS是一种集检测、记录、报警、响应在内的动态安全技术，不仅能检测来自外部的入侵行为，同时也监督内部用户的未授权活动，是近十多年发展起来的新一代安全防范技术。它通过对计算机网络或系统中的若干关键点收集信息并对其进行分析，从中发现是否有违反安全策略的行为和被攻击的迹象。

沃尔玛目前采用的安全防护系统是IDS。面对新的黑客攻击手段、大规模程序化攻击、智能程度较高的手工入侵，即使采用最昂贵和最领先的IDS产品，也不过是个摆设。因此，未来威胁沃尔玛的最大潜在危机就是其完美成熟的管理信息系统。因为沃尔玛庞大的电子信息系统巨链，一环紧扣一环，这样的管理系统在正常状态下的运行效率极高，其成本相对于原始的管理系统要低，对人员的要求及依赖度不高，但是一旦任何一个环节遭遇网络安全侵袭出现故障，将会直接影响到整体系统的运行，甚至造成系统瘫痪。

沃尔玛的核心管理模式其实就是一个完整而成熟的零售连锁行业电子信息系统的模型。随着市场竞争及管理科学的发展，如何更进一步地安全使用电子信息技术将是沃尔玛面临的战略性问题。这也是沃尔玛在未来行业竞争及永续发展中，以绝对控制渠道而控制市场战略的重要保证。

资料来源：于海燕．沃尔玛的核心——信息管理系统．信息与电脑，2010（2）．

课后练习

一、判断题

1. 物流信息技术是物流现代化的重要标志，也是物流技术中发展最快的领域。（　　）

2. 常见的Data Matrix，Maxi Code，Aztec Code，QR Code，Vericode，PDF417，Ultracode，Code 49，Code 16K均属于一维条码。（　　）

3. 手持式扫描器经常是手持使用和移动使用，常用于静态物品的扫描。（　　）

4. EDI是将贸易（商业）或行政事务处理按照一个公认的标准变成结构化的事务处理或信息数据格式，从计算机到计算机的电子传输，有时也被人们通俗地称为“无纸贸易”。（　　）

5. 仓储管理系统里所称的“仓储”包括生产和供应领域中各种类型的储存仓库和配送中心。（　　）

二、单项选择题

1. 下列信息技术不属于物流信息技术的是（　　）。

A.RFID　　B.ERP　　C.GIS　　D.GPS

2. 以下哪个不是射频识别系统的组成部分？（　　）

A.RFID 系统　　B. 射频标签、识读器

C. 计算机网络和应用程序　　D. 数据库组成的数据采集系统

3. 全球定位系统由（　　）颗卫星组成全球定位、导航及授时系统。

A.20　　B.22　　C.23　　D.24

4. 以下（　　）不是构成 GPS 的三大子系统。

A. 空间卫星系统　　B. 地面监控系统

C. 地面空间数据　　D. 用户接收系统

5. 简单地说，货代管理系统就是针对（　　）行业所做的特有的业务规范和管理流程。

A. 制造　　B. 货代　　C. 代理　　D. 销售

三、多项选择题

1. 下列条码属于二维码的是（　　）。

A.ITF25 码　　B.QR Code　　C.Code 49　　D.Code 39

2. 下列属于条码识别装置的是（　　）。

A. 光笔扫描器和台式扫描器　　B. 卡式阅读器

C. 手持式扫描器　　D. 固定式光电及激光快速扫描器

3. 组成条形码的主要系统有（　　）。

A.EAN 码　　B.UPC 码　　C.ASSIC 码　　D.OCR 系统

4. 从 EDI 定义来看，EDI 主要包含了三个方面的内容，分别是（　　）。

A. 信息系统　　B. 计算机应用　　C. 通信网络　　D. 数据标准化

5. GIS 的主要组成部分是（　　）。

A. 计算机硬件设备　　B. 计算机软件系统

C. 地理空间数据　　D. 系统的组织管理和规范

四、简答题

1. 简述条形码的特点。

2. 基于 GPS 应用的物流配送系统的功能有哪些？

3. 简述 GIS 在物流中的应用。

实践与实训

班级分组，每组 5~6 人为宜，实地调查一家零售企业或物流企业，分析该企业运用了哪些物流信息技术，它们是如何运作的。如果没有使用相关物流信息技术，请设计一个应用某一项物流信息技术的方案，分析该技术在本企业运行中能起到什么作用。相关要求

如下：

（1）了解该企业目前运用哪几种物流信息技术，如条码技术、射频识别技术、电子数据交换、地理信息系统、全球定位系统等，分析具体的运作过程。

（2）比较使用该技术前后企业的变化，分析这些技术给企业带来的明显优势。

（3）在这几项信息技术当中，在条件许可的情况下该企业还可以运用哪项技术？分析其原因。

项目9

现代物流与电子商务

学习导航

- 现代物流与电子商务
  - 建立电子商务运作平台
    - 电子商务的产生与发展
    - 电子商务的含义与分类
    - 电子商务的系统构成
  - 认识物流对电子商务的制约
    - 电子商务中的物流、商流和信息流
    - 电子商务物流与传统物流的差别
    - 物流对电子商务的影响
    - 电子商务物流的特征
  - 选择电子商务物流模式
    - 电子商务物流模式
    - 电子商务环境下影响物流模式选择的因素

项目简介

小王来自偏远山区，2017 年考入某大学经管系。入学后，他课余时间就在校外做家教、兼职，渐渐地储蓄了一些钱。

小王的两个亲戚在一家电子商务公司工作，年纪均不大，小王经常从他们那里听到关于网络销售的事情，网络销售给他的感觉是风险较小、成本不高，这使他动了心，因为他手中并没有许多钱，低成本创业是他的首选。小王进行市场调查后，决定经营皮鞋和布鞋，于是他开始寻找供货商，张罗网店开业，选择物流公司……

9.1 任务：建立电子商务运作平台

小王决定在网上销售皮鞋和布鞋，于是，他到图书馆查阅了很多关于电子商务的书，开始做准备工作，首先要确定需要准备什么硬件设备，其次要决定是借用已经成熟的网络销售平台，还是建立自己独立的网站。

请问：小王需要准备什么用品？怎样开设他的网络店铺？

相关知识

9.1.1 电子商务的产生与发展

1. 电子商务的产生

事实上，电子商务并非一种新生事物。早在20世纪70年代，电子数据交换和电子资金传送（electronic fund transfer，EFT）作为企业间电子商务的应用已经出现。多年来，大量的银行、航空公司、连锁店及制造业单位已建立了供方和客户间的电子通信和处理关系。这种方式加快了供方处理速度，有助于实现最优化管理，使得操作更有效率，并提高了客户服务质量。

电子商务产生的根源是信息技术的进步和社会商业的发展。互联网的强劲发展和网络应用在全球范围内的普及，为电子商务的发展奠定了良好的基础。与此同时，信息技术与社会商业的融合发展，使社会网络化、经济数字化、竞争全球化、贸易自由化的趋势不断加强。

2. 电子商务的发展阶段

电子商务的核心是信息传递，我们将其发展分为五个阶段。

（1）电子邮件阶段。

这个阶段可以认为从20世纪70年代开始，此后平均的通信量以每年几倍的速度增长。

（2）信息发布阶段。

从1995年起，以Web技术为代表的信息发布系统爆炸式地成长起来，成为当时互联网的主要应用。

（3）电子交易阶段。

在这个阶段，交易逐步通过网络进行，但还没有形成多个跨行业的合作，如支付还需要邮寄等方式。

（4）全程电子商务阶段。

我们可以看到，进入21世纪后，电子商务与供应链管理之间已经开始迅速融合，从而形成能够将企业、供应商、分销商、客户紧密结合在一起的全程供应链管理系统。

全程电子商务是将企业的内部业务与电子商务完全融合，并与上游供应商、下游分销商和客户实现业务协同与信息共享，同时将各种商业活动与企业的品牌传播和产品推广紧密联系在一起，让企业的传统商业活动与电子商务、企业自身与外部合作伙伴、产品销售与品牌推广成为一个整体。

（5）智慧电子商务阶段。

2011年，互联网信息碎片化以及云计算技术越发成熟，主动互联网营销模式出现，电子商务摆脱传统销售模式生搬上互联网的现状，以主动、互动、用户关怀等多角度与用户进行深层次沟通，帮助企业在数字技术快速变化的环境中，为广大客户、合作伙伴和利益相关方提供更大的价值。它通过社区、协作、流程优化和分析，帮助企业在购买、销售、市场活动和服务客户等各环节寻求更智慧的途径整合运作流程、加强互动。

9.1.2 电子商务的含义与分类

电子商务是利用计算机技术、网络技术和远程通信技术，实现整个商务（买卖）过程中的电子化、数字化和网络化。它包括下面三个内容：电子商务是融计算机科学、市场营销学、管理学、法学和现代物流于一体的新型交叉学科。电子商务是以商务活动为主体，以计算机网络为基础，以电子化方式为手段，在法律许可范围内所进行的商务活动过程。电子商务是运用数字信息技术，对企业的各项活动进行持续优化的过程。

按照人们的习惯，以电子商务参加主体来划分，分类如图 9-1 所示。

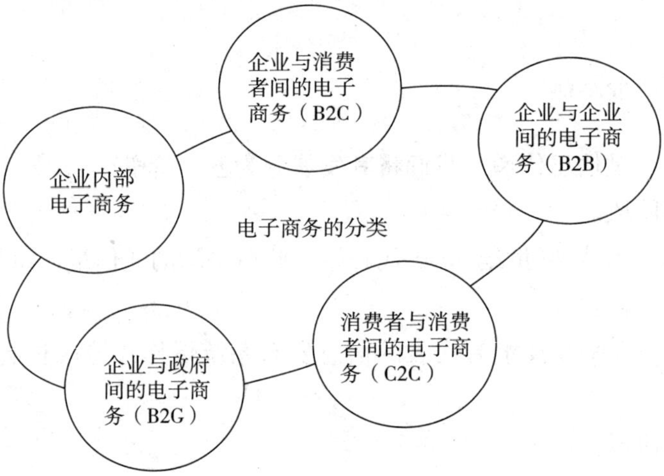

图 9-1 电子商务的分类

1. 企业与消费者间的电子商务

企业与消费者间的电子商务（business-to-consumer，B2C），是通过网上商店实现网上在线商品零售和为消费者提供所需服务的商务活动。这是大众最为熟悉的一类电子商务，亚马逊书店就属于这一类。随着互联网的普及，这类电子商务有着强劲的发展势头。

对于商家而言，建立网上商店更新了原有的市场概念，传统意义上的商圈被打破，客户扩展到了全国乃至全世界，形成了真正意义上的国际化市场。另外，由于在线销售可以避免有形商场及流通设施的投资，交易成本将大大降低，可以节省大量商流费用，提高了商家的竞争力。

2. 企业与企业间的电子商务

企业与企业间的电子商务（business-to-business，B2B），是指采购商与供应商通过互联网进行谈判、订货、签约、付款以及索赔处理、商品发送和运输跟踪等所有活动。企业间的电子商务包括供应商管理、库存管理、销售管理、交易文档管理以及支付管理等功能。

企业间的电子商务又可以分为两种：一种是非特定企业间的电子商务，它是在开放的网络中对每笔交易寻找最佳伙伴，并与伙伴进行从订购到结算的全面交易行为；另一种是特定企业间的电子商务，是指过去一直有交易关系而且今后要继续进行交易的企业间围绕交易进行的各种商务活动。特定企业间的买卖双方既可以利用公用网络进行交易，也可以利用企业间专门建立的网络完成交易。

虽然企业与消费者之间的电子商务发展强劲，但目前，企业间的商务活动的贸易额是消费者直接购买的 10 倍左右，无疑，企业间电子商务将成为电子商务的重头。

3. 消费者与消费者间的电子商务

消费者与消费者间的电子商务（consumer-to-consumer，C2C），代表形式就是网上拍卖或网上竞买。它是指网站搭建一个交易平台，供买卖双方在这个平台上自由交易，然后对每个交易收取一定的手续费。要参与网上拍卖或竞买的个人只要到拍卖网站注册为会员，便可以参与网上竞价交易。其最大特点在于网站本身不参与交易，既不接触商品也不参与货币结算，既不负责库存更不负担运费，不但可以降低网站的经营风险，而且还能获得较好的利润。

4. 企业与政府间的电子商务

企业与政府间的电子商务（business-to-government，B2G）涵盖了政府与企业间的各项事务，包括政府采购、税收、商检、管理条例的发布和法规政策的颁布等。一方面，政府作为消费者，可以通过互联网发布自己的采购清单，公开、透明、高效地完成所需物品的采购；另一方面，政府的宏观调控、指导规范、监督管理的职能通过网络可以充分、及时地发挥作用。借助网络及其他信息技术，政府职能部门能更及时、全面地获取所需信息，做出正确决策，做到快速反应，将政策法规及调控信息传达于企业，起到管理与服务的作用。

由于电子商务的开展涉及很多方面，没有相应的法律法规予以规范是难以进行的。而政府对于法规的制定、实施监督及对违法的制裁发挥着不可替代的作用。总之，电子商务中政府扮演着双重角色：既是电子商务的使用者，又是电子商务的宏观管理者。

5. 企业内部电子商务

企业内部电子商务或称为业务流程（business process），是指在企业内部通过网络实现内部物流、信息流和资金流的数字化。它的基本原理同企业间电子商务类似，只是企业内部进行交换时，交换对象是相对确定的，交换的安全性和可靠性要求较低，主要是实现企业内部不同部门之间的交换。而企业间电子商务实现的是两个不同企业主体之间的交易，交易双方存在信用管理、安全可靠等问题，因此比企业内部电子商务要求要高一些。企业内部电子商务是外部电子商务的基础，而且相比外部电子商务更容易实现。

9.1.3　电子商务的系统构成

互联网作为一个蕴藏巨大商机的平台，需要有一大批专业化分工者进行相互协作，为企业、组织与消费者在互联网上进行交易提供支持。电子商务系统由互联网信息系统，电子商务服务商，参与交易的企业、组织和消费者，CA 认证中心，支付结算机构，实物配送系统组成。由上述几部分组成的基础电子商务系统，将受到一些市场环境的影响，这些市场环境包括经济环境、政策环境、法律环境和技术环境等几个方面。企业电子商务系统如图 9–2 所示。

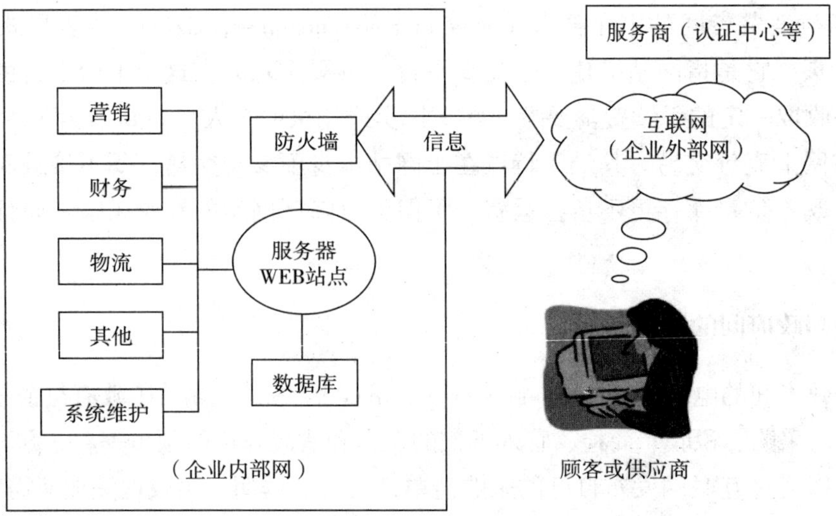

图 9–2　企业电子商务系统

1. 互联网信息系统

电子商务系统的基础是互联网信息系统，它是进行交易的平台，交易中所涉及的信息流、物流和资金流都与信息系统紧密相关。互联网信息系统是指企业、组织和电子商务服务商，在互联网的基础上开发设计的信息系统，它可以成为企业、组织和个人消费者之间跨越时空进行信息交换的平台，在信息系统的安全和控制措施保证下，通过基于互联网的支付系统进行网上支付，通过基于互联网的物流信息系统控制物流的顺利进行，最终保证企业、组织和个人消费者之间网上交易的实现。因此，互联网信息系统的主要作用是提供开放的、安全的和可控制的信息交换平台，它是电子商务系统的核心和基石。

2. 电子商务服务商

根据技术与应用层次不同，提供系统支持服务的电子商务服务商可以分为四类。

（1）接入服务商，它主要提供互联网通信和线路租借服务，如我国电信企业——中国电信、联通提供的线路租借服务。

（2）服务提供商，它主要为企业建立电子商务系统提供全面支持，一般企业、组织与消费者上网时只通过 ISP 接入互联网，由 ISP 向 IAP 租借线路。

（3）内容服务提供商，它主要为企业提供信息内容服务，如财经信息、搜索引擎，这类服务一般都是免费的，主要通过其他方式如发布网络广告获取收入。

（4）应用服务系统提供商，它主要是为企业、组织建设电子商务系统时提供系统解决方案，这些服务一般由属于信息技术行业的公司提供，如 IBM 公司为企业、政府和银行提供的电子化企业、电子化政府和电子化银行等电子商务系统解决方案。有的 IT 企业不但提供电子商务系统解决方案，还为企业提供电子商务系统租借服务，用户只需要租赁使用，无须维护电子商务系统的运转。消费者主要通过 ISP 连接到互联网，参与网上交易。企业与组织根据自身的资金和条件，如果需要大规模发展的，可以通过 ISP 直接连接到互联网；对于小规模的应用，则可以通过租赁 ASP 的电子商务服务系统来连接到互联网。

电子商务服务商起着中间商的作用，但它不直接参与网上的交易。一方面，它为网上交易的实现提供信息系统支持和配套的资源管理等服务，是企业、组织和消费者之间交易的技术基础；另一方面，它为网上交易提供商务平台，是企业、组织与消费者之间交易的商务活动基础。

3. 参与交易的企业、组织与消费者

企业、组织与消费者是互联网的市场交易主体，是进行网上交易的基础。互联网本身的特点及加入互联网的网民的倍速增长趋势，使得互联网成为非常有吸引力的新兴市场。一般来说，组织与消费者上网比较简单，因为他们主要是使用电子商务服务商提供的互联网服务来参与交易。企业上网则是非常重要而且相对复杂的。这是因为：一方面，企业作为市场交易一方，只有上网才可能参与网上交易；另一方面，企业作为交易主体地位，必须为其他参与交易方提供服务和支持，如提供产品信息查询服务、商品配送服务、支付结算服务。因此，企业上网开展网上交易，必须进行系统规划，建设好自己的电子商务系统。

（1）企业内部网络系统。

企业内部网络系统是通过一定的媒体，如电线、光缆等，将企业内部单个计算机按照一定的拓扑结构连接起来的，在网络管理软件的统一协调管理下，实现资源共享的网络系统。

根据网络覆盖范围，一般可分为局域网和广域网。由于不同计算机硬件不一样，为方便联网和信息共享，需要应用互联网的联网技术来组建企业内部网，它的组网方式与互联

网一样，但使用范围局限在企业内部。为方便企业同业务紧密的合作伙伴进行信息资源共享，保证交易安全，在互联网上通过防火墙来防止不相关的人员和非法人员进入企业网络系统，只有那些经过授权的成员才可以进入网络，一般将这种网络称为企业外部网。如果企业的信息可以对外界进行公开，那么企业可以直接连接到互联网，实现信息资源最大限度的开放和共享。

企业在组建电子商务系统时，应该考虑企业的经营对象是谁，如何采用不同的策略通过网络与这些客户进行联系。一般来说，可以将客户分为三个层次并采取相应的对策：对于特别重要的战略合作伙伴关系的客户，企业允许他们进入企业的内部系统直接访问有关信息；对于与企业业务相关的合作企业，企业同它们共同建设网络，实现企业之间的信息共享；对于普通的大众市场客户，则可以直接连接到互联网。由于互联网技术的开放、自由特性，在互联网上进行交易很容易受到外来的攻击，因此企业在建设电子商务系统时必须考虑到经营目标的需要，以及保障企业电子商务安全。否则，很可能由于非法入侵而妨碍企业电子商务系统正常运转，甚至会出现致命的后果。

（2）企业管理信息系统。

企业管理信息系统是功能完整的电子商务系统的重要组成部分，它的基础是企业内部信息化，即企业建设有内部管理信息系统。企业管理信息系统是一些相关部分的有机整体，在组织中发挥收集、处理、存储和传送信息，以及支持组织进行决策和控制。企业管理信息系统最基本的系统软件是数据库管理系统，它负责收集、整理和存储与企业经营相关的一切数据资料。

从不同角度，可以对信息系统进行不同的分类。根据组织功能的不同，可以将信息系统划分为营销、制造、财务、会计和人力资源信息系统等。要使各职能部门的信息系统能够有效地运转，必须实现各职能部门信息化。例如，要使网络营销信息系统能有效运转，营销部门的信息化是最基础的要求。一般为营销部门服务的营销管理信息系统主要功能包括：客户管理、订货管理、库存管理、往来账款管理、产品信息管理、销售人员管理，以及市场有关信息收集与处理等。

根据组织内部不同的层次，企业管理信息系统可划分为四种信息系统：操作层、知识层、管理层、战略层系统。操作层管理系统是支持日常管理人员对基本经营活动和交易进行跟踪和记录，如销售、现金、工资、原材料进出、劳动等，系统的主要原则是记录日常交易活动，解决日常规范问题，如销售系统中今天销售多少、库存多少等基本问题。知识层系统用来支持知识和数据工作人员进行工作，帮助公司整理和提炼有用信息和知识，如销售统计人员进行分析和统计销售情况，供上级进行管理和决策使用，解决的主要是结构化问题。管理层系统设计是用来为中层经理的监督、控制、决策以及管理活动提供服务的，管理层系统提供的是中期报告而不是即时报告，主要用来管理业务如何进行、存在什么问题等，充分发挥组织内部效用，解决半结构化问题。战略层系统，主要是注视外部环境以及企业内部规划的长期发展方向，关心现有组织能力能否适应外部环境变化，以及企业的长期发展和行业发展趋势问题，这些通常是非结构化问题。

（3）电子商务站点。

电子商务站点是指在企业内部网络上建设的、具有销售功能的、能连接到互联网上的站点。电子商务站点起着承上启下的作用，一方面它可以直接连接到互联网，企业的顾客或者供应商可以直接通过网站了解企业信息，并直接通过网站与企业进行交易。另一方面，它将市场信息同企业内部管理信息系统连接在一起，将市场需求信息传送到企业管理信息系统，然后，企业根据市场的变化组织经营管理活动。它还可以将企业有关经营管理信息在网站上进行公布，使企业业务相关者和消费者可以通过网站直接了解企业经营管理情况。

企业电子商务系统是由上述三个部分有机组成的，企业内部网络系统是信息传输的媒介，企业管理信息系统是信息加工、处理的工具，电子商务站点是企业拓展网上市场的窗口。

4. CA 认证中心

所谓认证中心，即证书授权中心（certificate authority，CA），是基于互联网平台建立的一个公正、独立、权威、广受信赖的组织机构，主要负责数字证书的发行、管理及认证服务，以保证网上业务安全可靠地进行。

一般而言，CA 认证体系由证书审批部门和证书操作部门组成。证书审批部门作为电子商务交易中受信任的第三方，承担公钥的合法性检验的责任。它负责对证书申请者进行资格审查，决定申请者是否有资格获得证书，并承担为不符合资格的证书申请者发放证书所引起的一切后果，因此审核部门应由能够承担这些责任的机构负责。证书操作部门为已授权的申请者制作、发放和管理证书，并承担因操作不当所产生的一切后果，包括失密和为没有获得授权者发放证书等。它可以由审核部门自己担任，也可委托第三方担任。一般 CA 认证中心具有六项基本功能：证书发放功能，证书查询功能，证书更新功能，证书吊销功能，制定相关政策功能，保护数字证书安全功能。

5. 支付结算机构

支付结算是网上交易完整实现的很重要一环，关系到购买者能否按时支付，卖者能否按时回收资金等问题。一个完整的网上交易，它的支付应是在网上进行的。在传统的交易中，个人购物时支付手段主要是现金，即一手交钱一手交货的交易方式，双方在交易过程中可以面对面地进行沟通和完成交易。网上交易是在网上完成的，交易时交货和付款在空间和时间上是分割的，消费者购买时一般必须先付款后送货，可以采用传统支付方式，也可以采用网上支付方式。

6. 实物配送系统

进行网上交易时，如果用户与消费者通过互联网订货、付款后，不能及时送货上门，便不能满足消费者的需求。因此，一个完整的电子商务系统，如果没有高效的实物配送物流系统支撑，是难以保证交易顺利进行的。

上述六个方面构成了电子商务的基础，它们是有机结合在一起的，缺少任何一部分都有可能影响网上交易的顺利进行。

相关链接

怎样在淘宝网开店铺

现在互联网越来越普及了，网上购物的人也越来越多了。很多人在淘宝网上开网店，赚得比现实中开店还要多。那么如何在淘宝网上开店？

淘宝网（www.taobao.com）是由阿里巴巴公司投资4.5亿元创办的，致力于成为全球首选购物网站。现在我们虽然不能说它是全球首选的，但全国首选是当之无愧的。淘宝网，顾名思义，没有淘不到的宝贝，没有卖不出的宝贝。淘宝网垄断了中国80%以上的网上购物市场，所以网上开店一般就是指如何在淘宝网上开店。

一、淘宝网开店步骤

开启淘宝开店之旅只需轻松五步。

第一步：注册淘宝账户；

第二步：开店类型选择（个人店铺，企业店铺）；

第三步：支付宝实名认证；

第四步：淘宝开店认证；

第五步：创建店铺。

开店成功后即可直接进入“卖家中心”，在左侧菜单栏“店铺管理”处可看到“查看我的店铺”字样。

二、新店经营技巧

在淘宝网上开店，就是这么简单。而要在淘宝网上开一个成功的店，却并不容易，有大量的知识和技巧需要学习，决心开好店的朋友们就请继续努力吧！很多人在网上开了店，但是招揽不到生意，久而久之就把店荒废了。至于如何才能开个成功的店，怎么样才能日进斗金，看看下面的介绍吧。

1.必需软件阿里旺旺

在淘宝网上做生意，和买家沟通不是通过QQ、手机或者是其他途径，而是阿里旺旺。阿里旺旺是淘宝网卖家和买家沟通的法宝，有很多卖家功能集成在里面，非常实用。你在买卖过程中与买家有任何纠纷，阿里旺旺的聊天记录是处理纠纷的最重要的证据。请注意，淘宝网官方是不承认QQ聊天记录的。

2.新店无信誉怎么办

新开网店由于信誉度很低，会因为买家的不信任而失去成交机会。一般来说，一钻信誉是个分水岭，一钻以下的生意确实不好做。这里推荐你购买一个话费自动充值软件，话费需求量大（几乎人人都要充值手机话费），交易流程短（买家充值后一般几分钟后就能确认收货给好评）。购买软件后你就是全国手机话费以及一些游戏点卡的代理商了，不仅能够快速地提升网店信誉，还能增加店铺商品的多样性。

3. 商品照片存何处

开淘宝店是一定要用到网络相册的，为什么呢？ 因为你发布了商品，必须展示尽量多商品的照片才能吸引买家。光有文字没有图片是很难有人买你东西的。这个放照片的地方，一般就是网络相册了，把商品图片上传到网络相册，然后在淘宝发布商品时引用就可以了。那么如何引用图片呢？其实很简单（老手请跳过）：鼠标移到你想要的图片，右键属性，有个图片地址，把图片地址复制到图片链接的地址框里就可以了。

4. 消费者保障计划

加入淘宝网消费者保障计划（以下简称消保）是有很多好处的：比如买家会更加信任加入消保的店铺，同样商品同样价格如果一家有消保另一家没有，一般买家都会选择有消保的这家；又比如在淘宝网搜索商品的时候，有消保的店铺总是排名在没有消保的店铺的前面。所以如果想要网店更有竞争力，加入消保也是很有必要的。当然，加入消保需要支付一定的保证金给淘宝网，这笔钱会在支付宝中被冻结。不要担心，钱还是你的，等你加入消保满三个月后，是可以申请解冻的。

资料来源：http: //www.lp666.com.

9.2　任务：认识物流对电子商务的制约

经过千辛万苦，小王的网店如期开张了，好不容易等来了第一笔业务，顾客是外地城市的，经过网上下单，付款后，小王将皮鞋包装好交给快递公司，以为这笔交易完事了，没想到过了两天，客户说还没有收到货。通过快递公司网站查询得知货物已经到达该市，正在派送途中，但是几天过去了，包裹却始终未见踪影，拨打快递公司电话后对方告知，因该快递员休假，包裹被他拿回家里去了，而该员工暂时联系不上。又过了几天，该包裹终于到达客户手上，但客户表现出了相当的不满意，小王随后向快递公司总部投诉，工作人员解释说，事情并不是因为快递员将包裹拿回了家致使包裹未能送达，而是因为年底派件量大，大量快件积压，才导致包裹未能及时送达，希望客户能够给予理解。

请针对快递慢如蜗牛的情况，说说物流对电子商务的影响。

相关知识

9.2.1 电子商务中的物流、商流和信息流

A企业与B企业经过商谈，达成了一笔供货协议，确定了商品价格、品种、数量、供货时间、交货地点、运输方式并签订了合同，也可以说商流活动开始了。要认真履行这份合同，下一步要进入物流过程，即货物的包装、装卸搬运、保管、运输等活动。如果商流和物流都顺利进行了，接下来进入支付的过程，即付款和结算。整个过程都离不开信息的传递和交换，没有及时的信息流，就没有顺畅的商流、物流。

商流是指物品在流通中发生形态变化的过程，即由货币形态转化为商品形态，以及由商品形态转化为货币形态的过程。而物流是商品物理移动的过程。商流是物流、信息流的起点，也可以说是“三流”的前提，一般情况下，没有商流就不可能发生物流、信息流，反过来，没有物流和信息流的匹配和支撑，商流也不可能达到目的。它们之间互为存在的前提条件，又互为依存的基础。

信息流是由商流和物流引起并反映其变化的各种信息、情报、资料、指令等在传递过程中形成的经济活动，因此信息流是具有价值和使用价值的，没有信息流，商流和物流不能顺利进行。

信息流既制约着商流，又制约着物流，它为商流和物流提供预测和决策依据，同时，信息流又将商流和物流相互沟通，完成商品流通的全过程。

“三流”之间相辅相成，紧密联系，互相促进，因此，“三流”不仅有利于提高流通企业的经济效益，而且有利于提高社会效益。

9.2.2 电子商务物流与传统物流的差别

电子商务物流与传统物流有显著的不同，表现在以下五个方面：

（1）企业内、外部之间的物流运作实行供应链管理。实行供应链管理可以使供应链中的各成员企业之间的业务关系得到强化，可以显著提高物流的效率，降低物流成本。

（2）实现零库存生产。这是电子商务条件下对生产阶段物流的新要求。

（3）物流信息化。物流信息化表现为物流信息的商品化、物流信息收集的数据化和代码化、物流信息处理的电子化和计算机化、物流信息传递的标准化和实时化、物流信息储存的数字化等。

（4）物流配送的全球化。电子商务为众多企业拓展市场的同时，也对企业的物流配送提出了全球化服务的要求。

（5）物流服务的多功能化与社会化。电子商务物流要求为企业提供全方位的服务，既

包括仓储、运输服务，也包括配货、分发和各种用户需要的配套服务，使物流成为连接生产企业与最终用户的重要环节。同时，在电子商务条件下，物流服务也将更多地依靠专业的物流公司来提供，物流服务的社会化趋势将越来越明显。

传统物流与电子商务物流比较如表 9–1 所示。

表 9–1　传统物流与电子商务物流比较

内容	传统物流	电子商务物流
服务理念	以规模为中心	以客户为中心
配送体系	单一性配送网	网状网络配送体系
技术支持	传统管理技术	网络管理技术
信息响应	信息传递迟缓、响应慢	信息化程度高、反应迅速
管理特征	刚性化	柔性化
合作程度	格局分散	强调协同合作

9.2.3　物流对电子商务的影响

如同传统商务过程一样，电子商务中的任何一笔交易，都包含着基本的“流”的并存，即信息流、商流、资金流和物流。但是，过去人们对电子商务过程的认识往往只局限于信息流和资金流的电子化、网络化，而忽视了物流的电子化过程，认为对于大多数商品和服务来说，物流仍然可以通过传统的经销渠道进行。但随着电子商务的进一步推广与应用，物流的重要性对电子商务活动的影响日益明显。

1. 物流电子化是电子商务的重要组成部分

广义的电子商务概念扩大了对传统电子商务定义的范畴，提出了包括物流电子化过程的电子商务概念，指出电子商务是实施整个贸易活动的电子化；电子化的对象是整个交易过程，不仅包括信息流、商流、资金流，还包括物流；电子化的工具也不仅仅指计算机和网络通信技术，还包括叉车、自动导向车、机械手臂等自动化工具。可见，从根本上来说，物流电子化应是电子商务概念的组成部分，缺少了现代化的物流过程，电子商务过程就不完整。

2. 物流是电子商务概念模型的基本要素

电子商务概念模型是对现实世界中电子商务活动的一般抽象描述，它由电子商务实体、电子市场、交易事务和信息流、商流、资金流、物流等基本要素构成。其中电子商务实体是指能够从事电子商务的客观对象，如企业、银行、商店、政府机构和个人等；电子市场是指电子商务实体从事商品和服务交换的场所，它由各商务活动参与者通过通信网络连接成一个统一的整体；交易事务是指电子商务实体之间所从事的具体商务活动的内容，如查询价格、网上支付、广告宣传、货物运输等；在电子商务概念模型的建立过程中，强调信息流、商流、资金流和物流的整合。

3. 物流是实现电子商务的保证

目前的电子商务是靠网上订货，用传统物流体系送货。许多网上商店由于解决不了物流问题，往往限制送货范围，从而失去了电子商务的跨地域优势；或者要求消费者除支付商品费用外，还要额外支付运费，迫使消费者放弃电子商务，选择更为安全快捷的传统购物方式。由此可见，物流是实施电子商务的关键所在。

（1）物流保障生产。无论是在传统的贸易方式下，还是在电子商务下，生产都是商品流通之本，而生产的顺利进行需要各类物流活动的支持。现代化的物流，通过降低成本、优化库存结构、减少资金占压、缩短生产周期，保障了现代化生产的高效进行。相反，缺少了现代化的物流，生产将难以顺利进行，电子商务无论是多么便捷的贸易形式，仍将难以实施。

（2）物流服务于商流。在商流活动中，商品所有权在购销合同签订、付款完成的那一刻起，便由供方转移到需方，而商品实体可能并没有因此而移动。在传统的交易过程中，除了非实物交割的期货交易，一般的商流都伴随着相应的物流活动，即商品实体由供方向需方转移。而在电子商务下，消费者通过网上购物，完成了商品所有权的交割过程，即商流过程，但电子商务的活动并未结束，只有商品和服务真正转移到消费者手中，商务活动才告以终结。总之，先有商流，才有物流，但没有物流，商流也无从实现。

（3）物流是实现“以顾客为中心”理念的根本保证。电子商务的出现，在最大限度上方便了最终消费者。买卖双方通过网络进行商务活动，降低了交易成本，提高了交易效率。但若缺少了现代化的物流技术，商品迟迟不能到达消费者手中，电子商务给消费者带来的购物便捷等于零，消费者必然会转向他们认为更为安全快捷的传统购物方式，因此，物流是电子商务中实现以“以顾客为中心”理念的最终保证。

由上可知，物流是电子商务重要的组成部分。我们必须摒弃原有的“重信息流、商流和资金流的电子化，而忽视物流电子化”的观念，大力发展现代化物流，以进一步推广电子商务。

相关链接

开网店必须懂得的一些快递知识

在网上开店有段时间，跟快递打交道也比较多了，真的是发生了很多耐人寻味的故事，这些故事曾让我痛苦过，烦恼过，生气过，但过去的一切教我学会了很多，这些，我相信都是珍贵的经验，能给大家特别是新手卖家，或者一些在以后生活中快递东西的朋友提个醒。

第一，当买家下单时，一定要先查下这个地方快递到不到。这个很重要，很多新手卖家不查这些，就用圆通或者申通开始发货了，现在快递体系还不够健全，快递员根本不会去查能不能到，拿着货就走人，到不了的话，再退回来，严重影响买家的心情，也损害卖家的利益。所以一定要先查下，到你所选用快递公司的官方网站上查网点分布。

第二,一定要提醒买家先验货再签字。没有吃过亏的店主不会想到，但这样的风险是永远存在的，我以前就不重视，但遭遇厄运时束手无策。记得当时发个钱包，买家收到货匆匆签字，快递走了才发现只有盒子，没有钱包！买家找我哭诉，已经签字的单子，快递是不负任何责任的。我只能再发一个了，所以，一定要在宝贝描述里或者店铺公告里写明：先验货，再签字。快递过程中，不光是运输破损，东西不见也会发生的。

第三,一定要提醒买家把地址写详细。包括详细地址、收货人的姓名（一定要是全名）、手机号码，这样快递才能以最快速度找到。有一次，有位买家用的是英文名字，快递找不到，差点退回来，我及时联系协调，最终得到及时解决。遇见非常简单、非常可疑的地址，应谨慎发货，仔细询问。

第四，最好在发货单上写明某某人本人签收。这样由代签引起的纠纷，就大大减少了。还有，每次交易的货运单要保存好，这些对你是一种回忆，更是以后万一出现纠纷时的证据。

总之，现在快递业真的还不够健全，你下单，快递不会那么快来取件，因为他们也很忙，很辛苦，相互理解吧，但一定要保护好自己，出现问题，及时解决。

资料来源：http: //www.kaigewangdian.cn.

9.2.4　电子商务物流的特征

电子商务物流的特征如图 9-3 所示。

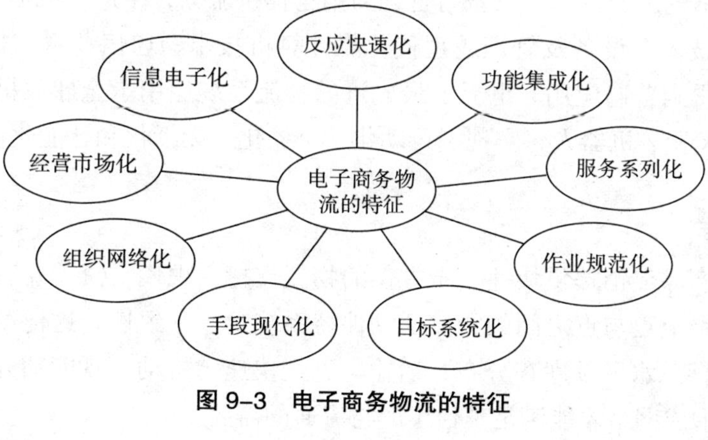

图 9-3　电子商务物流的特征

1. 反应快速化

物流服务提供者对上游、下游的物流、配送需求的反应速度越来越快，前置时间越来越短，配送间隔越来越短，配送速度越来越快，商品周转次数越来越多。

2. 功能集成化

现代物流着重于将物流与供应链的其他环节进行集成，包括物流渠道与商流渠道的集成、物流渠道之间的集成、物流功能的集成、物流环节与制造环节的集成等。

3. 服务系列化

现代物流强调物流服务功能的恰当定位与完善化、系列化。除了传统的储存、运输、包装、流通加工等服务外，现代物流服务在外延上向上扩展至市场调查与预测、采购及订单处理；向下延伸至配送、物流咨询、物流方案的选择与规划、库存控制策略建议、货款回收与结算、教育培训等增值服务；在内涵上则提高了以上服务对决策的支持作用。

4. 作业规范化

现代物流强调功能、作业流程、作业、动作的标准化与程式化，使复杂的作业变成简单的易于推广与考核的动作。

5. 目标系统化

现代物流从系统的角度统筹规划一个公司整体的各种物流活动，处理好物流活动与商流活动及公司目标之间、物流活动与物流活动之间的关系，不求单个活动的最优化，但求整体活动的最优化。

6. 手段现代化

现代物流使用先进的技术、设备与管理为销售提供服务，生产、流通、销售规模越大，范围越广，物流技术、设备及管理越现代化。计算机技术、通信技术、机电一体化技术、语音识别技术等得到普遍应用。世界上最先进的物流系统运用了全球卫星定位系统、卫星通信、射频识别装置、机器人，实现了自动化、机械化、无纸化和智能化。

7. 组织网络化

为了保证对产品促销提供快速、全方位的物流支持，现代物流需要有完善、健全的物流网络体系，网络上点与点之间的物流活动保持系统性、一致性，这样可以保证整个物流网络有最优的库存总水平及库存分布，运输与配送快速、机动，既能铺开又能收拢。分散的物流单体只有形成网络才能满足现代生产与流通的需要。

8. 经营市场化

现代物流的具体经营采用市场机制，无论是企业自己组织物流，还是委托社会化物流企业承担物流任务，都以“服务－成本”的最佳配合为总目标，谁能提供最佳的“服务－成本”组合，就找谁服务。国际上既有大量自办物流相当出色的“大而全”“小而全”的例子，也有大量利用第三方物流企业提供物流服务的例子，比较而言，物流的社会化、专业化已经占到主流，即使是非社会化、非专业化的物流组织也都实行严格的经济核算。

9. 信息电子化

由于计算机信息技术的应用，现代物流过程的可见性明显提高，物流过程中库存积压、延期交货、送货不及时、库存与运输不可控等风险大大降低，从而可以加强供应商、物流商、批发商、零售商在组织物流过程中的协调和配合以及对物流过程的控制。

9.3 任务：选择电子商务物流模式

经过上一次包裹迟迟送达不到客户手中的事，小王感觉最头疼的莫过于物流环节了，但自己货量太小，与物流公司的合作还处于弱势的一方，出现问题，也很难索赔。因为物流的问题，自己损失货款不说，还很影响信誉。他开始思考：是不是换一家物流公司？在周围几千米范围内的买家是不是要自己送货呢？

请问：小王是不是应该改变自己物流模式？物流模式受什么因素制约？

相关知识

9.3.1 电子商务物流模式

电子商务物流模式如图 9-4 所示。

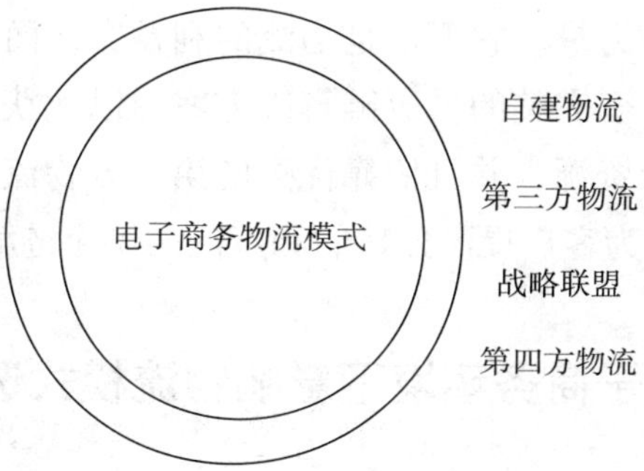

图 9-4 电子商务物流模式

1. 自建物流模式

物流服务是企业核心竞争力所在，从我国企业的具体情况来看，不少企业在全国范围内经营多年，都已建立起自己的分销渠道，企业自身拥有良好的物流网络、现代化的物流技术和管理经验。随着网络经济的发展，这些企业在经营电子商务时可通过不断整合自身资源、吸收外界资源、搞好自身物流网络建设，形成适合自我的物流配送体系。

例如，海尔成立的电子商务有限公司，投资一亿多元，依靠雄厚的财力和以前形成的营销网络，建立了一套相对完善的配送体系，在完成对海尔服务的同时还能为其他企业提供配送服务。

2. 第三方物流模式

第三方物流就是电子商务主体将一部分或全部物流活动委托给外部的专业物流公司来完成。物流公司本身不拥有商品，而是与企业或商家签订合作协议或结成合作联盟。采用这种物流管理方式，送达消费者所用时间较短，而且服务是专业化的、多功能的和全方位的。但是如果送货量太小，送货费用一般比 EMS 服务还要高。这种管理模式要求专业物流公司在基础设施、人员素质、信息系统等方面加强建设。

3. 战略联盟模式

这是电子商务企业与第三方物流企业由业务伙伴关系向战略伙伴转换的模式。电子商务企业要想取得稳定、快速的发展，必须把同第三方配送企业的关系从目前普遍存在的业务关系转变成战略伙伴关系，建立起适合自己的供应链渠道，并通过供应链上各方的共同努力，增强供应链的竞争能力。

4. 第四方物流

第四方物流（fourth party logistics，4PL 或 FPL）是一个供应链的集成商，一般情况下，政府为促进地区物流产业发展，领头搭建第四方物流平台提供共享及发布信息服务，是供需双方及第三方物流的领导力量。它不仅是物流的利益方，而是通过拥有的信息技术、整合能力以及其他资源提供一套完整的供应链解决方案，以此获取一定的利润。它是帮助企业实现降低成本和有效整合资源，并且依靠优秀的第三方物流供应商、技术供应商、管理咨询以及其他增值服务商，为客户提供独特的和广泛的供应链解决方案。

9.3.2 电子商务环境下影响物流模式选择的因素

未来企业物流模式主要有自建物流模式、第三方物流配送模式和战略联盟模式等。企业在进行物流决策时，应根据自己的需要和资源条件，综合考虑以下主要因素，慎重选择物流模式，以提高企业的市场竞争力。

1. 企业对物流控制力的要求

越是市场竞争激烈的行业，企业越是要强化对供应和分销渠道的控制，此时企业应该自建物流。一般来说，最终产品制造商对渠道或供应链过程的控制力比较强，往往选择自建物流，即作为龙头企业来组织全过程物流活动，制定物流服务标准。

2. 企业产品自身的物流特点

对于大宗工业品原料的回运或鲜活产品的分销，应利用相对固定的专业物流服务供应商和短渠道物流；对全球市场的分销，宜采用地区性的专业第三方物流企业提供支援；对产品线单一的企业，则应在龙头企业统一下自建物流；对于技术性较强的物流服务，如口岸物流服务，企业应采用委托代理的方式；对非标准设备的制造商来说，企业自建虽有利可图，但还是应该交给专业第三方物流企业去做。

3. 企业的规模和实力

一般地，大中型企业由于实力较雄厚，通常有能力建立自己的物流系统，制订合适的物流需求计划，保证物流服务的质量。另外，还可以利用过剩的物流网络资源拓展外部业务。而中小企业则受人员、资金和管理资源的限制，物流管理效率难以提高。此时，企业为把资源用于核心业务上，就应该把物流管理交给第三方专业物流代理公司。

4. 物流系统总成本

在选择是自建还是物流外包时，必须弄清两种模式物流系统总成本的情况。因为成本之间存在着二律背反现象，例如，减少仓库数量时，可降低仓储费用，但会带来运输距离和次数的增加，从而使运输费用增加，如果运输费用的增加部分超过了仓储费用的减少部分，总的物流成本反而增大。所以，在选择和设计物流系统时，要对物流系统的总成本加以论证，最后选择成本最小的物流系统。

5. 外包物流的客户服务能力

在选择物流模式时，考虑物流成本尽管很重要，但外包物流的客户服务能力也是至关重要的，企业是选择第三方物流模式，还是战略联盟模式，主要看企业是否将物流业务作为利润增长点和是否符合企业总战略。

电子商务时代，企业的销售方式及最终消费者的购买方式都在发生巨大的改变，理论上而言，企业的销售范围可以触达世界上的任何一个地方。而企业销售范围的扩大，使得送货上门等业务成为一项极为重要的服务业务，也必然会促使物流行业的兴起。信息化、全球化、多功能化和一流的服务水平，已经成为电子商务下物流企业的新追求目标。

案 例

京东现代物流体：网上下单 20 分钟内商品出库

早上 10 点 23 分，在朝阳门工作的白领宋海玲用自己的 iPhone 手机在京东上下单了一款捷波 WAVE 蓝牙耳机。下午 1 点 7 分，宋海玲的手机铃声响起，蓝牙耳机已经送到了她所在公司的前台。为何能如此迅捷？记者日前对京东现代物流体系进行了探访。

上午下单，下午送达；晚上下单，次日早晨送达；下单一小时后送达……算上其他电商企业和快递公司，像京东这样快速的物流服务每天至少要在北京发生十几万甚至几十万次。受益于电子商务的疾速发展，现代物流的高效与便捷已经渗入到普通消费者的生活。而随着无人机、大数据、物联网、智能分拣等新技术的不断运用，物流行业的便利化将进一步提升。

一、一天完成几十万份订单拣货

记者从京东方面了解了宋海玲从下单到收货的全过程。在她下单数秒钟后，订单就传到了位于东六环马驹桥京东的 3C 商品配送库，WMS（仓库管理系统）生成无线信号传输到拣货员张春红手上的 PDA 智能扫描枪，包含宋海玲订购的蓝牙耳机和 24 件其他商品的拣货清单出现在了张春红面前。

两条相邻的货道、十几米的距离、25 声扫描枪的提示音，几分钟时间，配送清单取货完成。检查、打包，上午 10 点 37 分，打包好的蓝牙耳机出现在了京东自动分拣系统的传送带上，两分钟后滑落到标着朝阳门方向的分拣筐里。不到 20 分钟，宋海玲购买的蓝牙耳机完成出货过程。

位于马驹桥的京东 3C 商品配送库（A 仓）占地 1.4 万平方米，容纳超过 300 万件存货。3C 商品作为京东的当家产品，出货量一直在各类商品中位列前茅，3C 商品配送库每日的出货配送压力也自然首屈一指。从收到消费者订单到完成商品出库，这个环节在京东 3C 配送库需要多长时间？如果在 2012 年，这个时间是 2 个小时，而如今这个时间是 20 分钟。

“现在我们只有不到 300 名工作人员，但每天平均可以完成数万订单的拣货任务，高峰时一天可以完成几十万单的拣货任务。”现场负责人李蛟杰充满自豪地介绍，从 2012 年入职到今日，他在这里工作才刚刚两个多年头，但就是这两年时间里，这里的出货时间却缩减了六分之五。

效率的急速上升，靠的不是人力的增加、硬件的投入，而是现代物流仓库管理系统的变化。“现在我们已经实现了无纸化办公。”李蛟杰介绍。

以往拣货员拿到的拣货清单上各个商品“散落”在仓库的不同货架上，拣货员要来回穿梭，而如今新的智能系统会自动把临近的商品订单合成在同一张拣货清单上，一条货道，相邻的货架，步行几十米的距离，几分钟时间拣货员一次就能完成一张清单。

“现在即使到了‘双十一’这样的业务高峰，我们库房里的多数货物也能充盈货架。”他介绍，以前库房里实行的是被动的补货机制，货架上缺货了才会补货，但如今补货系统已经实现了智能化，可以根据实时的销售、出货情况预测货架上货物的存留量，提前就把补充的货物运送到位。而这样的变化，在两年时间里还有很多，包括货架商品的智能化陈列和工作环节的整合等。

二、快递试水“无人机”配送

除了WMS运用在物流行业的新工具和新技术还有很多。在苏宁易购北京配送中心，智能技术让几十人一天就可以完成数以万计家电的日常配送；当当网基于大数据的分析，已经形成了针对消费者偏好的仓储分类；圆通在华北的分拨中心更新了最新的自动分拣系统；顺丰快递和淘宝更是试水了“无人机”快递。

“未来快递的速度将越来越快。”一家电商企业负责人向记者介绍，其新建的仓储中心将投入使用，并将运用一系列新的技术，其中分拣员的双手有望被“解放”出来，不需再手持任何单据和分拣设备，只需佩戴智能手环、智能戒指就可以完成订单信息接收、货物对照、货物分拣的一系列工作。

为何物流行业会在短短几年时间里产生如此巨大的变化？除了技术本身的推动作用，电子商务的爆发式发展更是其主要原因。

“从几天到货发展到次日到货，再发展至一日三送、四送，物流现代化最重要的推动力正是来自市场需求。”北京市快递行业协会相关负责人向记者介绍，2014年全年北京网上零售额达到1 456.9亿元，而在2010年这个数字刚刚达到百亿元规模，而与之相对应的是电商商品配送数量的激增，按照相关部分的统计，我国共产生和投递电商包裹数量接近110亿个，平均下来，每个中国人收到了8个电商包裹。

一位业内专家说，电子商务的发展、电商包裹数量的增加，要求企业有更强的订单处理能力和更快的投递速度，而这些都促使物流行业采用更多的新设备和新技术，为进行网购的老百姓提供更高质量的服务。

资料来源：http：//www.chinawuliu.com.cn/zixun/201503/11/299300.shtml.

课后练习

一、判断题

1. 电子商务产生的根源是信息技术的进步和社会商业的发展。（　　）

2. 电子商务是运用数学方法，对企业的各项活动进行持续优化的过程。（　　）

3. 一般情况下，没有商流就不可能发生物流、信息流，反过来，没有物流和信息流的

匹配和支撑，商流也不可能达到目的。它们之间互为存在的前提条件，又互为依存的基础。(　　)

4. 除了传统的储存、运输、包装、流通加工等服务外，现代物流服务在外延上向上扩展至市场调查与预测、采购及订单处理；向下延伸至配送、物流咨询、物流方案的选择与规划、库存控制策略建议、货款回收与结算、教育培训等增值服务；在内涵上则提高了以上服务对决策的支持作用。(　　)

5. 最终产品制造商对渠道或供应链过程的控制力比较强，往往选择第三方物流，组织全过程物流活动，制定物流服务标准。(　　)

二、单项选择题

1. 电子商务是以（　　）活动为主体，以计算机网络为基础，以电子化方式为手段，在法律许可范围内所进行的商务活动过程。

A. 商务　　　　B. 计算机技术

C. 互联网　　　　D. 物流

2. 认证中心是基于互联网平台建立的一个公正、独立、权威、广受信赖的组织机构。证书审批部门作为电子商务交易中受信任的（　　），承担公钥的合法性检验的责任。

A. 第一方　　　　B. 第二方

C. 第三方　　　　D. 第四方

3. 一个完整的电子商务系统，如果没有高效的（　　）系统支撑，是难以维系交易顺利进行的。

A. 网页界面　　　　B. 实物配送物流

C. 金融　　　　D. 商业谈判

4. 信息流既制约着商流，又制约着物流，它为商流和物流提供预测和决策依据，同时，信息流又将商流和物流相互沟通，完成（　　）的全过程。

A. 商品流通　　　　B. 资金转移

C. 决策　　　　D. 工业生产

5. 由于计算机信息技术的应用，现代物流过程的（　　）明显提高，从而可以加强供应商、物流商、批发商、零售商在组织物流过程中的协调和配合以及对物流过程的控制。

A. 运输敏捷　　　　B. 节约成本

C. 服务性　　　　D. 可见性

三、多项选择题

1. 物流是实现电子商务的保证，主要从以下几个方面体现？（　　）

A. 物流是人类贸易活动的基础

B. 物流保障生产

C. 物流服务于商流

D. 物流是实现“以顾客为中心”理念的根本保证

2. 电子商务按照参加主体可分为（　　）。

A. 企业与消费者间的电子商务（B2C）

B. 企业与企业间的电子商务（B2B）

C. 消费者与消费者间的电子商务（C2C）

D. 企业与政府间的电子商务（B2G）

E. 企业内部电子商务

3. 电子商务系统由互联网，电子商务服务商，参与交易的企业、组织和消费者，（　　）组成。

A. 安全认证中心　　B. 计算机操作者

C. 提供实物配送服务　　D. 支付服务的机构

4.（　　）是网上交易顺利进行的保障。

A. 顾客　　B. 实物配送

C. 网上支付　　D. 厂家

5. 电子商务物流模式包括（　　）。

A. 自建物流模式　　B. 第四方物流模式

C. 第三方物流配送模式　　D. 战略联盟模式

四、简答题

1. 简述电子商务的含义。

2. 简述电子商务物流的特征。

3. 在电子商务环境下选择物流模式应考虑的因素有哪些?

实践与实训

请登录电子商务网站，采购自己需要的商品，并且在网上进行物流跟踪，将整个过程拷贝为图片，如图 9-5 所示。在同学之间进行交流比较，说出自己在接受服务过程中的对信息传递和服务的感受，评选出个人认为好的电子商务物流公司。

快件追踪

今天：2017-11-12 20：44：50

为了保证您的查询速度，以下为 11 月 8 日 16：00 以后的快件轨迹。

走件流程		
快件单号	操作时间	快件流程
2402825871	2017-11-08 17：33：36	辽宁鞍山市铁西区开发区 / 揽收扫描 / 取件人：刘震
2402825871	2017-11-08 17：36：35	辽宁鞍山市铁西区开发区 / 装件入车扫描
2402825871	2017-11-08 18：59：06	辽宁鞍山市 / 装件入包扫描
2402825871	2017-11-08 18：59：17	辽宁鞍山市 / 下车扫描
2402825871	2017-11-09 09：11：27	北京分拨中心 / 折包扫描
2402825871	2017-11-09 12：03：51	北京分拨中心 / 装件入包扫描
2402825871	2017-11-10 04：13：17	广州分拨中心 / 折包扫描
2402825871	2017-11-10 06：56：05	广州分拨中心 / 装件入包扫描
2402825871	2017-11-10 09：15：08	广东佛山 / 下车扫描
2402825871	2017-11-10 09：43：18	广东佛山 / 装件入包扫描
2402825871	2017-11-10 13：43：54	广东佛山高明 / 下车扫描
2402825871	2017-11-10 09：25：05	广东佛山高明 / 派件扫描 / 派件人：区卓贤
2402825871	2017-11-11 12：51：46	广东佛山高明 / 正常签收录入扫描 / 签收人：刘磊

图 9-5　物流跟踪图例

项目10

物流商品养护

学习导航

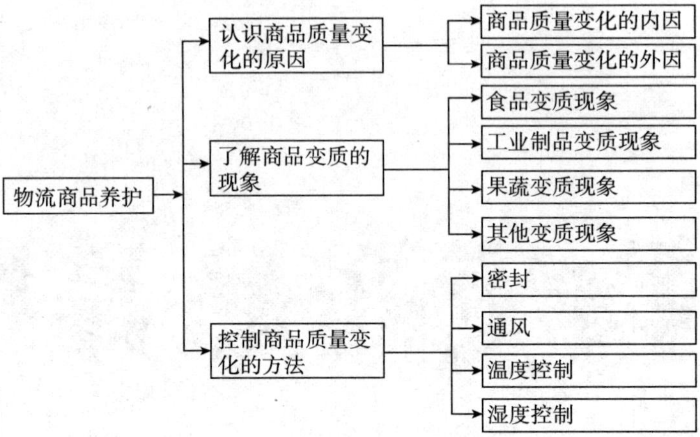

项目简介

张先生是某大型连锁超市的总经理，近段时间为顾客投诉商品变质的事情烦恼不已。

一顾客称：9月10日在超市购买的“××”牌独立包装小面包，当天晚上就吃了几个，之后才发现自己食用的小面包表面有霉点。

因为担心超市不认账，9月11日，该顾客再次到该超市购买了相同品牌的小面包，并保留了收银小票做证据。随后，顾客找到超市工作人员，在收银处大声吵闹。

超市工作人员立即检查了该顾客所说的“变质”面包，包装上标明7月2日生产，保质期是半年，面包上确实有小黑点。工作人员立即将该批次的小面包进行更换，并准备把供货商请来，希望顾客、超市与供货商三方协商，但顾客认为此举不合理，拒不接受超市方面的处理办法，而坚持在超市收银处吵闹，并以通知新闻媒体为要挟，提出过高的赔偿要求，此举大大影响了超市的正常经营活动。

类似的事件这个月已经发生三次了，张总经理觉得这类事情已经很严重了，究竟是什么原因造成的呢？他决定亲自调查处理。

10.1 任务：认识商品质量变化的原因

张总经理的秘书汇总了一年来顾客投诉的质量问题，张总经理发现，问题大部分集中在食品类，当然这是最容易变质的商品之一，张总经理决定让员工了解一些商品质量变化的知识，他请来了质量技术监督局的王工程师，为员工讲解影响商品质量变化的因素。

相关知识

10.1.1 商品质量变化的内因

在物流过程中，由商品本身的内在因素引起商品质量变化的即内因。它不仅影响着商品质量变化的形式，也影响着质量变化的速度。这些内因包括商品的化学成分、物理化学性质、结构形态、机械及工艺性质等。商品质量变化的内因如图 10–1 所示。

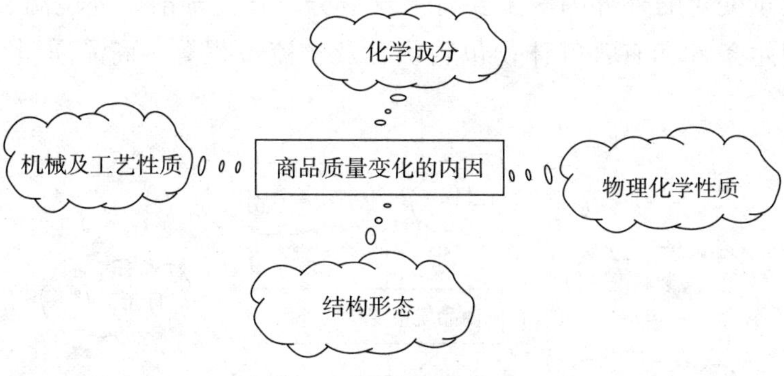

图 10–1 商品质量变化的内因

1. 化学成分

由于商品中所含化学成分及其种类和数量对商品质量、性能、用途等有着决定性的或密切的影响，一些商品的主要成分虽然相同，但由于含有某种特殊成分，质量、性能和用途与其他商品完全不同。

不同的化学成分，不仅对商品的基本性质有影响，而且影响商品在物流过程中抵抗外界因素侵蚀的能力，如在普通低碳钢中加入少量的铜和磷的成分，能有效提高其抵抗腐蚀的能力。

2. 物理化学性质

商品本身所具有的物理化学性质是商品发生质变和数量损耗的原因之一，它主要是由其化学成分和组织结构所决定的，物理性质主要指挥发性、吸湿性、水溶性、导热性等，化学性质主要指化学稳定性、燃烧性、爆炸性、腐蚀性等。商品的物理和化学性质对商品保管条件和保管方法起决定性作用。

3. 结构形态

日常生活中最常见的物质形态是固态、液态和气态，从构成来说这类状态都是由分子或原子的集合形式决定的。在商品养护保管过程中，它们要求的条件也有所不同。

4. 机械及工艺性质

商品的机械性质，是指商品的强度、硬度、韧性、脆性、弹性等。例如，各种橡胶制品、软塑料制品、皮革制品、纺织品就具有一定的弹性和韧性，而它们各自的弹性和韧性又有所不同。商品的工艺性质，是指其加工程度和加工精度等，具有不同的加工程度和加工精度的产品，在同等条件下，其质量变化的程度是不一样的。

10.1.2 商品质量变化的外因

影响商品质量变化的外界因素主要有大气成分，日光辐射，环境温、湿度，虫、鼠、蚁，微生物、卫生条件和有害气体，包装状况及物流过程等。商品质量变化的外因如图10–2所示。

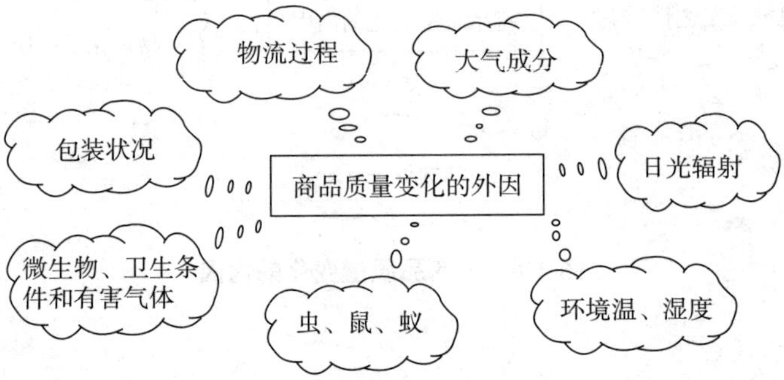

图 10–2 商品质量变化的外因

1. 大气成分的影响

在地球生物赖以生存的地球大气中，不仅包含了氮气、氧气，还包含了浓度很低的诸如二氧化碳、水汽、惰性气体以及化合物等许多的大气成分，它们不仅有气体成分，还有固体和液体成分，具有非常复杂的物理、化学等特性，并直接或间接地影响我们的生活。

空气中含有78%左右的氮气、21%左右的氧气，氧气非常活泼，能和许多商品发生反应并对商品质量变化影响很大。例如，氧气可以加速金属商品锈蚀；氧气是好气性微生物活动的必备条件，易使有机体商品发生霉腐；氧气是害虫赖以生存的基础，是仓库害虫发育的必要条件；氧气是助燃剂，不利于危险品的安全储存；在油脂的酸败、鲜活商品的分解和变质中，氧气都是积极的参与者。因此，在养护中，对于受氧气影响比较大的商品，要采取各种方法如浸泡、密封、充氮等隔绝氧气。

2. 日光辐射的影响

日光是太阳上的核反应“燃烧”辐射的电磁波，经很长的距离射向地球，再经大气层过滤后到地面，它的可见光谱段能量分布均匀，所以是白光。日光中含有紫外线、红外线等，其中紫外线能量最强，对商品的影响最大。日光对商品起着正反两方面的作用：一方面，日光能够加速受潮商品的水分蒸发，杀死杀伤微生物和商品害虫，在一定程度上有利于商品的保护；但另一方面，某些商品在日光的直接照射下，又会发生质量变化，例如，日光能使酒类浑浊、油脂加速酸败、橡胶塑料制品迅速老化、纸张发黄变脆、色布褪色、药品变质、相机胶卷感光等。因此，要根据各种不同商品的特性，减小日光辐射的影响。

3. 环境温、湿度的影响

（1）环境温度。气温是影响商品质量变化的重要因素。温度能直接影响物质微粒的运动速度：一般商品在常温或常温以下，都比较稳定；温度过高或过低，都会对某些商品产生不良影响，高温能够促进商品的挥发、渗漏、熔化等物理变化及各种化学变化；而低温又容易引起某些商品的冻结、沉淀等变化；温度忽高忽低，会影响到商品质量的稳定性。此外，温度适宜时会给微生物和仓库害虫的生长繁殖创造有利条件，加速商品腐败变质和虫蛀。因此，控制和调节仓储商品的温度是商品养护的重要工作内容之一。

（2）环境湿度。空气的干湿程度称为空气湿度。空气湿度对物流商品质量变化的影响最大，大部分的商品怕潮湿。空气湿度的改变，能引起商品的含水量、化学成分、外形或体态结构等方面的变化。湿度下降，将使商品释放出水分而降低含水量，减轻重量，例如，水果、蔬菜、肥皂等会发生萎蔫或干缩变形，纸张、皮革制品等失水过多，会发生干裂或脆损；湿度增大，商品含水量和重量相应增加，例如，食糖、食盐、化肥等易溶性商品结块、膨胀或进一步溶化，钢铁制品生锈，纺织品、竹木制品、卷烟等发生霉变或被虫蛀等。湿度适宜，可保持商品的正常含水量、外形或体态结构和重量。所以，在商品养护中，必须掌握各种商品的适宜湿度要求，尽量创造商品适宜的空气湿度。

4. 虫、鼠、蚁的影响

（1）仓库害虫。根据资料记载，仓库害虫已定名的有 300 多种，我国商业仓储部门已发现的有 60 多种。其中对工业品危害较大的有鞘翅目的小圆皮蠹、黑皮蠹、花斑皮蠹，鳞翅目的袋衣蛾、毛衣虫等 10 余种。这些害虫体内分别含有蛋白酶、脂肪酶与纤维素酶，能消化毛、丝、纤维和皮革制品，有的甚至还能危害牛角、象牙、塑料、化纤等商品。例如，花斑皮蠹不仅能危害塑料、尼龙制品，还能危害铅皮制品。害虫在危害商品过程中，不仅破坏商品的组织结构，使商品发生破碎或产生孔洞，外观形态受损，而且还会因吐丝结茧，排泄各种代谢废物污损商品，影响商品的质量和外观。危害粮食的害虫更多，主要有玉米象、米象、谷蠹、大谷盗、麦蛾等。图 10-3~ 图 10-5 是三种害虫的图片。

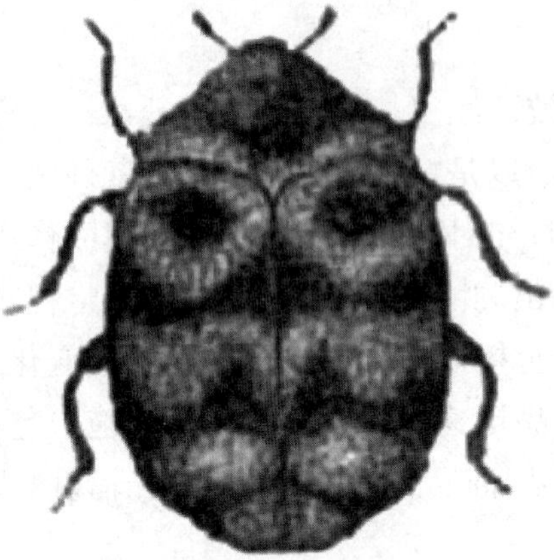

图 10-3　小圆皮蠹

图 10-4　衣蛾

图 10-5　玉米象

商品如受害虫危害，一般损失都相当严重。害虫能适应恶劣环境，一般能耐热、耐寒、耐饥，并具有一定的抗药性；繁殖力强，繁殖期长，产卵量多，有的一年可繁殖几代；食性广杂，具有杂食性。所以，一发生虫害，就会造成极严重的后果。

（2）老鼠。老鼠是一种啮齿动物，体形有大有小，种类多，有 450 多种，数量繁多并且繁殖速度很快，生命力很强，几乎什么都吃，在什么地方都能住，会打洞、上树，会爬山、涉水，而且糟蹋粮食、传播疾病，对人类危害极大，所以一直被人类捕杀。

（3）白蚁。白蚁也称虫尉，坊间俗称大水蚁（因为通常在下雨前出现，因此得名），等翅目昆虫的总称，有 3 000 多种。为不完全变态的渐变态类并且是社会性昆虫，每个白蚁巢内的白蚁个体可达百万只以上。

①对农作物的危害：一般来说，白蚁还不是我国农作物主要的害虫。但是对甘蔗来说危害还是较为严重的。其种类主要有：台湾家白蚁、黄翅大白蚁、黑翅土白蚁、海南土白蚁、台湾乳白蚁。

②对树木的危害：危害树木的白蚁种类很多，其主要种类有：新白蚁、堆砂白蚁、家白蚁、树白蚁、散白蚁、木鼻白蚁、土白蚁、大白蚁、原白蚁等。

③对房屋建筑的危害：白蚁对房屋建筑的破坏，特别是对砖木结构、木结构建筑的破坏尤为严重。由于其隐藏在木结构内部，破坏或损坏其承重点，往往能造成房屋突然倒塌，这一点引起了人们的极大关注。在我国，危害建筑的白蚁种类主要有家白蚁、散白蚁、种堆白蚁等属。其中，家白蚁属的种类是破坏建筑物最严重的，它的特点是扩散力强，群体大，破坏迅速，在短期内即能造成巨大损失。

④对江河堤坝的危害：白蚁危害江河堤坝的严重性，我国古代文献上已有较为详细的记载，近代的记载更为详尽。其种类有土白蚁属、大白蚁属和家白蚁属，它们在堤坝内密集营巢，迅速繁殖，苗圃星罗棋布（除家白蚁外），蚁道四通八达，有些蚁道甚至穿通堤坝的内外坡，当汛期水位升高时，常常出现管漏险情，更甚者则酿成塌堤垮坝。

⑤对白银的危害。白蚁能分泌出一种高浓度的蚁酸，与白银产生化学反应，形成蚁酸银，这是一种黑色粉末，会被白蚁吃下去。

5. 微生物、卫生条件和有害气体的影响

（1）微生物。微生物是导致商品霉腐的前提条件。微生物在生命活动过程中会分泌各种酶，利用酶把商品中的蛋白质、糖类、脂肪、有机酸等物质分解为简单的物质再加以吸收，从而使商品受到破坏、变质，丧失其使用价值。同时，在微生物异化作用中，在细胞内分解氧化营养物质，产生各种腐败性物质并排出体外，使商品产生腐臭味和色斑霉点，影响商品的外观，加速高分子商品的老化。

危害商品的常见微生物是一些腐败性细菌、酵母菌和霉菌。特别是霉菌，它是引起绝大部分日用工业品、纺织品和食品霉变的主要根源，对纤维素、淀粉、蛋白质、脂肪等物质具有较强的分解能力。微生物的活动，需要一定的温度和湿度。没有水分，它是无法生活下去的；没有适宜的温度，它也是不能生长繁殖的。掌握这些常识，就可以根据商品的含水量情况，采取不同的温湿度调节措施，防止微生物生长，以利于商品储存。

（2）卫生条件。卫生条件是影响商品是否变质腐败的重要条件之一。卫生条件不良，环境中存在较多的灰尘、油垢、垃圾，不仅会污染商品，造成商品外观疵点和有异味，而且还为微生物、仓库害虫等创造了活动场所。因此商品在储存过程中，一定要搞好储存环境的卫生工作，保持商品本身的卫生。

（3）有害气体。大气中的有害气体，主要来自煤、石油、天然气。对空气造成污染的主要有二氧化碳、二氧化硫、硫化氢、氯化氢和氮化物等气体。

商品储存在有害气体浓度大的空气中，其质量变化明显。例如，二氧化硫气体溶于水能生成亚硫酸，当它遇到含水量较大的商品时，能强烈地腐蚀商品的有机物。在金属电化学腐蚀中，二氧化硫是构成腐蚀的重要介质之一，因此金属商品必须远离二氧化硫发源地。

6. 包装状况的影响

商品包装是指在流通过程中为保护商品、方便运输、促进销售，按一定的技术方法采用的容器、材料及辅助物的总称，也指为了上述目的而在采用容器材料和辅助物的过程中施加一定技术方法的操作活动。包装对商品运输和储存过程中的质量影响较大，特别是在商品转移过程中，包装结实与否，直接影响商品质量。

7. 物流过程的影响

商品在物流过程中要经过时间与空间的转移，物流过程中的运输、装卸、储存等诸多环节均会对商品质量产生影响，商品运输对商品质量的影响与运输工具、运输路程远近、时间长短、运输路线有关，商品装卸对商品质量的影响与装卸机械、装卸工具、装卸方式、装卸作业人员的素质等有关，商品储存期间的质量变化同储存场所和方位、储存时间长短、储存措施与技术有关。

相关链接

掌控商品保质期的办法

掌控商品保质期的办法对于门店商品的管理很重要。超市经营者懂得掌控商品保质期的办法，能够加强对商品品质特别是商品保质期的管理，还能防止超期商品流入货场。

办法一：建立商品保质期、保存期登记制度

对购进的食品饮料、罐头等，在商品到货入库时，应分类对每一品种的生产日期、保质期、保存期、入库时间等进行详细的登记，随时对所有商品的保质期和保存期情况进行检查。

办法二：制定科学的管理办法

在商品的入库、出库、上柜诸环节的管理上采取科学、规范的方法，应本着先进先出的原则，要求仓库保管人员对不同时期购进、生产日期不同的同一商品分开码放，并做到心中有数。

办法三：各环节严格把关

在经营过程中，销售人员要严格把关，商品上柜时要仔细查看商品的生产日期及保质期，日常销售中应随时进行检查，根据各种食品生产日期及保质期、保存期的不同情况，分别确定如下处理办法：

· 对保质期在三个月以上、半年以下的食品应在到期前 7 天撤下柜台；

· 对保质期在半年以上、一年半以下的食品在到期前 15 天撤下柜台；

· 对保质期在一年半以上的食品应在到期前两个月撤下柜台。

办法四：定期促销，促进临期商品的流通

超市应该对客户构成、客户需求、客户消费习惯等进行市场调研，同时结合商品保质期管理制度，定期对保质期内的临期商品做促销活动，减轻临期商品调换配送压力。

10.2 任务：了解商品变质的现象

质量技术监督局王工程师为员工培训了影响商品质量变化的因素，张总经理觉得，作为商业流通企业，大量储存商品，经常有各种商品变质的情况出现，他要求员工将商场的商品重新检查，挑出变质的商品。

请说说流通企业商品变质的现象有哪些。

相关知识

商品储存期间，会发生变质现象，其变质的影响因素也是多方面的，其中霉变、虫蛀、老化、锈蚀是工业品储存期间最易发生的变质现象。

10.2.1 食品变质现象

食品变质的现象如图 10-6 所示。

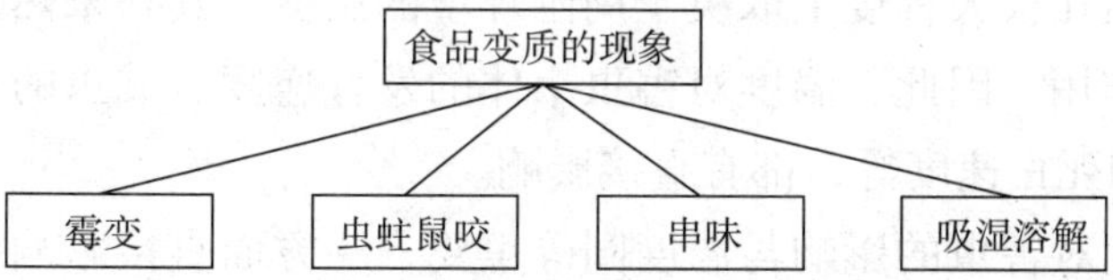

图 10-6 食品变质的现象

1. 霉变

商品霉变主要是由霉菌引起的。由于霉菌在商品中进行新陈代谢活动，把商品中的营养物质变成各种代谢物，从而降低了商品的物理机械性能，产生霉臭气味，甚至出现长毛现象，严重者丧失其使用价值。

（1）影响霉变的内在因素。

①商品带有霉菌孢子，包括：商品的原材料带有霉菌孢子；生产未在无菌条件下进行；未在生产中加入防霉剂，产品未经消毒灭菌；包装未采取无菌密封，在运输、储存中受到霉菌孢子的污染。

②商品含有营养物质，如碳源营养、氮源营养、矿物质营养与水分等。

（2）影响霉变的外在因素。

①商品含水量与空气湿度。水对霉菌孢子的萌发，营养物质的吸收、新陈代谢与酶的生化作用等都有一定作用，而水分的主要来源是商品本身所含的水分与空气中的水分。

②库房的温湿度。大多数霉变微生物属于中温型中湿性，最适合生长的温度为25℃~37℃，在相对湿度75%以上可以正常发育。库房的温度主要影响酶的活性。在25℃~28℃时，霉菌体内酶的活性最强，代谢便随之加速，生长繁殖也最为旺盛。

③氧气。在无氧或空气流通的地方，均不易发生霉变。

2. 虫蛀鼠咬

商品在储存过程中，常常受到各种害虫和老鼠的侵袭。害虫不仅能蛀食、污染动植物性商品，有时还会危害塑料、化学纤维等高分子商品，直接威胁着商品的安全，甚至能使商品完全失去使用价值；老鼠则直接危害粮食等商品，破坏包装，传播疾病。所以，虫蛀、鼠咬也是商品储存过程中的主要生物危害之一。

仓虫大多数来源于农作物，其食性广泛，为多食性昆虫，生殖力强，对环境条件有很大的适应性和抵抗能力。用药物防治害虫时，如果浓度低或剂量不足，剩余的个别仓虫通过长期世代遗传，可能形成对某种药物的抗药性。因此，仓虫能在仓库这种特定的环境下生活与繁殖。仓虫主要为鞘翅目与鳞翅目昆虫。仓库的环境因素，特别是温度、湿度与食料对害虫的生长有极大的影响。

（1）温度：昆虫为变温动物，其热量的来源有内生与外来两个途径。从害虫自身新陈代谢作用分解营养物质而获得的热量为内生热；从害虫栖息地方的环境温度获得的热量为外来热。昆虫的体温在很大程度上取决于周围环境的温度。其外来热是主要的，而内生热只是起调节体温的作用。因此，温度对害虫个体的发育速度、成虫的寿命和繁殖率、害虫的食量、迁移分布和死亡速度等，都有直接影响。

（2）湿度：湿度对害虫的影响与温度同等重要，一方面直接影响害虫的水分来源；另一方面影响商品的含水量，也间接地影响害虫的水分来源。相对湿度70%~90%是多数害虫生存与繁殖的最适宜湿度。干燥是多数商品安全储存的重要条件之一。但是，高湿度（如相对湿度达到100%）也不利于害虫的生存与繁殖，因为湿度会妨碍害虫的热量调节。

（3）食料：各种仓虫对食料种类都有一定范围的选择。依据仓虫对食料的适应范围，可以将其分为单食性、多食性和杂食性等类型。仓虫的食料，是影响仓虫生长发育快慢和繁殖力大小的重要因素之一。如果适宜的食料缺乏，仓虫的生长发育将受到抑制。因此，储存各类商品时，应当了解商品的营养成分及含水量的高低，以便能够分析和推测出可能发生的虫害种类和程度，更好地采取防治措施。

3. 串味

串味就是指吸附性较强的物品吸附其他气体、异味，从而改变了本来气味的变化现象。易串味的商品，主要因为它的成分中含有胶体物质以及疏松、多孔性的组织，这与其表面状况、与异味物质的接触面积的大小、接触时间的长短以及环境中的异味浓度有关。

茶叶具有强烈的吸收异味的性能，不能和海鲜、烟、酒、肥皂、药品、香水、化肥、农药等混放在一起，否则会串味，导致茶叶质量下降，甚至失去饮用价值。容易串味的药品主要有芳香类、易挥发物质等药品，常见的有人丹、藿香正气水等。

对于容易串味的商品，应注意在整个物流过程中与其他商品隔离，使用密闭包装并经常检查包装破损情况。

4. 吸湿溶解

溶解是一种物质（溶质）分散于另一种物质（溶剂）中成为溶液的过程，如食盐或蔗糖溶解于水而成为水溶液。在商品养护过程中，主要表现为固态物质在潮湿空气中能吸收水分的现象。一般情况下，温度越高，吸湿点越低，产品越容易吸湿溶解，如糖、食盐、棉花、纸张、尿素等。

影响溶解的主要因素是商品的组成成分、结构、性质以及大气的相对湿度和气温。其中影响最大的是空气相对湿度，空气相对湿度越大，这些商品越容易吸湿。

10.2.2 工业制品变质现象

工业制品变质现象如图 10–7 所示。

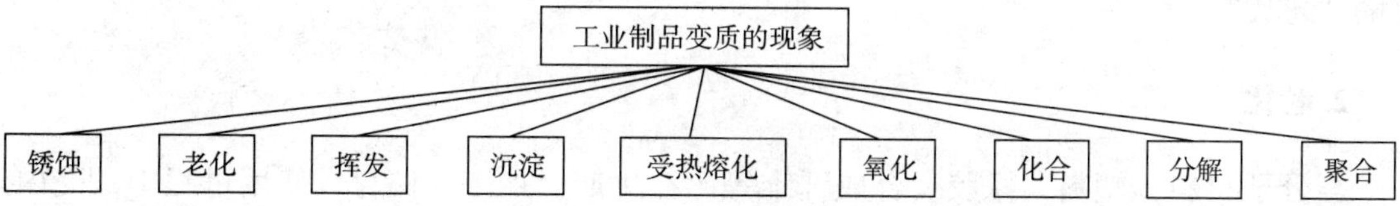

图 10–7 工业品变质现象

1. 锈蚀

又称腐蚀，是指金属与其所接触的物质发生化学或电化学作用引起的破坏现象，其本质是氧化还原反应。金属在干燥的空气或非电解液中，单纯由化学作用（不产生电流）而引起的锈蚀，称为化学锈蚀；金属在电解液中或在液膜下，由电化学作用而引起的锈蚀，称为电化学锈蚀。电化学锈蚀过程中，伴随着电流产生，形成腐蚀电池，电化学锈蚀的速度快，是金属在大气中发生锈蚀的主要原因。

五金商品中的金属制品，在保管工作上的主要问题是防腐蚀。按引起腐蚀的介质不同，腐蚀分为大气腐蚀、土壤腐蚀、海水腐蚀、细菌腐蚀等。其中大气腐蚀最为普遍，因为金属制品无论在加工、运输和储存保管过程中，都与大气接触，时刻都有产生大气腐蚀的条件。习惯上，对金属在大气中由于受到氧、水分及其他污染杂质引起的腐蚀或变色，称为生锈或锈蚀。金属制品生锈后，轻者影响外观质量，严重的则影响使用，甚至造成报废，所以金属制品在保管中，一定要妥善保管，注意防锈。

造成金属生锈的主要因素：包括以下几个方面。

（1）大气相对湿度：在相同温度下，大气的水蒸气含量与其水蒸气饱和含量的百分比，叫做相对湿度。在某一相对湿度以下，金属锈蚀速度很小，而高于这一相对湿度后，锈蚀速度陡然增加，这一相对湿度称为临界湿度。很多金属的临界湿度为50%~80%，钢铁约是75%。大气相对湿度对金属锈蚀的影响最大。当大气湿度高于临界湿度后，金属表面便出现水膜或水珠，若是大气中含有的有害杂质溶解于水膜、水珠，即成电解液，会加剧锈蚀。

（2）气温与湿度：大气温度与湿度两者关联影响金属锈蚀，有以下一些主要情况：大气的水蒸气含量，随气温升高而增大；气温高促使锈蚀加剧，尤其在潮湿环境里，气温越高，锈蚀速度越快；在相对湿度低时，温度对锈蚀的影响还不太明显，但在高于临界湿度时，随着气温升高，锈蚀量急剧增大；另外，如果大气与金属间有温差，则在温度低的金属表面形成冷凝水，也会导致金属生锈。

（3）腐蚀性气体：污染空气中的腐蚀性气体，以二氧化硫对金属腐蚀影响最大，特别是对钢、铜及其合金的危害更大。大气中二氧化硫主要来源于煤的燃烧。同时，燃烧产物二氧化碳也有腐蚀作用。另外，硫化氢、氨气、盐酸气等都是促使金属锈蚀的因素。当然，大气中的氧导致的金属锈蚀最为常见，而且随时随地发生作用，这是不言而喻的。

（4）其他因素：大气中含有大量尘埃，如烟雾、煤灰、氯化物和其他酸、碱、盐颗粒等，有的本身具有腐蚀性，或者是水珠的凝结核，也都是锈蚀因素，如氯化物被认为是金属的“死敌”。

2. 老化

高分子材料（塑料、橡胶、合成纤维等）在生产、加工、储存、使用过程中，受内外因素的综合影响，失去原有的优良性能，以致最后丧失使用价值，这种变化称为老化。

（1）影响老化的内在因素。

①高分子材料的结构。高分子材料的结构中若含有支链，则会有叔碳原子。与叔碳原子相连的氢原子，在外部因素作用下，容易脱落形成活性中心，导致材料迅速老化，如聚丙烯。

高分子材料结构中，如果含有双键，每一个双键都容易在外部因素的作用下形成活性中心。双键结构含量越多，越容易老化，如橡胶制品。

高分子材料的主链中，如果含有杂原子（N、O、S等），碳原子与杂原子构成的键易断裂形成活性中心，这就是聚甲醛容易热分解的原因。

②其他组分与杂质。其他组分，包括高分子材料聚合中使用过的引发剂、催化剂，以及成品加工中添加的配合剂（增塑剂、填充剂、润滑剂、着色剂、硫化剂等），有些也会促进高分子材料老化，如硫化剂能促进橡胶制品老化。

用于高分子材料聚合的催化剂与引发剂分解出来的金属离子，以及工业生产中使用金属设备带入的微量有害金属杂质，都会严重危害高分子材料的耐老化性能，如锌、铁等金属杂质，会大大加快聚氯乙烯的老化速度。

（2）影响老化的外部因素。

①日光：光的波长越短，能量越大。高分子吸收光量后获得能量，处于激发态，能产生光物理作用或光化学反应，导致材料老化。

②热：温度升高，会造成分子的热运动加速，从而促进高分子材料发生氧化裂解反应。

③臭氧：高分子材料对大气中的氧是很敏感的，特别是在光的引发与热的作用下，极易发生光氧老化与热氧老化。

臭氧分解生成的原子态氧，活性大，破坏性大。在光活化下，光臭氧老化更为强烈。含有双键的高分子与臭氧结合生成臭氧化合物，这种现象称为“臭氧龟裂”。

④相对湿度：夏天的骤雨洒在晒热的高分子材料上，会引起热冲击作用，使表面突然冷却，产生一定的应力。雨水、凝露形成的水膜，能使水溶性物质（增塑剂、亲水基团等）被溶解，加速老化。

3. 挥发

挥发一般指液体成分在没有达到沸点的情况下成为气体分子逸出液面。一般情况下，在任何温度条件下，液体表面都会发生挥发现象，温度越高、沸点越低或空气流动速度越快，液体表面与空气接触面积越大，挥发就越快。

液态商品的挥发，不仅会使商品数量减少，而且影响到商品的质量，如酒精类商品挥发后就没有使用价值，液化气挥发后不仅数量减少，而且聚集达到一定浓度后会成为易燃易爆的气体。

一些药材也具有挥发性，细辛、川芎、白芷、牛膝、木香、月季花、玫瑰花、佛手花等药材多含挥发油，气味芳香浓郁，且色泽鲜艳，受温度、湿度、氧气和光线等因素影响，容易引起变色、走气、走油、质脆易碎，不宜长期暴露在空气中。这类药材宜选用双层无毒塑料袋，袋中放入少量木炭或明矾和花共同存放，置于避光、干燥处储藏，或置于容器内密封储藏，以防潮、防干燥走油、防虫蛀霉变。

4. 沉淀

沉淀是物体在液体中时，因自身重量和密度的关系沉积到容器底部，从液相中产生一个可分离的固相的过程，或是从过饱和溶液中析出的难溶物质。商品养护中往往是指含有胶质或挥发性物质的商品，在低温或高温的作用下，部分物质凝固而沉积在容器底部的现象。

常见的容易沉淀的商品有饮料、酒、油脂等，对于易沉淀的商品，储存时应控制好温度和湿度，同时防止日光直射。

5. 受热熔化

熔化是通过对物质加热，使物质从固态变成液态的过程。熔化要吸收热量，是吸热过程，商品的熔化同商品本身的熔点有关系，熔点越低，越容易熔化，反之越难熔化，同时，熔化受储存环境温度的影响。

商品储存中易发生熔化的有医药商品中的油膏类、胶囊类，化工商品中的松香、石蜡和金属盐类中的硝酸锌等，这些商品熔化的结果是商品的流失，有的会使商品与包装粘接在一起，有的商品产生体积膨胀，胀破包装，有的污染其他商品，造成不同程度的商品损耗或损失。因此，对容易熔化的商品，一般要控制环境温度，防止日光照射等，还要采用密闭性好、隔热性好的包装。

6. 氧化

商品和氧气结合，形成氧化物的过程，也就是被氧气氧化的过程，这个过程也称为氧化作用或氧化反应。

容易和空气中的氧反应生成氧化物的商品有金属材料的锈蚀、纺织品长期储存的变色、桐油制品中桐油被氧化放热等。

7. 化合

化合是指两种或两种以上的物质（单质或化合物），形成一个成分较复杂的化合物的反应。如金属表面氧化时，氨气易与氯化氢化合成氯化铵。

8. 分解

分解反应，是化学反应的常见类型之一，是化合反应的逆反应。它是指一种化合物在特定条件下（如加热、通直流电、催化剂等）分解成两种或两种以上较简单的单质或化合物的反应，分解反应常常破坏化合物的结构。

容易在外界条件下发生分解反应的商品有：电石遇到潮气，能分解成乙炔和氢氧化钙，同时放出热量，而乙炔气体容易氧化燃烧，甚至爆炸；常用于消毒的双氧水也是不稳定的强氧化剂和杀菌剂，在常温下缓慢分解，如遇高温则迅速分解为水和氧气，并释放热量；

胶片上用的溴化银则是利用它在光的作用下生成银和溴气的原理进行底片成像的。

9. 聚合

聚合是由单体合成聚合物的反应过程。有聚合能力的低分子原料称为单体，分子量较大的聚合原料称为大分子单体，单体小分子通过相互连接成为链状大分子。

日常商品中，桐油由于含有较多的不饱和脂肪酸，在日光、氧和温度的作用下，能发生聚合反应，生成 B 型桐油块，浮在表面，使桐油失去使用价值。

10.2.3　果蔬变质现象

果蔬变质现象如图 10–8 所示。

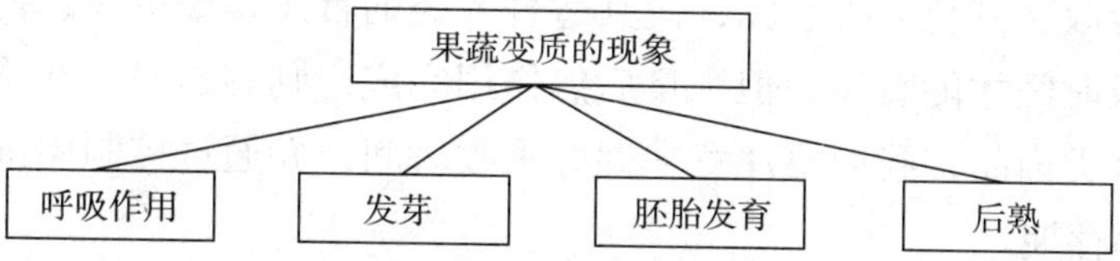

图 10–8　果蔬变质现象

1. 呼吸作用

生物的生命活动都需要消耗能量，这些能量来自生物体内糖类、脂类和蛋白质等有机物的氧化分解。生物体内的有机物在细胞内经过一系列的氧化分解，最终生成二氧化碳或其他产物，并且释放出能量的总过程，叫做呼吸作用（又叫生物氧化）。生物的呼吸作用包括有氧呼吸和无氧呼吸两种类型。

有氧呼吸是指细胞在氧的参与下，通过酶的催化作用，把糖类等有机物彻底氧化分解，产生出二氧化碳和水，同时释放出大量能量的过程。

无氧呼吸一般是指细胞在无氧条件下，通过酶的催化作用，把葡萄糖等有机物质分解成为不彻底的氧化产物，同时释放出少量能量的过程。这个过程对于高等植物、高等动物和人来说，称为无氧呼吸。如果用于微生物（如乳酸菌、酵母菌），则习惯上称为发酵。苹果储藏久了会有酒味，就是无氧呼吸的结果。

有氧呼吸和无氧呼吸都要消耗有机体内的营养物质，从而降低商品的质量，呼吸作用产生的热量不断积累，如不能及时散出，往往会使蔬果腐烂变质，同时，呼吸作用放出的水分，又促进有害微生物生长，加速商品霉变。

2. 发芽

种子在适宜的温度、湿度、氧气等条件下会发芽。粮食、果蔬等鲜活商品容易出现发芽的情况，发芽会使集体的营养物质转化为有机体本身需要的能量，同时，发芽还伴有发热、发霉等情况，降低或失去商品的使用价值。所以对容易发芽的商品要注意控制湿度和温度，防止发芽的情况发生。

3. 胚胎发育

胚胎发育一词通常是指从受精卵起到胚胎出离卵膜的一段过程。物流商品养护中主要指鲜蛋的胚胎发育，在温度和氧气适宜的情况下，蛋类商品出现血丝蛋、血环蛋，就是胚胎发育的表现，这样的蛋新鲜度和使用价值下降。控制禽蛋发育的主要方法是控制温度，最好是低温储藏。

4. 后熟

后熟通常是指果实离开植株后的成熟现象，是由采收成熟度向食用成熟度过渡的过程，瓜果蔬菜等后熟能改善其色、香、味，使其适合人类的食用，如香蕉、芒果、柿子等需要采摘下来放置一段时间才能食用，但一旦后熟作用完成，则容易腐烂变质，难以继续长期储存。所以，对这类商品，我们要注意掌握好采收时间，并通过控制储藏条件来调节其后熟过程，以延长储存期。

10.2.4 其他变质现象

其他变质现象如图 10-9 所示。

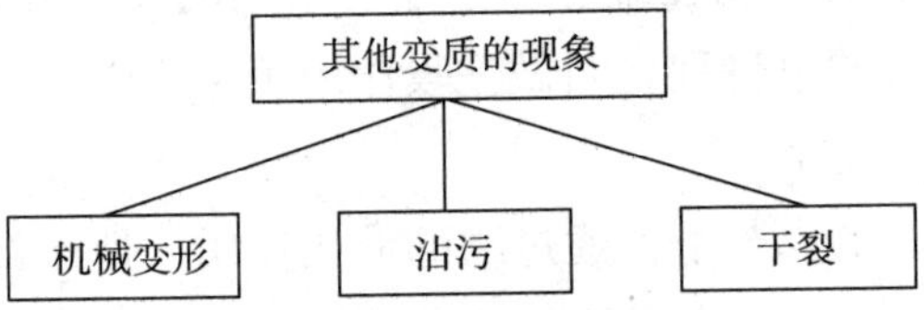

图 10-9 其他变质现象

1. 机械变形

机械变形指在外力的作用下，商品发生形态、弹性和外观的改变，如破碎、变形、划伤等，变形商品大大影响外观美观，降低使用价值。容易变形的商品有玻璃、陶瓷制品、搪瓷制品、铝制品、皮革、塑料等，这些商品在搬运过程中受到碰撞、挤压、抛掷等外力作用时会受到损坏。

减少机械变形的方法主要是加强包装强度和改善物流环节的相关作业手段。

2. 沾污

沾污是指商品在运输储存过程中，表面沾上污物或其他东西，影响商品质量的现象，沾污主要是物流过程中接触不洁物品或运输工具所致。

3. 干裂

干裂主要指商品在干燥环境中因失去水分而开裂、干缩的现象。如木制品干缩后接头出现松动、裂开，肥皂在干燥环境中干缩，均会影响到这些商品的使用性能，对干裂的防止方法主要是保持一定的湿度。

10.3 任务：控制商品质量变化的方法

经过商品检查后，发现了部分变质的商品，张总经理要求相关部门针对不同的商品变质的原因，对超市和仓库制定相应的商品保管措施，达到减少商品变质的目的。

请问：超市该如何控制（调节）商品保管条件？

相关知识

影响仓储商品质量变化的环境因素有很多，其中影响最广泛、最重要的是仓库内的温度和湿度。商品在储存期间发生的霉变、锈蚀、虫蛀、溶化、挥发、燃烧、爆炸等，无不与温度和湿度有直接或间接的关系。因此，商品养护的首要问题，是采用科学的方法控制与调节仓库的温度和湿度，使之适合于商品的储存。

不同的商品性能不一致，有的怕潮，有的怕干，有的怕热，有的怕冷。各种商品，一般都具有与大气相适应的性能，即按其各自的特性，都要求有一个适宜的温、湿度范围。而仓库内温、湿度的变化，直接受到仓库外自然气候变化的影响。因此，要搞好商品养护，不但要熟悉各种商品的特性，还必须了解自然气候变化的规律和气候对不同仓库温、湿度的影响，以便积极采取措施，适当地控制和调节仓库内温、湿度，创造一个适宜于商品储存的温、湿度条件，以确保商品质量的完好。

对影响商品质量变化的因素的控制方法很多，常用的主要有密封、通风、温度控制、湿度控制等方法，如图 10-10 所示。

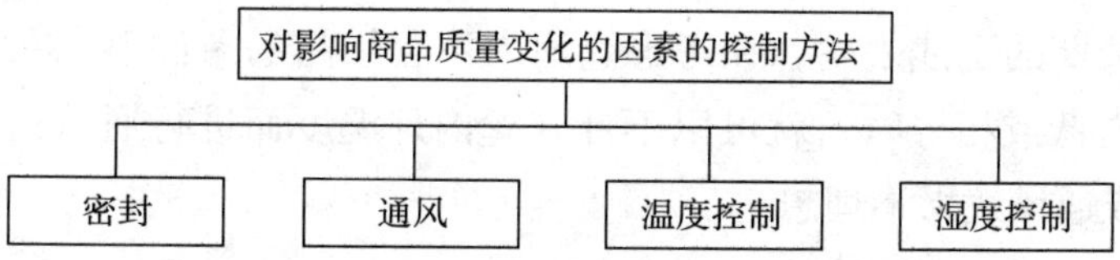

图 10-10 对影响商品质量变化的因素的控制方法

10.3.1 密封

密封，就是利用一些导热性差、隔潮性较好而透气率较小的材料把商品尽可能严密地封闭起来，以避免和减弱外界环境的不利影响。密封是仓库温、湿度管理的基础措施，可收到防潮、防霉、防溶化、防热、防冻、防干裂、防虫、防锈等方面的效果。

密封的形式有许多，主要有整库密封、库内小室密封、货垛密封、货架（柜、橱）密封、按件密封等。

密封材料的选择很重要，通常的标准是：导热系数小；气密性好；吸湿性小；具有一定结构和良好的抗压强度，足以支撑自身重量；体积小；无毒无味，不产生污染；不易燃烧或燃烧后不产生有害气体；价格低廉。常用的密封材料有塑料薄膜、防潮纸、油毡、芦席等。这些密封材料必须干燥清洁、无异味。

采用密封方法，要和通风、吸潮等方法结合运用，密封保管应注意的事项有：在密封前要检查商品质量、温度和含水量是否正常，如发现生霉、生虫、发热等现象就不能进行密封；发现商品含水量超过安全范围或包装材料过潮，也不宜密封；要根据商品的性能和气候情况来决定密封的时间；怕潮、怕溶化、怕霉的商品，应选择在相对湿度较低的时节进行密封。

10.3.2 通风

通风是利用库内外空气气压差，使库内外空气形成对流，以达到调节库内温、湿度的目的。库内外温差越大，空气流动就越快；若库外有风，借风的压力更能加速库内外空气的对流，但风力也不能过大（风力超过 5 级，灰尘较多）。正确地进行通风，不仅可以调节与改善仓库内的温、湿度，还能及时散发商品及包装物的多余水分。按通风的目的不同，可分为利用通风降温（或增温）和利用通风散潮两种。通风可以降低库存商品的含水量，还可以通过低温空气降低货物温度。通风还具有消除货物产生的有害气体的作用。当然，仓库通风必须选用恰当的方法，如果方法使用不当会将空气中的水分、尘埃、海边空气中的盐分等带入仓库，对货物造成影响。一般来说，仓库通风主要选择自然通风和机械通风两种通风方式。长期的实践表明，在考虑仓库内不会结露的条件下，在仓库外绝对湿度和相对湿度比仓库内低或相等时，就可以不计仓库内外温度而进行通风；反之，在其他条件下，就不宜通风或通风效果不理想。

10.3.3 温度控制

温度对库存商品有很大的影响。仓库温度过高，货物会发生溶化、膨胀、软化、腐烂变质、挥发、老化、自燃，甚至发生爆炸；仓库温度太低，货物容易发生变脆、冻裂等现象。因此，仓库人员必须控制好仓库的温度。普通仓库的温度控制主要是避免阳光直接照射货物。

仓库遮阳有仓库建筑物遮阳和苫盖遮阳两种方式。不同建筑材料的遮阳效果不同，混凝土结构效果最佳。对怕热的货物，应放置在仓库里太阳光不能直接照射的货位；对温度比较敏感的货物，在气温过高时可以采取洒水降温的措施；对怕水货物可以苫盖。

必须注意的是：货物自热也是货物升温损坏的一个重要原因。对于容易自热的货物，应经常检查货物温度，一旦发现货物温度太高时，应采取加大通风、洒水等方式降温，必要时，甚至可以通过翻动货物降温。

10.3.4 湿度控制

仓库管理人员应经常对仓库进行湿度检测，通常来说，每天早晚应各检测一次，并做好相应的记录。如果仓库内湿度太低，意味着空气太干燥，应适当减少仓库内空气流通，可采取洒水、喷水雾等方式增加仓库内空气湿度，或者直接对货物进行加湿处理。

在梅雨季节或阴雨天，仓库内湿度过高，仓库外湿度也过大，此时不宜进行通风散潮，可以采取封闭仓库或封闭货垛的方式，避免空气流入仓库或货垛，也可以在密封库内用吸潮的办法降低仓库内湿度。很多大型零售企业的仓库普遍使用机械吸潮方法。用吸湿机把仓库内的湿空气通过抽风机吸入吸湿机冷却器内，使它凝结为水而排出。吸湿机一般适宜于在储存棉布、针棉织品、贵重百货、医药、仪器、电工器材和烟糖类的仓库内吸湿散潮。也可以在仓库或货垛内摆放吸湿材料，如生石灰、氯化钠、木炭、硅胶等。仓库管理人员还应根据货物属性采取相应的保管措施，如对货物进行油漆、涂刷保护涂料、密封、封包、加固等。

相关链接

如何保护物流货物

物流发展越来越好，物流货物的保护就变得尤为重要，下面介绍如何保护物流货物。

1. 防虫包装技术

防虫包装技术常用的是驱虫剂，即在包装中放入有一定毒性和异味的药物，利用药物在包装中挥发气体杀灭和驱除各种害虫。常用驱虫剂有萘、对位二氯化苯、樟脑精等。也可采用真空包装、充气包装、脱氧包装等技术，使害虫无生存环境，从而防止虫害。

2. 防破损保护技术

缓冲包装有较强的防破损能力，因而是防破损包装技术中有效的一类。此外还可以采取以下防破损保护技术：

（1）捆扎及裹紧技术。捆扎及裹紧技术的作用，是使杂货、散货形成一个牢固整体，以增加整体性，便于处理及防止散堆来减少破损。

（2）集装技术。利用集装，减少与货体的接触，从而防止破损。

（3）选择高强保护材料。通过外包装材料的高强度来防止内装物受外力作用破损。

3. 防震保护技术

防震包装又称缓冲包装，在各种包装方法中占有重要的地位。产品从生产出来到开始使用要经过一系列的运输、保管、堆码和装卸过程，在任何过程中都会有力作用在产品之上，并使产品发生机械性损坏。为了防止产品遭受损坏，就要设法减小外力的影响，所谓防震包装就是指为减缓内装物受到冲击和振动，保护其免受损坏所采取的一定防护措施的包装。防震包装主要有以下三种方法：

（1）悬浮式防震包装方法。对于某些贵重易损的物品，为了有效地保证在流通过程中不被损坏，外包装容器应比较坚固，然后用绳、带、弹簧等将被装物悬吊在包装容器内，在物流中，无论是什么操作环节。内装物都被稳定悬吊而不与包装容器发生碰撞，从而减少损坏。

（2）部分防震包装方法。对于整体性好的产品和有内装容器的产品，仅在产品或内包装的拐角或局部地方使用防震材料进行衬垫即可。所用包装材料主要有泡沫塑料防震垫、充气型塑料薄膜防震垫和橡胶弹簧等。

（3）全面防震包装方法。全面防震包装方法是指内装物和外包装之间全部用防震材料填满进行防震的包装方法。

4. 防霉腐包装技术

在运输包装内装运食品和其他有机碳水化合物货物时，货物表面可能生长霉菌，在流通过程中如遇潮湿，霉菌生长繁殖极快，甚至延伸至货物内部，使其腐烂、发霉、变质，因此要采取特别防护措施。防霉烂变质的措施，通常是采用冷冻包装、真空包装或高温灭菌方法。冷冻包装的原理是减慢细菌活动和化学变化的过程，以延长储存期，但不能完全消除食品的变质；高温杀菌法可消灭引起食品腐烂的微生物，可在包装过程中用高温处理防霉；有些经干燥处理的食品包装，应防止水汽浸入以防霉腐，可选择防水汽和气密性好的包装材料，采取真空和充气包装。真空包装法也称减压包装法或排气包装法。这种包装可阻挡外界的水汽进入包装容器内，也可防止在密闭着的防潮包装内部存有潮湿空气，在气温下降时结露。采用真空包装法，要注意避免过高的真空度，以防损伤包装材料。防止运输包装内货物发霉，还可使用防霉剂，防霉剂的种类甚多，用于食品的必须选用无毒防霉剂。机电产品的大型封闭箱，可酌情开设通风孔或通风窗等相应的防霉措施。

5. 防锈包装技术

（1）防锈油包装技术。大气锈蚀是空气中的氧、水蒸气及其他有害气体等作用于金属表面引起电化学作用的结果。如果使金属表面与引起大气锈蚀的各种因素隔绝（即将金属表面保护起来)，就可以达到防止金属大气锈蚀的目的。防锈油包装技术就是根据这一原理将金属涂封防止锈蚀的。用防锈油封装金属制品，要求油层要有一定厚度，油层的连续性好，涂层完整。不同类型的防锈油要采用不同的方法进行涂复。

(2) 气相防锈包装技术。气相防锈包装技术就是用气相缓蚀剂（挥发性缓蚀剂）在密封包装容器中对金属制品进行防锈处理的技术。气相缓蚀剂是一种能减慢或完全停止金属在侵蚀性介质中的破坏过程的物质，它在常温下即具有挥发性，它在密封包装容器中，在很短的时间内挥发或升华出的缓蚀气体就能充满整个包装容器内的每个角落和缝隙，同时吸附在金属制品的表面上，从而起到抑制大气对金属锈蚀的作用。

6. 危险品包装技术

危险品有上千种，按其危险性质，交通运输及公安消防部门将其分为十大类，即爆炸性物品、氧化剂、压缩气体和液化气体、自燃物品、遇水燃烧物品、易燃液体、易燃固体、毒害品、腐蚀性物品、放射性物品等，有些物品同时具有两种以上危险性能。有毒商品的包装要明显地印上有毒的标志。防毒的主要措施是包装严密不漏、不透气。例如重铬酸钾（红矾钾）和重铬酸钠（红矾钠)，为红色带透明结晶，有毒，应用坚固附桶包装，桶口要严密不漏，制桶的铁板厚度不能小于 1.2 毫米。对有机农药一类的商品，应装入沥青麻袋，缝口严密不漏。如用塑料袋或沥青纸袋包装的，外面应再用麻袋或布袋包装。用作杀鼠剂的磷化锌有剧毒，应用塑料袋严封后再装入木箱中，箱内用两层牛皮纸、防潮纸或塑料薄膜衬垫，使其与外界隔绝。对有腐蚀性的商品，要注意商品和包装容器的材质发生化学变化。金属类的包装容器，要在容器壁涂上涂料，防止腐蚀性商品对容器的腐蚀。例如包装合成脂肪酸的铁桶内壁要涂有耐酸保护层，防止铁桶被商品腐蚀，从而商品也随之变质。再如氢氟酸是无机酸性腐蚀物品，有剧毒，能腐蚀玻璃，不能用玻璃瓶作包装容器，应装入金属桶或塑料桶，然而再装入木箱。甲酸易挥发，其气体有腐蚀性，应装入良好的耐酸坛、玻璃瓶或塑料桶中，严密封口，再装入坚固的木箱或金属桶中。对黄磷等易自燃商品的包装，宜将其装入壁厚不小于 1 毫米的铁桶中，桶内壁须涂耐酸保护层，桶内盛水，并使水面浸没商品，桶口严密封闭，每桶净重不超过 50 千克。再如通水引起燃烧的物品如碳化钙，遇水即分解并产生易燃乙炔气，对其应用坚固的铁桶包装，桶内充入氮气。如果桶内不充氮气，则应装置放气活塞。对于易燃、易爆商品，例如有强烈氧化性的，遇有微量不纯物或受热即急剧分解引起爆炸的产品，防爆炸的有效方法是采用塑料桶包装，然后将塑料桶装入铁桶或木箱中，每件净重不超过 50 千克，并应有自动放气的安全阀，当桶内达到一定气体压力时，能自动放气。

7. 特种包装技术

(1) 脱氧包装。脱氧包装是继真空包装和充气包装之后出现的一种新型除氧包装方法。脱氧包装是在密封的包装容器中，使用能与氧气起化学作用的脱氧剂与之反应，从而除去包装容器中的氧气，以达到保护内装物的目的。脱氧包装方法适用于某些对氧气特别敏感的物品，使用于那些即使有微量氧气也会促使品质变坏的食品包装中。

（2）收缩包装。收缩包装就是用收缩薄膜裹包物品（或内包装件），然后对薄膜进行适当加热处理，使薄膜收缩而紧贴于物品（或内包装件）的包装技术方法。收缩薄膜是一种经过特殊拉伸和冷却处理的聚乙烯薄膜，由于薄膜在定向拉伸时产生残余收缩应力，这种应力受到一定热量后便会消除，从而使其横向和纵向均发生急剧收缩，同时使薄膜的厚度增加，收缩率通常为 30% ~70%，收缩力在冷却阶段达到最大值，并能长期保持。

（3）真空包装。真空包装是将物品装入气密性容器后，在容器封口之前抽真空，使密封后的容器内基本没有空气的一种包装方法。一般的肉类商品、谷物加工商品以及某些容易氧化变质的商品都可以采用真空包装，真空包装不但可以避免或减少脂肪氧化，而且可以抑制某些霉菌和细菌的生长。同时在对其进行加热杀菌时，由于容器内部气体已排除，因此加速了热量的传导，提高了高温杀菌效率，也避免了加热杀菌时由于气体的膨胀而使包装容器破裂。

（4）拉伸包装。拉伸包装是 20 世纪 70 年代开始采用的一种新包装技术，它是由收缩包装发展而来的，拉伸包装是依靠机械装置在常温下将弹性薄膜围绕被包装件拉伸、紧裹，并在其末端进行封合的一种包装方法。由于拉伸包装不需进行加热，所以消耗的能源只有收缩包装的二十分之一。拉伸包装可以捆包单件物品，也可用于托盘包装之类的集合包装。

（5）充气包装。充气包装是采用二氧化碳气体或氮气等不活泼气体置换包装容器中空气的一种包装技术方法，因此也称为气体置换包装。这种包装方法是根据好氧性微生物需氧代谢的特性，在密封的包装容器中改变气体的组成成分，降低氧气的浓度，抑制微生物的生理活动、酶的活性和鲜活商品的呼吸强度，达到防霉、防腐和保鲜的目的。

资料来源：http：//www.sohu.com/a/146226748_442510.

课后练习

一、判断题

1. 商品物理性质主要指挥发性、吸湿性、水溶性、导热性等。（　　）

2. 氮气可以加速金属商品锈蚀。（　　）

3. 日光能够加速受潮商品的水分蒸发，杀死杀伤微生物和商品害虫，在一定程度上有利于商品的保护；但是另一方面，某些商品在日光的直接照射下，又会发生质量变化。（　　）

4. 无氧呼吸一般是指细胞在无氧条件下，通过酶的催化作用，把脂肪等有机物质分解成为不彻底的氧化产物，同时释放出少量能量的过程。（　　）

5. 密封是仓库温、湿度管理的基础措施，可收到防潮、防霉、防溶化、防热、防冻、防干裂、防虫、防锈等方面的效果。（　　）

二、单项选择题

1. 有些商品，它们的主要成分虽然相同，但由于含有某种（　　），而使商品的质量、性能和用途完全不同。

A. 特殊成分　　B. 杂质　　C. 特殊外观　　D. 结构

2. 空气中含有 78% 左右的氮气，（　　）左右的氧气，氧气非常活泼，能和许多商品发生反应并对商品质量变化影响很大。

A.19%　　B.20%　　C.21%　　D.22%

3. 高分子材料（塑料、橡胶、合成纤维等）在生产、加工、储存、使用过程中，由于内外因素的综合影响，使其失去原有的优良性能，以致最后丧失使用价值，这种变化称为（　　）。

A. 退化　　B. 变色　　C. 分化　　D. 老化

4.（　　）主要指商品在干燥环境中失去水分，开裂、干缩的现象。

A. 老化　　B. 干裂　　C. 风干　　D. 变质

5. 香蕉、芒果、柿子等需要采摘下来后放置一段时间才能食用，但一旦（　　）完成后，则容易发生腐烂变质，难以继续长期储存。

A. 腐烂作用　　B. 储藏作用　　C. 分解作用　　D. 后熟作用

三、多项选择题

1. 影响商品质量变化的内在因素有（　　）。

A. 商品的化学成分　　B. 物理化学性质

C. 结构形态　　D. 机械及工艺性质

2. 日常生活中最常见的物质形态是（　　）。

A. 中间态　　B. 固态　　C. 液态　　D. 气态

3. 影响商品质量变化的外界因素主要有（　　）等其他因素。

A. 氧气　　B. 日光　　C. 温、湿度　　D. 仓库害虫、微生物

E. 卫生条件和有害气体

4. 食品变质的主要现象有（　　）。

A. 霉变　　B. 虫蛀、鼠咬　　C. 串味　　D. 吸湿溶解

5. 对影响商品质量变化的因素的控制方法很多，常用的主要有（　　）等方法。

A. 物流控制　　B. 密封　　C. 温度控制　　D. 湿度控制

四、简答题

1. 简述环境温、湿度对商品质量的影响。

2. 简述霉变现象和其产生的内外因素。

3. 简述通风的方法和时机。

实践与实训

请同学们说说怎样用简单的方法判断食物是否变质。

提示：

1. 用眼观察；
2. 用鼻子闻；
3. 用手触摸；

……

（注意不能用嘴尝，并注意卫生）

讨论一下食物为什么会变质，并把讨论结果记录下来。

提示：

1. 可能是放的时间太长了；
2. 上面有了微生物（细菌）；
3. 温度太高了；
4. 水分太大了；
5. 空气太潮湿了；

……

提出延长食物的保质期的办法。

提示：

1. 低温保藏；
2. 冷冻冷藏；
3. 烘干或晾晒干；
4. 真空保藏；
5. 做成食品罐头；
6. 用盐腌；

……

参考文献

[1] 刘磊，梁娟娟 . 电子商务物流［M］. 北京：电子工业出版社，2014.

[2] 张驿 . 电子商务与现代物流［M］. 北京：北京大学出版社，2018.

[3] 刘磊 . 现代企业管理［M］. 北京：北京大学出版社，2014.

[4] 张涛，郑绮萍 . 电子商务概论［M］. 北京：机械工业出版社，2008.

[5] 孙彦东 . 物流商品的养护技术［M］. 北京：知识产权出版社，2006.

[6] 李述容 . 物流基础［M］. 武汉：武汉大学出版社，2008.

[7] 王辉 . 物流学［M］. 北京：中国铁道出版社，2010.

[8] 杨茅甄 . 现代物流理论与实务［M］. 上海：上海人民出版社，2003.

[9] 张健雄 . 助理物流师［M］. 北京：中国劳动社会保障出版社，2005.

[10] 王之泰 . 现代物流管理［M］. 北京：中国工人出版社，2001.

[11] 胡桂绵 . 浅析华联印刷生产物流管理［J］. 印刷技术，2005（4）.

[12] 李虎 . 企业物流模式的选择与应用探讨［J］. 现代商贸工业，2008（9）.

[13] 刘菊华 . 第三方物流的利弊分析与企业物流模式选择［J］. 江西社会科学，2002（7）.

[14] 贺登才 . 中国物流业发展的十大趋势［J］. 物流技术与应用，2008（5）.

[15] 郑红友，李娟梅 . 企业选择第三方物流服务商的策略探讨［J］. 物流科技，2008（7）.

[16] 李虎 . 企业物流模式的选择与应用探讨［J］. 现代商贸工业，2008（09）.

图书在版编目（CIP）数据

物流学概论 / 刘磊主编. —2版. —北京：中国人民大学出版社，2019. 3
21世纪高职高专规划教材. 物流管理系列
ISBN 978-7-300-26737-1

Ⅰ.①物… Ⅱ.①刘… Ⅲ.①物流-概论-高等职业教育-教材 Ⅳ.①F25

中国版本图书馆CIP数据核字（2019）第028575号

21 世纪高职高专规划教材·物流管理系列
物流学概论（第二版）
主 编 刘 磊
副主编 曾红武 麦敢连 许四化
参 编 纪晓伟 秦 烨 雷荣飞
Wuliuxue Gailun

出版发行	中国人民大学出版社		
社　　址	北京中关村大街 31 号	**邮政编码**	100080
电　　话	010–62511242（总编室）		010–62511770（质管部）
	010–82501766（邮购部）		010–62514148（门市部）
	010–62515195（发行公司）		010–62515275（盗版举报）
网　　址	http：//www.crup.com.cn		
经　　销	新华书店		
印　　刷	北京溢漾印刷有限公司	**版　　次**	2012 年 9 月第 1 版
规　　格	185mm × 260mm　16 开本		2019 年 3 月第 2 版
印　　张	17.5	**印　　次**	2023 年 11 月第 7 次印刷
字　　数	375 000	**定　　价**	39.00 元